Carole Klein · Richard Gotti

Die Chance der verpaßten Chancen

Carole Klein lehrt an der New School for Social Research in New York und hat in den USA schon mehrere Bücher veröffentlicht.
Richard Gotti ist praktizierender Psychologe sowie Professor der Psychologie an der Empire State University of New York in Albany.

Carole Klein und Richard Gotti

Die Chance der verpaßten Chancen

Vom bewußten Umgang mit der Reue

Aus dem Amerikanischen
von Michael Benthack

Kabel

Titel der amerikanischen Originalausgabe:
OVERCOMING REGRET
Lessons from the roads not taken

Umschlag: Theodor Bayer-Eynck
Gesamtherstellung: Clausen & Bosse, Leck
ISBN 3-8225-0265-0

1 3 5 7 9 10 8 6 4 2

Inhalt

Danksagung

Wir danken unseren Familien sowie Ted Klein, Irene Cirillo Gotti und Susan Gotti. Sie haben uns unermüdlich unterstützt und klaglos erduldet, daß wir häufig nicht verfügbar waren.

Den vielen Personen, die anonym bleiben, uns jedoch bereitwillig aus ihrem Leben erzählten und uns ihre Erlebnisse schilderten, schulden wir großen Dank. Ihre Berichte waren von unschätzbarem Wert bei der Konzeption des Buchs, da sie uns ermöglichten, die vielfältigen Dimensionen der Reue zu veranschaulichen.

Das Kapitel, das sich mit der Reue bei Kindern befaßt, basiert auf mehr als achthundert Fragebogen, die wir Schülern im Alter zwischen sechs und siebzehn Jahren vorlegten. Für ihre besondere Hilfeleistung, die es möglich machte, mit diesen Kindern und Jugendlichen in Kontakt zu treten, danken wir Dr. Mary Maxwell, Catherine und Paul Rose und Virginia Purcell sowie allen Lehrern und Schulmitarbeitern, die uns bei der Verteilung der Fragebögen behilflich waren.

Großer Dank gebührt auch Dr. Herbert Rosenthal, der mehrere Kapitel auf sachliche Fehler durchsah, uns Rede und Antwort stand und uns an seinen Erkenntnissen teilhaben ließ, die er als erfahrener Psychiater und Psychoanalytiker gewonnen hat. Für die Beratung hinsichtlich des Fragebogens zur Selbsterkennung danken wir Dr. Joyce Elliott, der stellvertretenden Dekanin des Empire State College, SUNY.

Für ihre klugen, nachdenklichen Ratschläge im Zusammenhang mit einigen komplizierten Aspekten der Reue danken wir Dr. Irving Markowitz aus Little Silver, New Jersey, sowie Dr. Veva Zimmerman von der Medical School der Universität New York.

Die Teilnahme an den Seminaren zu Fragen des menschlichen Lebenslaufs der New York University und am New York Institute for the Humanities war für uns von großem Nutzen. So konnten wir wichtige Einblicke gewinnen, wie unterschiedliche Personen ihre Reue verarbeiten.

Schließlich zollen wir Cameron Barry Dank und Bewunderung, der uns umsichtig an unser Ziel führte: ein klares, gut lesbares Buch zu schreiben.

Nicht alles, dem man sich stellt, läßt sich ändern, aber nur wenn man sich ihm stellt, läßt sich überhaupt etwas ändern.

JAMES BALDWIN

Einleitung

Das vorliegende Buch hat folgende Ziele: Wir wollen dem Leser helfen, Reue zu vermeiden, den Mut zu finden, sich ihr ehrlich zu stellen und schließlich – wenn sich dieses Gefühl denn einstellt – sie zu überwinden.

Die Untersuchung geht dabei von drei grundlegenden Annahmen aus. Die erste lautet: Da Reue ein persönliches Versagen beinhaltet, erleben wir damit einhergehend Scham und sogar Schuldgefühle. Daher verbergen die meisten Menschen ihre Reue – vor anderen, aber noch viel häufiger (obwohl oft weit weniger erfolgreich) vor sich selbst.

Wir müssen das Schweigen, das die Reue umgibt, brechen. Die zweite Prämisse besagt: Reue ist ein ganz normaler, notwendiger Bestandteil der menschlichen Existenz. Da wir nur ein Leben haben – das Leben ist keine Generalprobe –, spielt die Reue oder die Furcht davor bei allen Handlungen und Entscheidungen notwendigerweise eine große Rolle.

Wir müssen die Reue in einen lebbaren Kontext stellen. Das heißt, wir müssen mit ihr leben lernen und – was noch wichtiger ist – aus ihr lernen.

Die dritte Annahme ist: Die Reue kann sowohl konstruktiv als auch destruktiv wirken. Man kann mit ihr emotionales Wachstum anregen, statt es zu behindern.

Wir müssen darauf hinarbeiten, das Gefühl der Reue in ein Instrument umzuformen, mit dem sich positive Veränderungen im Leben herbeiführen lassen.

Wir hoffen, daß die Leser die Erfahrungen, von denen andere Menschen auf den folgenden Seiten berichten, auf die eigene Lebenssituation anwenden. Zu sehen, welche speziellen Formen der Reue Männer und Frauen in unterschiedlichen Altersstufen fühlen, kann ähnliche Fallgruben im Alter von fünfunddreißig, fünfzig oder siebzig Jahren vermeiden helfen. Der Fragebogen, den wir nachfolgend abdrucken, stellt ein zusätzliches Hilfsmittel dar, mit dem Sie das derzeitige Ausmaß Ihrer Reue einschätzen und neue Bereiche der Selbstreflexion für sich erschließen können.

Bereits Shakespeare warnte: »Ein Unglück zu bedauern, das hinter uns liegt, ist der beste Weg, neues Unglück auf sich zu ziehen.« Vielmehr sollen – und können – wir unseren Blick in die Zukunft richten. Erkennen wir, daß die Reue ein wichtiger Teil dieses Prozesses ist, können wir unseren Kummer bewältigen und allmählich wieder das Beste aus unserem gegenwärtigen Leben machen.

Die Dimensionen der Reue

Fragebogen

Füllen Sie bitte den Fragebogen aus und vergleichen Sie Ihr Ergebnis mit dem Auswertungsschlüssel im Anhang.

Wählen Sie für jede der nachfolgenden Aussagen die Ziffer, die Ihrem Empfinden am besten entspricht, und tragen Sie die Zahl rechts neben den Aussagen ein. Tragen Sie eine »1« ein, wenn die Aussage überhaupt nicht das trifft, was Sie empfinden, eine »2«, wenn Sie ein wenig so empfinden, eine »3«, wenn Sie mäßig so empfinden und eine »4«, wenn sie sehr stark zum Ausdruck bringt, was Sie empfinden.

1 = Überhaupt nicht 2 = Ein bißchen 3 = Mäßig 4 = Sehr stark

1. Ich wünschte, ich hätte mehr riskiert im Leben. 2 ____
2. Ich bemühe mich zu wenig, neue Erfahrungen zu machen. 2 ____
3. Ich habe den Eindruck, zu viel Zeit im Leben vergeudet zu haben. 3 ____
4. Hätte ich damals gewußt, was ich heute weiß, hätte ich mich in manchen Fällen anders entschieden. 4 ____
5. Es gibt einige wichtige Dinge im Leben, die ich unterlassen habe. 4 ____
6. Es ist zu spät, um das zu erreichen, was ich mir im Leben wünsche. 3 ____

7. Ich male mir oft aus, daß mein Leben anders hätte verlaufen können. 3
8. Dinge, die sich meiner Kontrolle entzogen, haben mich davon abgehalten, das Gewünschte zu tun. 3
9. Ich wünschte, ich brächte den Mut auf, spontaner zu sein. 4
10. Ich mache mir oft Gedanken darüber, was andere Menschen von mir halten. 4
11. Ich kritisiere mich für das, was ich tue. 4
12. Ich wünschte, ich hätte mehr Zeit mit guten Freunden verbracht. 4
13. Ich wünschte, ich hätte nicht so oft getan, was man von mir erwartete. 4
14. Ich habe das Gefühl, zu viele Opfer für andere Menschen gebracht zu haben. 3
15. Ich wünschte, ich hätte ein unabhängigeres Leben geführt. 2
16. Ich komme mir vom Leben betrogen vor, weil ich nicht genug für mich selber getan habe. 2
17. Ich habe zu viele eigennützige Entscheidungen getroffen. 3
18. Ich habe mich zu oft nach den Wertvorstellungen anderer Menschen gerichtet. 3
19. Ich hätte gern über mehr Informationen verfügt, bevor ich wichtige Entscheidungen traf. 4

20. Ich wünschte, meine Entschlüsse und Taten wären weniger impulsiv. 2

21. Ich zermartere mir den Kopf, wenn es darum geht, etwas zu entscheiden. 4

22. Eine Entscheidung macht mir Kopfzerbrechen, nachdem ich sie gefällt habe. 2

23. Ich denke über die berufliche Karriere nach, die ich nicht eingeschlagen habe. 4

24. Ich wollte, ich hätte eine bessere Balance zwischen Beruf und Privatleben gefunden. 4

25. Ich wünschte, der Beruf hätte nicht hinter meinen privaten Verpflichtungen zurückgestanden. 1

26. Ich wünschte, ich hätte bei beruflichen Veränderungen mehr riskiert. 2

27. Ich wünschte, ich hätte mich in der Schule mehr angestrengt. 4

28. Ich wünschte, ich hätte meine Ausbildung zu einem anderen Zeitpunkt im Leben durchlaufen. 3

29. Ich hätte einen höheren Schulabschluß bzw. ein Studium anstreben sollen. 1

30. Ich wünschte, ich würde mich nicht für das Glück anderer Menschen verantwortlich fühlen. 1

31. Ich wünschte, ich hätte zu einem früheren bzw. späteren Zeitpunkt geheiratet. 1

32. Ich wünschte, ich hätte meinen Partner mit mehr Bedacht gewählt. 1

33. Ich wünschte, ich hätte meine Ehe beendet (nicht beendet). 1

34. Ich wünschte, ich hätte eine andere Entscheidung getroffen, was das Kinderkriegen betrifft. 1

35. Ich mache mir Sorgen wegen der Fehler, die ich als Elternteil gemacht habe. 1

36. Ich wünschte, ich hätte zu meinen Eltern ein besseres Verhältnis. 3

37. Ich wünschte, ich hätte mich mehr bemüht, meinen Freundeskreis zu vergrößern. 4

38. Pop-Songs und Geschichten über unerwiderte Liebe ziehen mich geradezu unwiderstehlich an. 3

39. Ich wünschte, ich hätte in bestimmten wichtigen Beziehungen meine Wünsche deutlicher geäußert. 4

40. Mir fehlt eine wirklich befriedigende Liebesbeziehung. 4

Die Auswertung des Fragebogens finden Sie auf Seite 231. Es kann nützlich sein, den Fragebogen vor *und* nach der Lektüre auszufüllen.

Eines Tages, wenn der Fluß zu Eis geworden
Frag' mich, was für Fehler ich gemacht
Frag' mich, ob das, was ich getan, mein Leben ist.

William Stafford

1. Die Reue im heutigen Leben

Reue ist eine menschliche Erfahrung, die unser Leben menschenwürdig macht: Sie verbindet uns miteinander und erinnert uns daran, daß wir alle mit unserer begrenzten Existenz ringen. Wir sind unvollkommene Wesen in einer unvollkommenen Welt. Dennoch bemühen wir uns zeit unseres Lebens, alles Menschenmögliche zu tun.

Dichter und Philosophen haben schon lange Licht in das Dunkel der Reue zu bringen versucht, ehe die Psychologie begann, dieses Gefühl zu beleuchten. Die Literatur hat es auch deshalb erforscht, weil es ein sprudelnder Quell der Erkenntnis über das menschliche Leben ist. Denn das Prisma, durch das Menschen ihre Erfahrungen betrachten, ist stark getönt durch die klar umrissenen Schattierungen der Reue.

Zudem ist die Reue auch eher Gegenstand literarischer Werke, da sie sich schablonenhaften Deutungen entzieht.

»Tiefes Bedauern über etwas, was man getan hat oder zu tun unterlassen hat und von dem man wünschte, man könnte es ungeschehen machen, weil man es nachträglich als Unrecht, als falsch o. ä. empfindet«, lautet eine Definition. Ein anderes Wörterbuch geht das Problem aus einer etwas anderen Perspektive an: Dort wird Reue definiert »als seelischer Kummer wegen etwas, das sich unserem Einfluß entzieht und das man nicht ändern kann«.

Beide Definitionen sind richtig, aber auch unzureichend.

Die Definition, der wir den Vorzug geben, gibt Professor Robert Sugden: »Reue ist das schmerzliche Gefühl, daß das ›was ist‹ ungünstig abschneidet im Vergleich mit dem ›was hätte sein können‹.«

Tatsächlich geben wir für jede getroffene Wahl eine Vielzahl anderer Optionen auf, die dann stets die Sehnsucht nach den aufgegebenen Möglichkeiten wachhalten. Bei jeder Entscheidung kommt es zu Gewinnen und Verlusten und, was noch bedeutsamer ist, zu einem gewissen tragischen Empfinden, man habe etwas verloren, weil man sich überhaupt für etwas zu entscheiden hat.

Wir können jedoch den Schmerz der Reue lindern, wenn wir begreifen, daß das *Was hätte sein können* und das *Was ist* mit der menschlichen Existenz untrennbar verbunden ist. Wenn man es klug verwendet, kann das schmerzliche Bewußtsein des »Hätte ich doch bloß« in bezug auf die falschen Abzweigungen nicht eingeschlagener Wege eine einzigartige, wichtige Rolle bei unserem Streben nach einem sinnvollen Leben spielen.

Reue ist ein schillerndes Gefühl, sie setzt sich aus vielen unterschiedlichen Gefühlsregungen zusammen. Oft verwechseln reumütige Menschen diese Gemütsregung mit Schuld, Depression, Selbstmitleid oder Kummer. Zwar ähnelt Reue diesen Gefühlen, es gibt jedoch einige grundlegende Unterschiede. Doch wenn man diese nicht klar erkennt, drohen unsere Bemühungen um größeres seelisches Wohlbefinden zu scheitern.

- Oft verbirgt sich die Reue hinter Depressionen. Aber wenn man Reue empfindet, heißt das nicht, daß man unter einer klinischen Depression leidet.
- Die Reue beinhaltet schlechtes Gewissen bzw. Schuldgefühle, ist aber weder mit dem einen oder anderen Gefühl identisch.
- So wie Trauer eine Reaktion auf einen Verlust darstellt, so hat auch Reue viel mit Kummer gemeinsam; sie ist aber viel komplizierter als Kummer.
- Obgleich mit Reue eine psychische Dynamik von Zorn einhergeht, ist sie verwickelter als diese Gefühlsregung.

Die Reue ist schlüpfrig, schwer faßbar, untergründig, leise und vielgestaltig. Sie schleicht sich in unsere Gedanken und verschwindet wieder daraus. Ein innerliches Schaudern packte uns, weil das Gefühl so schmerzlich ist, seine unnachgiebigen Attacken machen uns erschöpft. So versuchen wir, uns vor der Reue zu verstecken, tun so, als existiere sie gar nicht, und verleihen ihr einen anderen Namen. Manchmal zahlen sich unsere Bemühungen aus – etwas Gutes widerfährt uns, unser Selbstwertgefühl wird wiederhergestellt, und wir wenden uns von der Vergangenheit und dem Schmerz ab. Dann aber vernehmen wir ein fernes Echo, das uns an jemanden oder an etwas erinnert, und die Reue stellt sich aufs neue ein.

Zwar können wir nie mit Sicherheit wissen, was geschehen wäre, wenn wir uns anders entschieden, uns entgegengesetzt verhalten oder vorsichtigere Schritte unternommen hätten, doch wir können lernen, einen Großteil unseres seelischen Schmerzes infolge jener realen oder eingebildeten »Fehler« zu überwinden. Wie sehr wir auch überzeugt sind, in Vergangenes verstrickt zu sein, wir können unseren Blick und unsere Kraft auf eine Zukunft lenken, die sich noch immer gestalten läßt.

André Gide hat einmal geschrieben: »Eine Lebensregel lautet: Wenn sich eine Tür schließt, dann öffnet sich stets eine andere. Deshalb sollten wir den Verlusten hinter der geschlossenen Tür nicht so sehr nachtrauern, daß wir die Chancen verpassen, die uns hinter der gerade geöffneten Tür erwarten.«

Eine gewisse Sehnsucht nach den nicht eingeschlagenen Wegen gehört zum menschlichen Leben. Das heißt aber nicht, daß wir dem Vergangenen – dem, was sich hinter den von der Reue fest verschlossenen Türen verbirgt – immerfort nachtrauern müssen. Wenn wir den *Hätte-ich-doch-bloß-* und den *Was-hätte-sein-können*-Gedanken – den Fragen, wie wir auf einschneidende Ereignisse in unserem Leben und auf die Fehler, Irrtümer und verpaßten Chancen, glücklich zu werden, reagiert haben – zu große Beachtung schenken, kann Reue zum Mittel werden, das uns gefangenhält. Die unerfüllbare Sehnsucht, unsere Lebensgeschichte umzuschreiben, raubt uns die Lebenskräfte, und es geht uns die Initiative verloren, die Zukunft in unserem Sinne zu gestalten.

Der paradoxe Lohn der Reue ist: Sie kann ein Quell der Befreiung sein, da sie den Kummer und die Schuldgefühle aufgrund früherer Fehler und Fehleinschätzungen überwinden hilft. Die falschen Abzweigungen, denen wir nachtrauern, können uns stärken, so daß wir uns neuen Herausforderungen stellen und neue Möglichkeiten erkunden können. Die Lehren des Gestern sind möglicherweise hart, vielleicht sogar bitter, doch mit Hilfe der Reue als Landkarte können wir seelisch reifen.

Um die Reue als positive Kraft nutzen zu können, müssen wir begreifen, daß der Schmerz der Reue auf einem Kontinuum angesiedelt ist. In seiner mildesten Form kann dieses Gefühl eine flüchtige Erinnerung oder Phantasie sein, der nachdenklich stimmende Wunsch, daß das Schicksal es hätte freundlicher mit uns meinen sollen oder daß wir anders gehandelt hätten. Doch diese Gefühle verblassen relativ rasch, sobald wir uns wieder befriedigenden Erlebnissen zuwenden.

Folgen wir diesem Kontinuum weiter in Richtung Mitte, das heißt, empfinden wir recht starke Reue, verwandelt sich das momentane Unbehagen in eine nagende Angst. Dadurch aber schwindet unsere Fähigkeit, überhaupt noch Hoffnung zu schöpfen oder Freude zu empfinden.

Am entgegengesetzten Ende des Kontinuums erscheinen die Reueerfahrungen in besonders schmerzlicher, lähmender Gestalt. Kummer und Zorn über uns selbst überwältigen uns so sehr, daß sogar das Gefühl dafür, wer wir eigentlich sind, untergraben wird. Da die Reue dann in unserem Leben Wurzeln geschlagen hat, haben wir alle Hoffnung aufgegeben, sind verzweifelt und glauben, nie wieder glücklich zu werden.

Die Psychoanalytikerin Karen Horney schreibt, daß im seelischen Schmerz nicht nur der innere Kampf eines Menschen zum Ausdruck kommt, sondern häufig auch das, was in seiner Umgebung vor sich geht. Wenn sehr viele Männer und Frauen unter den gleichen Krankheitssymptomen leiden, schreibt Horney, gebe es Anlaß zur Annahme, daß »bei den Lebensbedingungen der Menschen dort etwas ernstlich falsch sein muß. Es zeigt sich, daß die von den Kulturbedingungen veranlaßten Störungen größer sind als die durchschnittliche Fähigkeit des Menschen, sie zu überwinden.«

Diese Aussage bleibt vermutlich auch zutreffend, wenn wir das heutige Leben und das Erleben der Reue untersuchen. Die zeitgenössische Gesellschaft verstärkt nämlich die Reue, weil sie behauptet, uns stünden unendlich viele Möglichkeiten offen. Auf den ersten Blick mag es den Anschein haben, daß eine große Anzahl von Wahlmöglichkeiten das Dilemma der Reue lindere – denn es gibt ja viele Wege zum Glück, aus denen man auswählen kann. Doch das Ganze hat den gegenteiligen Effekt.

Die Reue, die in unlösbarem Zusammenhang mit dem Problem

des Entscheidens steht, ist in unserer Zeit zu einem der größten sozialen Übel geworden. Je mehr Optionen uns zur Verfügung stehen, desto mehr Möglichkeiten müssen wir im Augenblick der Entscheidung aufgeben. Und da wir uns häufiger für etwas entscheiden als gegen etwas, geben wir immer mehr auf und erzeugen dadurch weitere »Hätte-sein-können«-Gedanken.

Um unsere Reaktionen vollständig zu begreifen, wenn wir eine bestimmte Entscheidung fällen oder es uns schlechtgeht, wenn wir sie nicht fällen, müssen wir darüber nachdenken, was es bedeutet, heutzutage zu leben. Früheren Generationen boten sich weitaus weniger Wahlmöglichkeiten als uns. Für einen Großteil der Bevölkerung spiegelte sich im Leben der Kinder das ihrer Eltern. Die Kinder wurden Farmer, Hausfrauen oder Zugschaffner, so wie es die Väter und Mütter vor ihnen gewesen waren. Wenn sie von einem anderen Leben träumten, drehten sich diese Träume um begrenzte, vernünftige und erreichbare Fortschritte gegenüber dem Leben der Eltern. So hoffte man, Vorarbeiter statt Arbeiter zu werden oder den eigenen Kindern ein größeres Heim bieten zu können als das Haus, in dem man selbst aufgewachsen war.

Im Zuge der Weiterentwicklung der Gesellschaft, die in einer ganzen Reihe von sozialen und technischen Fortschritten begründet ist – von einem Nachlassen der Kontrollfunktion der Institutionen über eine komplexere Wirtschaft, Erfindungen wie die Antibabypille, die die Größe der Familien veränderte, größere Reisemöglichkeiten, die den Horizont des einzelnen erweiterten, und Maschinen, die das Wesen der Arbeit änderten, bis hin zu Medikamenten und operativen Verfahren, die die Lebenserwartung dramatisch erhöhten –, erkannten die Menschen, daß ihre Zukunft ganz anders und unendlich erfüllter sein könnte als das Leben der vorangegangenen Generationen.

Heute ist der Wert ständig erweiterter Wahlmöglichkeiten und unbegrenzter Erwartungen tief in unserer Kultur verwurzelt. Außerdem besteht ein verhältnismäßig großer Mangel an sozialen und moralischen Beschränkungen, die unsere Wünsche in Schach halten. Das kann dazu führen, daß wir in jedem Lebensalter nach neuen Erfahrungen hungern. Unsere Träume können verwickelt und grenzenlos sein, und das Bedauern über gescheiterte Träume reicht möglicherweise kaum weniger tief.

Es gibt ein weiteres Dilemma in unserer Kultur, das die mit unseren Wahlmöglichkeiten verknüpften Erwartungen erhöht: Wir sind verwirrt, und zwar nicht nur hinsichtlich dessen, von dem wir glauben, wir müßten es uns wünschen. Lebt man in einer Zeit, in der Konkurrenzstreben und extremer Ehrgeiz zu allgemein anerkannten Werten zählen, so kann das bewirken, daß man seine wahren Bedürfnisse und Gefühle anzweifelt und sich ihrer schämt. So rechtfertigen sich heute viele Frauen dafür, daß sie zu Hause bleiben, wenn die Kinder klein sind, obgleich sie große Erfüllung in der Kindererziehung finden. Auch leiden Frauen wie Männer unter dem Bewußtsein, es im Leben zu nichts »gebracht zu haben« und keinen höheren gesellschaftlichen Status, keine großen Reichtümer oder beeindruckenden Besitztümer erworben zu haben.

»Alle meine Bekannten finden, ich sollte den Job kündigen«, sagt Paul, der in einem großen Konzern im mittleren Management »hängengeblieben« ist. Ein wenig verlegen fährt er fort. »Im Grunde stimme ich dem sogar zu. Ich wäre durchaus fähig, ins Topmanagement aufzusteigen, aber in zehn Jahren wird es sehr viel schwerer sein, eine neue Stellung zu bekleiden. Wahrscheinlich werde ich es zutiefst bedauern, daß ich nicht mehr *in der Lage* bin, aufzusteigen. Aber ich bin mit meiner Stelle zufrieden, und mit dem Gehalt komme ich auch einigermaßen gut aus. Ich möchte gar nicht die Sicherheit aufgeben, die mir mein Job bietet, und unbedingt mehr Geld verdienen.«

Obwohl er noch nie über die Beziehung zwischen kulturellen Werten und dem Gefühl der Reue nachgedacht hat, äußerte Paul nach diesem Eingeständnis doch, er wäre »sehr gern in eine weniger komplizierte Welt hineingeboren worden: In der man sich nicht schämen muß, wenn man sich eher nach Sicherheit sehnt als nach einer steilen Karriere.«

Zahlreiche Indizien sprechen dafür, daß immer mehr Menschen ähnlich denken wie Paul. Sie beschließen, ein relativ bescheidenes Leben zu führen, da sie spüren, daß übermäßige Konsumwünsche und blinder Ehrgeiz im Leben keine Erfüllung bringen.

Dennoch verursacht vielen Menschen das Leben in einer Kultur, die ständig das Verlangen nach »mehr« schürt, erhebliches Unbehagen. Wenn man ermutigt wird, es sogar von einem erwartet wird, jede einzelne der angeblich unbegrenzten Wahlmöglichkeiten zu ergreifen, dann werden alle Entscheidungen gleichermaßen gültig. Ist die Sehnsucht nach immer mehr erst einmal entfesselt, widersetzen wir uns dem Gedanken, daß die Möglichkeit, *uneingeschränkt wählen zu können, letztlich die Illusion darstellt, daß man alles tun und alles haben kann.*

Verständlicherweise fällt es manchen von uns schwer, die Vorstellung, wonach es Grenzen gibt, zu akzeptieren. Tatsächlich steht diese Idee in krassem Widerspruch zu den in unserer Kultur propagierten Werten. So schreibt der Historiker Daniel J. Boorstin: »Im Laufe der letzten hundert Jahre haben starke historische Kräfte sowohl zum Aufstieg der Bilder als auch zum Niedergang der Ideale geführt.«

Da wir in erster Linie von Bildern umgeben sind, so Boorstin, entfernen wir uns immer weiter von den genuinen Idealen, die seit Beginn der Zeitrechnung die menschliche Rasse überleben ließen. Diese Ideale, etwa Treue, gleiches Recht für alle oder Nächstenliebe, seien »vollkommen«, würden jedoch »nicht einfacher«, wenn man sie als mühelos zu befolgende Vorbilder darstelle.

Demgegenüber zeigen uns die Bücher, Zeitschriften und Zeitungen, die wir lesen, und die Filme und Fernsehsendungen, die wir sehen, Männer und Frauen, in deren Leben sich Erfolg an Erfolg reiht. Diese Medienbilder, die unrealistisch hoch gesteckte Ideale verheißen, drohen uns mit vermeintlich leicht verwirklichbaren Visionen eines glanzvollen, ruhmreichen Lebens und mit dem Irrglauben, es gebe Handlungen ohne Folgen, zu überschwemmen.

Wir leben in einer Kultur, in der fast alles machbar scheint. Wenn wir das All erforschen und das Leben im Reagenzglas neu erschaffen können, dann müßten wir doch auch in unserem Leben mehrere Rollen spielen und ohne Mühe mit den zahllosen Forderungen an unsere Zeit jonglieren können.

Wir leben in einer Kultur, in der die Schnelligkeit des Alltags Formen der Selbstbefragung behindert, die uns sagen könnten, was wir wirklich brauchen. Statt dessen werden wir empfänglich gemacht für den verführerischen Reiz unserer Wünsche.

Wir leben in einer Kultur, die die Befriedigung individueller Bedürfnisse und Habsucht sanktioniert und zum Streben nach grandiosen Zielen ermuntert.

In Frederick Exleys Roman über die zeitgenössische Angst, *A Fan's Notes*, ruft der Erzähler aus: »Es gibt nichts, was ich nicht will! Ich will dies, und ich will das: Ich will – na ja, eben alles!«

Der Erzähler in Exleys Roman ist keiner, der sich durch besondere Fähigkeiten auszeichnet, und dennoch stellt er außergewöhnlich große Erwartungen ans Leben. Er träumt von »einem Schicksal, das meinen großartigen Vorstellungen entspricht! Wie Michelangelos Gott, der die Hand nach Adam ausstreckt, wünsche ich mir nichts weniger, als über die Zeitalter hinauszureichen und meine schmutzigen Finger in die Nachwelt zu stecken!« Als ihm endlich aufgeht, daß er seinen Idealen auch nicht entfernt zu entsprechen vermag, erleidet er einen Nervenzusammenbruch.

Diese kurze Passage aus einem Roman illustriert ein weiteres Grundelement der zeitgenössischen Reue: *In einer Kultur, die den Erfolg vergöttert, kann kein Versagen geduldet werden.* Erntet man in einer Gesellschaft, die zum größten Teil immer noch alles verspricht, keine deutlich sichtbaren Belohnungen, so gibt man sich selbst die Schuld für seine Mißerfolge. Dann sagen wir uns, wir hätten unsere Freiheit zu wählen mißbraucht. Und ebenso klar scheint uns, wir hätten eine »falsche« Entscheidung getroffen.

Ein weiteres Element des modernen Lebens, das Reue erzeugt, ist die Verwirrung hinsichtlich der Frage, welchen Stellenwert Autonomie und Unabhängigkeit einnehmen. Man erwartet von uns, völlig selbstgenügsam und nie auf andere Menschen angewiesen zu sein. Der Preis, den wir bezahlen, wenn wir dieser Illusion nachhängen, besteht darin, daß wir das Behagen und den Beistand, den enge zwischenmenschliche Beziehungen bieten, opfern.

In ihrer Novelle *Rosa* schreibt Cynthia Ozick über Männer und Frauen, die ihr aktives Leben in der Großstadt aufgaben, um im fernen Florida den Lebensabend zu verbringen. Nicht selten entpuppt sich dieser Wechsel des Wohnorts als herbe Enttäuschung. Der Protagonistin Rosa Lubin schien es zum Beispiel, »daß ganz Florida unter Gefühlen der Reue erstickte, denn jeder Bewohner hatte eine wirkliche Existenz hinter sich gelassen.«

Als wir June im sonnendurchfluteten Wohnzimmer ihrer Eigentumswohnung in Florida interviewten (sie setzte sich auf einen Stuhl, mit dem Rücken zum Fenster, von dem aus man aufs Meer blickte), ließ sie keinen Zweifel daran, daß ihr richtiges Leben immer noch in Chicago ist. Im Vorjahr war sie, im Alter von einundfünfzig Jahren, verwitwet. Nachdem die Kinder aus dem Haus gegangen waren, sei ihr die Wohnung unheimlich geworden, und sie habe sich einsam gefühlt, erklärt sie.

»Einer der viel älteren Ex-Geschäftspartner meines Mannes lud mich ein, ihn und seine Frau in ihrer Seniorenpension in Florida zu besuchen. Dort ermunterten sie mich, auf Dauer dort zu leben. Welcher Teufel hat mich bloß geritten, als ich meine Zustimmung gab? In erster Linie sollten sich meine Kinder wohl nicht verpflichtet fühlen, häufig zu Besuch zu kommen. Vermutlich hatte ich auch die Hoffnung, bei diesen alten Freunden Anschluß zu finden. Da habe ich mich vielleicht geirrt! Die haben kaum Zeit für ein wöchentliches Telefonat und pflegen gesellschaftlichen Verkehr mit gleichaltrigen Paaren, die es mir wohl übelnehmen, daß ich noch relativ jung und ungebunden bin.

Aber nun bin ich hier – weit weg von allem, was mir lieb ist, wohne in einer schicken Eigentumswohnung, die ich verachte, und habe das Gefühl, daß meine Seele und mein Geist ebenso wie meine Haut unter der Sonne verschrumpeln.«

Es liegt Selbstekel in Junes Stimme, als sie schildert, daß sie die gesamte Ratgeberliteratur über das Leben als Witwe ignoriert habe, in der davor gewarnt wird, gleich nach dem Tod des Partners folgenreiche Entscheidungen zu fällen. »An dieser Entwicklung bin einzig und allein ich schuld«, meint sie schließlich betrübt.

Wäre June in einer früheren Epoche Witwe geworden, hätte sie sich vermutlich nicht derart impulsiv zum Umzug entschlossen. Früher waren die Wahlmöglichkeiten für eine Witwe in den mittleren Jahren (wobei einundfünfzig als Alter jenseits der Lebensmitte gegolten hätte) außerordentlich begrenzt. Die Kinder hätten sich wahrscheinlich aufrichtig für ihr Wohlergehen verantwortlich gefühlt, und June hätte weitaus weniger Schuldgefühle gehabt, ihre Hilfe anzunehmen. Zwar hätte sie nach dem Tod ihres Mannes stark getrauert, aber sie hätte nicht unter dem gelitten, was sie als selbstverschuldetes Leid verurteilt, weil sie alle wichtigen Bindungen an ihr früheres Leben gekappt hatte.

Junes Entschluß, aus der Heimatstadt fortzuziehen, zeigt auch den Einfluß eines anderen weit verbreiteten Grundsatzes: Unsere

Kultur prämiert eher entschlossene Handlungen als die Abwägung unserer tatsächlichen Bedürfnisse und Werte. Im Zustand emotionaler Anspannung unternehmen wir oft impulsive Schritte, die sich dann als schädlich erweisen. So rufen wir einen Partner an, der uns abgewiesen hat, oder gehen eine Beziehung ein, von der wir stark bezweifeln, daß sie uns glücklich machen wird. Im Grunde aber illustriert Junes Lage die zeitgenössische Angst vor dem Verlust der Unabhängigkeit. Weil June sogar in einer Zeit, da sie wirklich auf Hilfe angewiesen war, autonom wirken wollte, schnitt sie sich von einer wichtigen Quelle seelischen Beistands ab.

In anderen Fällen zeigt sich das Bekenntnis zur Unabhängigkeit auf ganz andere Weise. Die Kultur gestattet uns, so meinen wir, daß wir unsere persönlichen Interessen höher einordnen als unsere persönlichen Beziehungen. Nicht selten verkennen wir allerdings, daß diese egozentrische Erwartung am Ende uns selbst und anderen beträchtliches Leid zufügen kann.

Jeffrey arbeitet als Börsenmakler. »Es ist wie verflixt«, erzählt er mit rauher Stimme und geht in dem Zimmer auf und ab, in dem wir das Interview führen. »Im College war ich mit einer Studentin zusammen, sie war Malerin und ein bißchen älter als ich. Sie hat mir viel gegeben, es war eine sehr schöne Zeit. Ich fand es toll, daß sie so bohemehaft und zugleich mütterlich und bodenständig war. Als sich mir die Möglichkeit bot, nach New York umzusiedeln, überlegte ich, ob ich sie bitten solle, mitzukommen. Ich entschied mich dagegen. Ich mochte sie sehr, aber sie schien mir nicht die Richtige für das vor mir liegende Leben zu sein. Ich kam mir ziemlich mies vor, denn sie hatte mir viel gegeben; aber sie war sehr verständnisvoll... so wie sie es immer gewesen war, und so konnte ich mit einem Minimum an Schuldgefühlen gehen. Nun gut... Haben sie von dem großen Flugzeugunglück letzten Monat gehört? Die ehemalige Freundin befand sich an Bord. Als ich in der Zeitung las, daß sie auf der Passagierliste stand, bekam ich einen Riesenschreck. Ich traf dann zufällig einen alten Freund aus jener Zeit, und wir gingen auf ein Glas in eine Bar. Er erzählte mir, Maggie wäre nach unserer Trennung in eine große Krise geraten... sie hätte mit dem Malen aufgehört und sei kaum noch ausgegangen. Ich konnte es nicht fassen«, fährt Jeff mit Tränen in den Augen fort. »Offenbar lief es dann etwas besser für sie, nachdem sie nach Chicago umgezogen war. In der Zeitung stand, sie sei alleinstehend, nichts davon, daß sie Kinder hatte. Ich muß immer wieder daran denken, ob sie eigentlich glücklich war, als sie ins Flugzeug stieg, oder ob sie noch immer unter dem litt, was ich ihr angetan hatte. Und dann werde ich die Frage des Freundes nicht wieder los, der gleich zu Beginn unseres Gesprächs fragte: ›Mensch, Jeff, hast du denn nicht gewußt, wie sehr sie dich geliebt hat?‹«

Am stärksten trauert Jeff natürlich um den tragischen Tod der ehemaligen Freundin und darum, daß er sie so herzlos behandelt hat. Im Laufe des Gesprächs kam aber auch noch etwas anderes zum Ausdruck – nämlich das Bedauern, daß heute dem beruflichen Erfolg ein derart großer Vorrang vor einer glücklichen Partnerschaft eingeräumt wird.

Im Laufe der Jahre hat es viele Frauen in Jeffs Leben gegeben, aber in keiner Beziehung hat er echte Erfüllung gefunden. Inzwischen ist er Ende Dreißig und sehnt sich nach einer Familie und einer engen Bindung. Geradezu zwanghaft stellt er sich immer wieder die Frage, was geschehen wäre, wenn er intensiver um Maggie geworben hätte.

»Ich habe so viel aus unserer gemeinsamen Zeit gezogen – bei so geringem Einsatz. Wenn mich eine Beziehung so glücklich machte, die auf so wenig gründete... o Mann! Stellen Sie sich vor, wenn ich mich wirklich nach Kräften bemüht hätte, eine dauerhafte Verbindung daraus zu machen!«

Ein weiterer Faktor des modernen Lebens, der zur Reue beiträgt, ist die mangelnde Vertrautheit mit der seelischen Landschaft vermehrter Wahlmöglichkeiten.

Nicht immer gibt es Vergleichsfälle für die Entscheidungen, die wir treffen. Es gibt keine eindeutigen Maßstäbe mehr, nach denen man sich richten, keine weisen »Älteren«, die man um Rat bitten kann. Wenn sich unser Leben so sehr von dem der Eltern unterscheidet, können wir uns weder nach ihnen noch nach tradierten Moralvorstellungen und religiösen Überzeugungen richten. Wenn sich die Wertvorstellungen jedoch so weit entfernt haben von jenen, mit denen wir aufgewachsen sind – wie können wir dann beurteilen, was richtig und was falsch ist?

Viele von uns wechseln mehrmals im Leben den Wohnort und

ziehen fort von den Orten und Menschen, die unser Wertesystem prägten. Auch wenn wir unser Erwachsenenleben in der Umgebung unserer Kindheit verbringen oder an einem Ort dauerhafte Wurzeln schlagen, sind uns die Entscheidungen hinsichtlich akzeptabler sozialer Verhaltensweisen doch lebensgeschichtlich fremd geworden.

Micki ist Anfang Zwanzig und vor kurzem aus einer Kleinstadt in Michigan nach Detroit gezogen. Bald darauf kam sehr viel mehr Schwung in ihr Leben, als sie es von früher gewohnt war. »Eines Abends kam ich in einer Single-Bar, in die ich regelmäßig ging, mit einem der Gäste ins Gespräch und willigte impulsiv ein, mit ihm nach Hause zu gehen. Kaum waren wir vor der Wohnung angekommen, wurde mir klar, daß ich einen Fehler begangen hatte. Seine Wohnung lag im vierten Stock, er ließ mich vorausgehen. Als ich die Treppe hinaufging, fing er an, mich von hinten zu begrapschen. Ich wollte mich umdrehen und an ihm vorbei wieder hinuntergehen, aber er versperrte mir den Weg. Noch nie in meinem Leben hatte ich so große Angst.

Als wir seine Wohnung betraten, ist er über mich hergefallen und hat an meiner Kleidung gezerrt. Es gelang mir, mich loszureißen. Ich spielte dann die Zimperliche und fragte, ob er vielleicht Musik hören wolle, damit wir in Stimmung kämen. (An der einen Wand hatte ich eine Stereoanlage entdeckt.) Er hat mich unheimlich wütend angestarrt, aber wahrscheinlich dachte er, ich wäre mit allem einverstanden, denn er ging zum Plattenspieler. Als er mir den Rücken zudrehte, lief ich aus der Wohnung und rannte die Treppe runter. Als er mich verfolgte und mir dabei wüste Schimpfworte nachrief, bekam ich eine Riesenangst, daß er mich einholt und wieder in die Wohnung zerrt. Im selben Augenblick kam – Gott sei Dank – ein Mann aus einer angrenzenden Wohnung. Er schien dem, was da vor sich ging, zu mißtrauen. Während die beiden Männer sich von oben bis unten musterten, bin ich aus dem Haus gerannt und in ein Taxi gesprungen, das – noch ein Wunder – gerade am Straßenrand hielt.

Noch heute wache ich nachts vor Angst auf und spiele in Gedanken das unglaublich dumme Risiko durch, das ich eingegangen war, und zermartere mir den Kopf, was noch alles hätte passieren können.«

Noch vor einigen Jahren wäre Micki wohl gar nicht in diese

gefährliche Lage geraten. Nur wenige junge Frauen lebten allein in einer Großstadt, und noch weniger Frauen frequentierten Single-Bars. Micki hat nichts »falsch« gemacht, schließlich wollte sie nur ihre neugewonnene soziale Freiheit ausprobieren. Doch die Gesellschaft verursacht das Gefühl der Reue, indem sie den Eindruck erweckt, völlige Freiheit im Verhalten sei sowohl erreichbar als auch wünschenswert. Angesichts der Wirklichkeit des heutigen Großstadtlebens ist diese völlige Freiheit eine weitere, potentiell überaus gefährliche Illusion.

Sicherlich haben Menschen immer nach Wegen gesucht, sich zu vergnügen und von Langeweile und Leid abzulenken. (Der englische Schrifsteller Samuel Johnson hat einmal einer Frau gegenüber geäußert, die sich darüber beklagte, die Männer würden zu Tieren, wenn sie getrunken hätten, es gebe einen »starken Anreiz für diesen Exzeß; wer sich nämlich zum *Tier* macht, wird den Schmerz darüber los, ein Mensch, ein Mann zu sein!«) Doch die moderne Gesellschaft fördert dieses Verhalten, da sie die sofortige Bedürfnisbefriedigung propagiert und künstliche Wege schafft, sie zu erlangen. *Unser kulturell sanktioniertes Verlangen nach zahlreicher und sofortiger Bedürfnisbefriedigung wird zum Nährboden für Reuegefühle, die ein ganzes Leben lang anhalten können.*

Alkohol und Rauschgift sind in jeder Großstadt und selbst in Kleinstädten ohne Mühe erhältlich. Auf Partys werden wir dazu verführt, Substanzen einzunehmen, die uns entspannen, unsere Ängste lindern und unsere Stimmung aufhellen sollen und uns fabelhafte Höhen sexueller Erregung versprechen. Ein unersättliches Verlangen nach Vergnügungen macht uns außerordentlich anfällig für das selbstvergessene Vergnügen eines durch Rauschmittel herbeigeführten »High«-seins. In einer Untersuchung über Mitarbeiter in der Finanzwelt sagten 75 Prozent der Befragten aus, sie würden während der Arbeitszeit regelmäßig Drogen nehmen, und 25 Prozent erklärten gar, sie nähmen täglich Drogen.

Lange bevor diese Menschen merken, daß sie ihr Leben ruinieren, gibt es Anzeichen, daß ihr Drogenkonsum außer Kontrolle geraten ist. Viele ignorieren die Warnsignale jedoch, denn nach wie vor herrscht der Irrglaube, wir dürften unseren Wünschen keinerlei Beschränkung auferlegen. Es gibt aber einen weiteren wichtigen Grund, der Wahrheit aus dem Wege zu gehen, und zwar das Ausmaß an Reue, zu dem sie Anlaß geben kann.

Charles ist neununddreißig und will seine Karriere in der Finanzwelt neu aufbauen. Ohne Einschränkung bestätigt er Forschungsergebnisse, nach denen die Angst, sich den wahren Preis einer langanhaltenden Sucht einzugestehen, die Befreiung von der Sucht zu einem noch gewaltigeren seelischen Kampf machen kann.

»Ich kam an den Punkt, da ich mich verzweifelt gegen meine Drogensucht wehrte. Vermutlich hätte ich die physische Schlacht, mit der Gewohnheit zu brechen, sogar gewinnen können. Aber als ich endlich den Versuch unternahm, sah ich mich der ungeheuren Ödnis gegenüber, die ich aus meinem Leben gemacht hatte. Ich mußte erkennen, daß ich einige der reichsten Jahre meines frühen Erwachsenenlebens beinahe weggeworfen hatte. Verdammt, zehn Jahre habe ich wie hinter einem Schleier gelebt – wie soll man sich das je verzeihen? Wie stellt man sich der Tatsache, daß diese Jahre nie wiederkommen? Darum bemühe ich mich zwar, aber wenn Sie mich fragen, was mein beherrschendes Lebensgefühl ist, dann muß ich sagen: Reue.«

Man muß nicht drogensüchtig sein, um die Reue zu fühlen, die Charles empfand, als er sich seinem bisherigen Leben stellte.

Die heutige Gesellschaft fördert Versagensängste, sobald wir dem Anspruch, perfekt zu sein, auf irgendeine Weise nicht genügen. Daher verbergen wir die nur allzu menschlichen Selbstzweifel hinter einer Fassade vorgetäuschter Selbstsicherheit. Und da wir uns alle als Konkurrenten sehen sollen, haben auch die anderen Angst, die Maske fallen zu lassen. So vertieft sich die Reue, je stärker wir zur Überzeugung gelangen, niemand habe so viel Fehlschläge einstecken müssen wie wir.

»Am meisten betrübt mich, daß ich kein anderer bin«, hat Woody Allen einmal gesagt. In der Tat wird jeder Psychotherapeut bestätigen, daß es unter den Klienten sehr verbreitet ist, sich mit Bekannten und Freunden zu vergleichen, die »alles auf die Reihe gekriegt« haben.

Da gibt es den Zimmergenossen im College, der mit der eingeschlagenen beruflichen Laufbahn rundum zufrieden ist, während wir immer noch keinen Entschluß gefaßt haben. Die Ehe der

Nachbarn scheint immer noch gut zu funktionieren, wohingegen wir das eigene Zusammenleben als eher mittelmäßig empfinden. Die Kinder eines anderen Bekannten sind erfolgreiche »Yuppies«, aber unsere Sprößlinge wohnen noch zu Hause und verfolgen keine Ziele. Ein kinderloses Ehepaar bricht von heut auf morgen zu exotischen Reisezielen auf, während wir die kurzen Verschnaufpausen von der Kindererziehung mit allen taktischen Details eines Militärmanövers planen. Während wir über das Geschick unserer Nachbarn und Kollegen nachgrübeln, sind wir unbeirrt der Meinung, wir könnten immer noch ein von emotionalen Konflikten freies Leben führen.

Dementsprechend beurteilen wir heute unser Leben nicht nur gemäß der Anzahl der hochkarätigen Rollen, die wir spielen, und der materiellen Besitztümer, die wir angehäuft haben, sondern auch gemäß unseres seelischen Wohlbefindens bzw. des Mangels daran. Wie vermeidet man aber Reuegedanken und findet Erfüllung in einer Kultur, die derart viele Entscheidungsmöglichkeiten bereithält?

Die Möglichkeit, unbegrenzt wählen zu können, wird noch verwirrender und erschreckender, wenn wir feststellen, daß wir kein persönliches Wertesystem entwickelt haben, das uns sagt, warum wir eine Wahlmöglichkeit der anderen vorziehen sollten. Offenbar bietet uns die Gesellschaft keine eindeutigen Maßstäbe, nach denen wir unsere Impulse und Wünsche angesichts des vorherrschenden gegenwärtigen Dilemmas ausrichten, um aus gleichermaßen verlockenden Möglichkeiten auswählen zu können.

Wenn wir im nachhinein Zweifel an der Wahl eines Gerichts im Restaurant oder eines Reiseziels haben, ist das kaum problematisch. Demgegenüber kann die Auswahl unter verheißungsvollen Beziehungen oder faszinierenden beruflichen Karrieren verhindern, daß wir die Wahl tatsächlich genießen. Haben wir keinen festen Bezugspunkt, fällen wir unsere Entscheidungen gleichsam blind.

»Ich hatte erwogen, Geschichtsprofessor oder auch Geschichtslehrer zu werden, ehe ich mich den Naturwissenschaften zuwandte und schließlich Chirurg wurde«, sagt der 36jährige Howard. »Niemand aus meiner Familie hat vor mir die Universität besucht, geschweige denn promoviert. Wie sollte ich da wissen, wie es in dem einen oder anderen Beruf zugeht? Heute habe ich zwar ein sehr hohes Einkommen, leide aber auch unter großem Streß, und meines Erachtens bietet mein Leben zu wenig Raum für kreative Dinge. Was immer man über die Grenzen des Universitätslebens behauptet – es kümmert mich nicht. Inzwischen sehne ich mich immer stärker nach einem solchen Leben.«

Howard verklärt nicht nur »die Chance seines Lebens«. Zudem stellen sich derartige Gedanken meist nach einem Entschluß ein, ehe wir uns in der neuen Situation eingerichtet haben. So leidet Howard nicht nur unter dem Verlust beruflicher Möglichkeiten, sondern geradezu unter einem Verlust des *Selbst*. Infolge seiner willkürlichen Berufswahl – und ebendiese Willkür läßt ihn nicht wieder los – fühlt er sich vom eigenen Leben entfremdet. Seiner Auffassung nach gleicht der Beruf des Chirurgen dem eines hochqualifizierten Technikers. Der antiseptische Operationssaal erscheint ihm als das schmerzliche Symbol des keimfreien Gefühlslebens, aus dem er sich zu befreien sehnt.

»Hätte ich doch nur...« Dieser alles durchdringende Refrain der Reue wird um so lauter, je näher wir uns dem Ende dieses Jahrhunderts mit seinen zahlreichen Wahlmöglichkeiten nähern. Wenn wir dann das riesige Terrain der gegenwärtigen Optionen überblicken, müssen wir uns behutsam den Weg zwischen den verstreut herumliegenden Landminen bahnen. *Eine Entscheidung, die man eher unbewußt oder ohne Anleitung durch ausgeprägte persönliche Werte fällt, erzeugt keine Freiheit, sondern Angst.*

Wir sahen einen Augenblick... [den] vollständigen Menschen zwischen uns ausgelegt, der zu werden uns nicht gelungen war, den wir dabei aber nicht vergessen konnten. Alles, was wir hätten sein können, alles, was wir versäumt hatten, sahen wir.

VIRGINIA WOOLF
Die Wellen

2. Von der Selbstanklage zum Mitgefühl

James Baldwin stand am Beginn seiner schriftstellerischen Karriere, als er einen offenen Brief an sich selbst schrieb: »Du wurdest dort geboren, wo du geboren wurdest, sahst der Zukunft entgegen, die vor dir lag, weil du ein Schwarzer warst – aus keinem anderen Grund. Also erwartete man, daß die Grenzen deines Ehrgeizes ein für allemal gezogen sind.«

James Baldwins Erfahrung ist ein Extrembeispiel für die Art und Weise, wie die Umstände einem Menschen das Gefühl der Reue aufzwingen. Wäre Baldwin in einer weniger rassistisch eingestellten Gesellschaft zur Welt gekommen, so wäre es ihm leichter gefallen, die Früchte seiner außergewöhnlichen Begabung zu ernten und ohne Einschränkungen zu genießen. Mag sich James Baldwin auch wünschen, daß sein Leben anders verlaufen wäre, er kann sich nicht selbst die Schuld an den erlittenen Schmerzen geben; denn die Dinge lagen nun einmal so.

Anders als im Fall von Baldwins Erfahrungen mit rassischer Diskriminierung gibt es viele Situationen, in denen wir uns – ob nun berechtigterweise oder nicht – die Schuld für das geben, was im Leben schiefgegangen ist. Bei Selbstanklagen handelt es sich um eine wichtige Variable im Ablauf der Reuegefühle, denn, so Robert Sugden, *das Ausmaß der Selbstanklagen, das wir im Zusammenhang mit unseren Reuegefühlen erheben, bestimmt die Intensität unseres Schmerzes.*

Der Zusammenhang zwischen Reue und Selbstvorwürfen wird

sogar in Kulturen anerkannt, in denen relativ begrenzte Wahlmöglichkeiten für den einzelnen bestehen. So setzt sich im Chinesischen das Wort für Reue aus zwei Schriftzeichen zusammen: aus *hui* und *hän*. Das zweite Zeichen bedeutet »Enttäuschung«, die nach außen gerichtet wird. Wir empfinden Zorn gegenüber den Kräften der Außenwelt, die unserem Leben auf so launische Weise Grenzen auferlegt. Das erste Zeichen heißt soviel wie Selbstanklage – nach innen gekehrte Wut.

So wie im Fall rassistischer Vorurteile, nämlich wenn wir Reue fühlen, die ungerechte gesellschaftliche Verhältnisse oder andere Zwänge uns auferlegen, so richtet sich auch unser Zorn in erster Linie nach außen. Wie groß unser Schmerz auch sein mag, wir wissen, daß keine unserer Entscheidungen unser Leiden verursacht hat. Da wir begreifen, daß es Situationen im Leben gibt, die wir weder gewünscht haben noch ändern können, kommt es an diesem Ende des Kontinuums auch meistens nur zu geringfügigen Selbstanklagen.

Einige Beispiele: Unsere Eltern ließen sich nach erbitterten Auseinandersetzungen scheiden, und wir verlebten eine trostlose Kindheit. Wir leiden unter einer Erbkrankheit, die uns gesundheitliche Probleme verursacht. Ein Partner, auf dessen Rückhalt wir angewiesen waren, stirbt zu früh. Wir sind ungewöhnlich klein gewachsen oder mit einem körperlichen Makel ausgestattet. Wir sind irgendeiner Form von Mißbrauch seitens eines feindselig gesonnenen Lehrers, eines sadistischen Freizeithelfers oder eines tyrannischen Arbeitgebers ausgesetzt. Ein Elternteil oder ein naher Verwandter entzieht uns seine Liebe.

Manchmal bedauern wir zu einem späteren Zeitpunkt, daß diese Lage unsere Lebenseinstellung in Mitleidenschaft gezogen hat – zum Beispiel, daß wir uns in Selbstmitleid ergingen oder unsere Wut uns handlungsunfähig machte. Oder wir machen uns tatsächlich Selbstvorwürfe – vielleicht, weil eine strenge religiöse Erziehung oder die Eltern von uns forderten, für unser Leid die alleinige Verantwortung zu übernehmen. Ein wichtiger Schlüssel zur Bewältigung unserer Reue besteht also darin, zu wissen, wann und warum es sich dabei um eine unangemessene Reaktion handelt.

Auf die gleiche Weise, wie man Kindern geschiedener Eltern erkennbar machen muß, daß sie keine Schuld am Zerbrechen der

Ehe haben, müssen auch wir in der Vergangenheit forschen, um dem wahren Ursprung unseres gegenwärtigen Leids auf die Spur zu kommen. Es kann außerordentlich befreiend wirken, wenn man am Ende erkennt, daß einem Unrecht widerfahren ist und man selbst nicht falsch gehandelt hat.

Eves erschreckende Geschichte veranschaulicht dies sehr gut. Als Kind besuchte sie regelmäßig die Schwestern ihrer Mutter, die in einem Erholungsort lebten. Wie alle Familienmitglieder verehrte auch Eve Tante Christine, eine allseits beliebte Lehrerin und Stütze der Kirchengemeinde; obwohl längst gestorben, gilt diese Tante noch heute als »Familienheilige«.

»Als Kind war ich ziemlich dick«, erzählt Eve. »Am dicksten war ich wohl mit dreizehn – in jenem Sommer, als ich Joey kennenlernte. Joey war ein Junge aus dem Ort und gehörte zu den Freunden meines Vetters, die ihre ganze Freizeit gemeinsam verbrachten. Mein Leben lang haben mich andere Kinder, vor allem Jungen, gehänselt, so daß ich immer Angst hatte, mit ihnen zusammenzusein. Eines Abends zwang mein Vetter mich praktisch, mit ihm und seiner Clique ins Kino zu gehen. Ich konnte es nicht fassen, aber Joey wählte mich aus. Etwas, was ich gesagt hatte, hatte er witzig gefunden. Im Kino setzte er sich dann neben mich, und anscheinend gefiel ich ihm wirklich. Ich brachte ihn immer zum Lachen; er fand mich lustig und daß man sich mit mir gut unterhalten konnte. Offenbar gefiel ich ihm sogar als Mädchen, nicht nur als Spielgefährtin, obwohl ich so dick war.

Zwei Wochen galten wir in der Gruppe als Pärchen. Wenn wir zum Bowling gingen, waren wir immer im selben Team – solche Sachen eben. Wenn wir alle gemeinsam einen Hamburger essen gingen, war ich zum erstenmal im Leben nicht mehr gehemmt. Ich erinnere mich noch, wie angenehm ich es fand, einfach ein normaler Teenager zu sein, zu einer Clique dazuzugehören und einen Freund zu haben.« Ihrer Tante Christine vertraute Eve an, wie glücklich sie war und wie aufregend sie es fand, zum erstenmal einen richtigen Freund zu haben. Offenbar freute sich die Tante mit ihr. »Eines Morgens, als ich zum Frühstück kam, gab mir Tante Christine einen Brief von Joey. Sie grinste übers ganze Gesicht, als sie mir sagte, Joey habe den Brief soeben für mich abgegeben. Mein erster Liebesbrief – und gleich ein Gedicht! Es begann mit so einem romantischen Vers, wie man ihn auf Grußkarten findet, aber dann änderte sich auf einmal der Ton. Heute fällt mir nur noch die letzte Zeile ein: ›... aber ich finde dich zu dick!‹« Eve war untröstlich, auch wenn die Tante sich bemühte, sie zu trösten. Schließlich schlug sie Eve vor, sie möge wieder nach Hause fahren, um sich weitere peinliche Situationen zu ersparen. Als Eve in den folgenden Jahren ihre Tanten besuchte, ging sie Joey immer aus dem Weg, und als sie ihn dann doch einmal traf, »konnte ich ihm nicht in die Augen sehen, obwohl wir uns prima unterhielten. Aber ich fühlte mich so gedemütigt... Es mag übertrieben klingen, aber ich glaube, daß die Zurückweisung durch Joey ein wirklich einschneidendes Erlebnis für meine Weltsicht und vor allem für meine Beurteilung der Männer war. In Gesellschaft führte ich mich noch unbeholfener als sonst auf. Ich entwickelte mich zu einem einsamen Teenager, der sich immer weiter in sich zurückzog. Natürlich kann es nicht nur an diesem Erlebnis gelegen haben, daß ich Probleme hatte, aber bestimmt trug es viel zu meiner Unsicherheit und meinem Argwohn Männern gegenüber bei. Bis weit ins Erwachsenenalter, sogar noch, als ich beruflich erfolgreich war und mein Eßverhalten endlich so weit im Griff hatte, daß mein Gewicht im Normbereich lag, konnte ich keine normale Beziehung zu Männern eingehen – aus Angst, sie würden mich verlassen, wenn ich wieder zunähme. Mein Gewicht ging immer rauf und runter, und zwischen meinem Aussehen und meiner Selbstachtung bestand immer ein enger Zusammenhang.«

Im Frühjahr vorigen Jahres, achtzehn Jahre, nachdem Eve den Brief von Joey erhalten hatte, machte sie eine geradezu unglaubliche Entdeckung. »Ironischerweise passierte es auf der Beerdigung meiner Tante. Einer meiner Vettern eröffnete mir, Tante Christine, nicht Joey habe den Brief geschrieben. Niemand konnte mir ihr Verhalten erklären, es sei denn, der Grund lag in ihrer streng religiösen, puritanischen Haltung. Außerdem hatte sie in jenem Sommer, was keiner in der Familie wußte, Eheprobleme. Wer weiß? Vielleicht war sie eifersüchtig. Aber wer kann schon ein derart irrationales Verhalten verstehen?

Ich habe nie eine befriedigende Antwort auf die Frage erhalten, warum meine Vettern und Kusinen und die anderen Tanten mir die Wahrheit verschwiegen haben. Wahrscheinlich hatten sie mächtig Bammel vor Tante Christine – aber aus Gründen, die mit *ihren*, nicht meinen Schwierigkeiten zusammenhingen.«

Eve fährt fort: »Jedenfalls wurde mir nach dem ersten Schock und einem irrsinnigen Wutanfall klar, daß mir diese schreckliche Erkenntnis sehr geholfen hat, mich stärker zu akzeptieren. Nicht nur wurde mir auf diese Weise klar, daß Joey mich gar nicht abgewiesen hatte, sondern mir ist inzwischen auch bewußt, daß ich es zugelassen habe, daß eine schlimme Erfahrung mein *gesamtes* Erleben beherrscht. Tante Christines Handlung war derart willkürlich und entzog sich so offenkundig meinem Einfluß, daß ich begriff, daß man seine Einstellung zum Leben auf keinen Fall auf ein einziges schlimmes Erlebnis gründen darf.

Deshalb bin ich heute zumindest so weit, nicht so viel Energie auf das Bedauern darüber zu verschwenden, daß ich von Natur aus zum Dicksein neige und nie gertenschlank sein werde. Vor allem aber glaube ich nicht mehr, der einzige Schlüssel zur Erlangung eines stärkeren Selbstbewußtseins sei mein Aussehen.«

Sicherlich hat Eve ihren berechtigten Zorn noch nicht ganz überwunden, auch nicht das »schreckliche Gefühl, so viele Jahre mit Selbsthaß und Selbsterniedrigung vergeudet zu haben«. »Noch Monate, nachdem ich die Wahrheit erfahren hatte, mußte ich ständig daran denken, was geschehen wäre, wenn ich die Wahrheit früher erfahren hätte. Schließlich hat Joey bei unserem Wiedersehen einige Annäherungsversuche unternommen. Man hätte an das, was gewesen war, anknüpfen, vielleicht sogar aus unserer Beziehung etwas Dauerhaftes machen können. Und selbst wenn es nicht so gekommen wäre – hätte ich die Wahrheit gekannt, wäre mir zumindest klar gewesen, daß Joey mich mochte, obwohl ich sehr dick war..., und daß ich ihm etwas zu bieten hatte neben meinem Aussehen. Und vielleicht hätte ich erkannt: Wenn ich bei ihm Erfolg habe, müßte ich auch eine glückliche Beziehung mit einem anderen Mann eingehen können.«

Nachdenklich fährt Eve fort: »Ich hätte auch gern den Mut aufgebracht, auf seine warmherzige Art positiv zu reagieren oder ihn zur Rede zu stellen und eine Erklärung zu verlangen für das, was ich als Akt seelischer Grausamkeit empfand; allerdings kannte ich bei unserem zufälligen Wiedertreffen nicht die Wahrheit. Ich wollte, ich hätte mich angesichts dieser seelischen Mißhandlung nicht so passiv verhalten. Aber mehr noch als Tante Christines Aggression gegen mich bereue ich, daß ich sie gegen mich selbst gerichtet habe.

Ich habe sogar«, sagt Eve abschließend, wobei sie lächelnd seufzt, »jegliche Form des Durchspielens der Vergangenheit aufgegeben – jedenfalls gelingt mir das meistens. Ich habe wirklich Mitgefühl mit mir, schließlich bin ich einer Frau mit einem krankhaften Hirn zum Opfer gefallen. Deshalb versuche ich heute mit aller Kraft, besser über mich zu denken. Ich will sogar daran gehen und endlich eine enge Beziehung zu einem Mann aufbauen.«

Eves Reue ließ beträchtlich nach, als sie nicht mehr sich selbst die Schuld dafür gab, daß in ihrem Leben etwas fehlte und dieser Mangel ihr Lebensgefühl stark beeinträchtigt hatte. Zudem erkannte sie: *Es ist zwar verführerisch, nach durch Ungerechtigkeiten verursachten Reuegefühlen weiter verbittert zu sein, doch es schadet unserer Seele noch stärker, wenn wir diesem Impuls nachgeben.*

In jeder Psychotherapie kommt der Zeitpunkt, da wir mit Hilfe unserer Selbsterkenntnis und dem Wissen um den Ursprung unseres Problems eine bewußte Entscheidung treffen müssen, die aus der Vergangenheit rührenden Kränkungen zu überwinden. Der Schmerz der angesammelten Reuegefühle hatte Eve soweit gebracht, daß sie das Augenmerk auf die Zukunft statt auf die Vergangenheit richten wollte. Befreit von den bitteren Erinnerungen wollte sie sich nun auf den Weg nach einem ihr noch unbekannten Maß an Erfüllung machen.

Diese Aufgabe, nämlich loszulassen und die Reue so einzusetzen, daß sie die Entschlossenheit stärkt, einen Lebensweg einzuschlagen, der zukünftige seelische Schmerzen abwehrt, erweist sich dann als zunehmend schwieriger, wenn sich die Selbstanklagen auf dem Kontinuum der Reue verstärken. Es gibt zahllose Möglichkeiten für Selbstanklagen. »Warum habe ich die Chance, diese Stelle zu bekommen, verstreichen lassen? Warum habe ich so lange diesen Mißbrauch über mich ergehen lassen?« Und die mitunter schmerzlichste Frage von allen: »Warum habe ich nicht das Beste aus meiner Beziehung gemacht, als mir das noch möglich war?«

Wenn ein geliebter Mensch stirbt – ein Familienangehöriger, ein Freund oder Partner –, werden wir selbstverständlich von Trauer und Schmerz überwältigt. Das ganz normale Gefühl des tiefen Bedauerns, das diese unvermeidliche Erfahrung auslöst, verstärkt sich jedoch, sobald wir der schönen Beziehung, die nun zu Ende ist, nachtrauern – zusätzlich zu unserer Einsamkeit und unserer Trauer über den Verlust. Ob wir nun am Grab stehen oder Jahre später schlaflos im Bett liegen, die Überzeugung, irgendein Problem nicht gelöst zu haben, weckt peinigende Erinnerungen und das unbändige, quälende Verlangen, das Geschehene ungeschehen zu machen – oder etwas zu tun, was wir nicht getan haben.

»Zum letztenmal habe ich meinen Vater gesehen, als ich mitten in den Vorbereitungen für meinen Umzug nach Los Angeles steckte«, berichtet Louise. »Ich wollte einige Dinge bei meinen Eltern unterstellen, und mein Vater folgte mir und machte Vorschläge, wo dies und jenes unterkommen konnte. Immer wieder deutete er in allgemein gehaltenen Sätzen an, daß er meinen Umzug für einen Fehler halte, da er und meine Mutter in ihrem Alter nicht mehr so leicht nach Los Angeles reisen könnten und wir uns deshalb nur noch selten sehen würden... Gedanken, die ich gar nicht gebrauchen konnte. Denn auch mich plagten ja Zweifel. Weil ich mir den geplanten Umzug auf keinen Fall ausreden lassen wollte, habe ich dann meine Ängste an ihm ausgelassen. Ich habe ihm vorgeworfen, er sei selbstsüchtig und denke nur an sich, statt daran, was gut für mich sei. Noch während ich schimpfte, ging mir auf, wie niederträchtig ich mich aufführte – meine Eltern waren immer außergewöhnlich offen und hilfsbereit zu mir gewesen –, und schließlich rannte ich aus dem Haus, ohne mich mit einem Abschiedskuß zu verabschieden.

Vier Tage nach meiner Ankunft in Kalifornien erhielt ich einen Anruf von meiner Schwester, in dem sie mir mitteilte, unser Vater sei nach einem Herzinfarkt gestorben.

Ich bin nicht so egozentrisch zu meinen, er habe den Infarkt bekommen, weil ich ihn an jenem Nachmittag so sehr geärgert hatte. Aber ich war völlig verzweifelt, als ich mir vorstellte, er könnte mit dem Bild von mir als einer undankbaren und lieblosen Tochter gestorben sein.«

Wir sprachen mit Louise, nachdem sie bereits einigen Nutzen aus einer Psychotherapie gezogen hatte, mit deren Hilfe sie ihre Lebenssituation und sich selbst realistischer einschätzen konnte. Sie erwog schon einige andere Möglichkeiten als das düstere Szenario, das sie zunächst entworfen hatte. Zwar würde sie nie mit absoluter Sicherheit wissen, was ihr Vater damals empfand. Sie konnte jedoch einige Reuegefühle besänftigen, indem sie die Konfrontation mit dem Vater in einen größeren Rahmen stellte und sich klarmachte, daß sie beide mehr Gutes als Schlechtes miteinander erlebt hatten.

Es ist eine ganz normale Annahme, daß andere Menschen auf Auseinandersetzungen und Ereignisse im Privatleben auf die gleiche Weise reagieren wie wir selbst. Da Louise wegen des letzten Zusammenseins mit dem Vater ein derart schlechtes Gewissen hatte, blieb ihr verborgen, daß ihr Vater die ganze Angelegenheit vielleicht ganz anders beurteilte. Jeder Mensch sieht jedes Ereignis aus einem anderen Blickwinkel. (Wie oft haben Sie gemeint, jemand habe auf eine Äußerung von Ihnen wütend oder besserwisserisch reagiert –, nur um später festzustellen, daß diese Reaktion einem Streit mit dem Partner, dem Chef oder einer der zahllosen anderen Möglichkeiten entsprang, die gar nichts mit Ihnen zu tun hatte?)

Heute ist Louise überzeugt, daß ihr Vater viel einfühlsamer gewesen war, als sie annahm, daß er durchaus bemerkt hatte, wie ängstlich und unter Druck sie sich an jenem Morgen fühlte, und daß er ihre schlechte Laune mit väterlichem Verständnis akzeptiert hatte. Zudem hat sie erkannt, daß diese unglückselige Begebenheit ein Leben voller gegenseitiger Liebe und Achtung keineswegs auslöschen kann – auch wenn sich der Vater über ihr Verhalten ärgerte. Wäre der Vater nicht so plötzlich und unerwartet gestorben, hätte Louise sicherlich rasch versucht, alles wiedergutzumachen. Aber weil sie wußte, daß sich diese Gelegenheit nie mehr bieten würde, eskalierte die Reue und nahm ein überwältigendes Ausmaß an.

»Gott sei Dank hat mein Therapeut mir geholfen, mit diesen ständigen unerbittlichen Selbstvorwürfen aufzuhören«, sagt Louise. Es erleichtere sie zwar sehr, daß sie sich weniger schuldig fühlt, aber sie habe auch den Eindruck, daß ihre Reue sich konstruktiv auf ihr restliches Leben auswirken werde.

»Nie wieder werde ich es hinauszögern, etwas wiedergutzumachen, wenn ich glaube, einen anderen Menschen ungerechtfertigterweise gekränkt zu haben. Und genausowenig werde ich zulassen, daß sich aus einer Beziehung eine ungelöste Fehde entwickelt, wie es mir ein paarmal mit Freunden passiert ist. Ich wollte meinen Vater gleich nach meiner Ankunft in Los Angeles anrufen, um mich bei ihm zu entschuldigen. Aber es wurmte mich immer noch, daß er nicht über seinen Schatten gesprungen war und mir sagte, was für einen wundervollen Schritt ich unternommen hatte. Ich habe sehr schmerzlich erfahren müssen, daß man zwischenmenschliche Probleme lösen muß, solange noch Zeit dafür ist.«

Robert ist an einem Punkt in seinem Leben angelangt, der auf dem Kontinuum der Reue viel weiter am Ende liegt, als es bei Louise der Fall war: Ihn quälen noch weit weniger berechtigte Selbstvorwürfe. Zwar würde er sich wohl nicht die Schuld geben, wenn das Flugzeug, in dem er sitzt, in eine Gewitterfront gerät. Doch er kann nicht begreifen, daß sich bestimmte unglückliche Ereignisse im Leben – ähnlich dem Wetter –, seinem Einfluß völlig entziehen.

Mit der vorbehaltlosen Zustimmung seiner Frau Sara nahm Robert einen heißersehnten geschäftlichen Auftrag in London an. Aufgrund der eigenen beruflichen Verpflichtungen konnte Sara ihn nicht begleiten. Sie versicherte ihm allerdings, es sei ihr aufrichtiger Wunsch, daß er sich diese großartige Chance auf keinen Fall entgehen lasse.

Zwei Monate waren sie voneinander getrennt, als sich Sara einer gynäkologischen Notoperation unterziehen mußte, in deren Verlauf auch die Gebärmutter entfernt wurde. Sara wird nie mehr Kinder bekommen können, und Robert gibt sich die Schuld daran. Seines Erachtens hätte er nie einen Auftrag annehmen dürfen, der dazu führte, daß er Sara in dieser Zeit allein ließ – er tut also so, als hätte er die Erkrankung verhindern können.

Es besteht eine erstaunlich starke Neigung, Selbstanklagen mit Reuegefühlen zu verknüpfen, auch wenn dies jeder Logik entbehrt. Von einem bestimmten Standpunkt aus betrachtet können wir uns für absolut alles, was im Leben falsch gelaufen ist, verantwortlich machen. Wenn uns ein Freund nicht mehr anruft, sind wir sicher, wir hätten ihn gekränkt. Wenn es bezüglich einer Verabredung zum Mittagessen ein Mißverständnis gibt, beeilen wir uns und entschuldigen uns für unser Versehen. Einer von Selbstvorwürfen geplagten Person würde es nie in den Sinn kommen, der andere könnte sich geirrt haben. Selbstbezichtigungen können sich als außerordentlich resistent gegen vernünftige Argumente erweisen.

Daß sich Robert für die plötzliche Erkrankung seiner Frau die Schuld gibt, ist völlig irrational. Sara ist eine intelligente junge Frau, die sehr gut allein auf sich aufpassen kann. Auch wenn Robert bei ihr gewesen wäre – er hätte nichts ändern können; man kann ihm also weder fahrlässiges Verhalten noch sträfliche Unkenntnis vorwerfen.

Andererseits verändert in einigen Fällen *etwas, das man getan oder unterlassen hat, tatsächlich unseren Lebensweg und verstärkt dadurch die Neigung zu Selbstanklagen.*

»Nun werde ich also studieren – na und?« kommentiert Jennifer ihre Entscheidung, mit Mitte Dreißig wieder aufs College zu gehen. »Wenn ich das Examen mache, bin ich fast vierzig. Und das ist etwas ganz anderes, als wenn man mit zwanzig sein Zeugnis in Händen hält. Ich hätte den Abschluß machen sollen, als ich die Chance hatte, mir eine richtige Karriere aufzubauen.«

Jennifers jüngere Kommilitoninnen bewundern ihre Strebsamkeit und beneiden sie um ihre konstant guten Noten. Sie hat aber kaum Freude an ihren Leistungen, denn diese werden von der Reue überschattet, daß sie das College verlassen hat, um zu heiraten.

Als Jennifer vom College abging, erschien ihr der Entschluß aus einer Reihe von Gründen richtig. »Hätte ich aber gewußt«, sagt sie, »daß ich jetzt die familiären und Studienverpflichtungen mit einem Teilzeitjob zur Finanzierung der Ausbildung unter einen Hut bringen muß und daß es schwieriger ist, später den Abschluß zu machen, dann wäre ich bestimmt nicht vom College abgegangen.«

Jennifer glaubt, im Leben um etwas betrogen worden zu sein, denn sie trauert einer vergangenen Entscheidung nach, die sich ihres Erachtens negativ auf ihre Zukunft ausgewirkt hat. Dabei weist in ihrem Leben alles nach oben. Wie ein Detektiv mit einem Vergrößerungsglas scheint sie es darauf abgesehen zu haben, alle möglichen Fehler aufzuspüren, was dann stets aufs neue zu Selbstanklagen führt.

Jennifer hat nicht erkannt, daß ihre Selbstvorwürfe bei der Entstehung ihrer Depression eine große Rolle spielen. Als sie mit Hilfe einer Selbsthilfegruppe begriff, wie stark sie sich wegen der damaligen Entscheidung selbst verurteilt, akzeptierte sie mit der Zeit, daß die Entscheidung auch einige bislang übersehene positive Folgen hatte. So haben die Kinder sie zwar in mancher Hinsicht eingeschränkt, aber sie war ihnen in großer Liebe verbunden und konnte das Zusammensein mit ihnen genießen, als sie noch jung war.

Mehr noch: Zwar wird sie zur Zeit des Studienabschlusses in der Tat vierzig sein, doch ihre Kinder werden dann längst auf eigenen Beinen stehen. Zudem wird sie weit weniger familiäre Pflichten haben als andere Frauen in ihrem Alter, die ebenfalls erst Berufsanfängerinnen sind. Auch konnte sie zugeben, daß sie in ihrem fortgeschrittenen Alter weitaus effektiver studieren kann und viel mehr vom Lernstoff profitiert, als das im Alter von achtzehn oder zwanzig Jahren der Fall gewesen wäre. Das Wichtigste aber ist: Heute begreift sie, daß sie damals, als sie sich gegen das Studium und für die Ehe entschied, aufrichtig glaubte, die richtige Entscheidung zu fällen. Dieses Wissen hat Jennifer geholfen, ihre Selbstbeschuldigungen und Sorgen wegen der vergeudeten Zeit weitgehend aufzugeben und den Blick wieder in die Zukunft zu richten.

Die Stärke der Reue verringert sich, wenn wir auf die Entscheidung zurückblicken und erkennen, daß es gute Gründe für die Annahme gab, daß es sich zu dem besonderen Zeitpunkt um die richtige Wahl handelte.

Haben wir uns nach eigener Einschätzung redlich bemüht, zum Zeitpunkt der Entscheidung alle Wahlmöglichkeiten und alle Folgen zu bedenken, so wird die Reue längst nicht so überwältigend sein. Und zwar auch dann, wenn sich herausstellt, daß wir uns geirrt haben. Das hält uns fern vom extremen Ende des Kontinuums, an dem sich die Selbstanklagen ausweiten und unsere Reue ein zwanghaftes Ausmaß annimmt. Wenn wir unser Leben unerbittlich Revue passieren lassen, um den gegenwärtigen, verzweifelten Zustand zu verstehen, dann grübeln wir besonders verbittert darüber nach, was wir hätten tun bzw. unterlassen sollen, hassen uns, weil wir etwas hätten sagen sollen, aber nicht gesagt haben, und geraten in Panik wegen der möglichen Folgen (von denen wir meinen, alle würden katastrophal sein) unserer tatsächlichen Handlungen oder Worte.

Wollen wir das Geschehene ungeschehen machen oder den Beginn einer Entwicklung auslöschen, die zu einem anscheinend derart katastrophalen Ende geführt hat, so ähneln wir schließlich Lady Macbeth: Wir wehren uns verzweifelt, die Verantwortung für die vergangenen Taten zu übernehmen. Die psychotherapeutischen Praxen werden oft von Klienten aufgesucht, die auf diese Weise leiden, doch leider wird nicht selten übersehen, daß die Reue ein wesentlicher Faktor ihres Leidens ist. Vor allem da der Begriff *Reue* im klinischen Vokabular kaum vorkommt, wird sie häufig übersehen, wenn jemand von seinen Enttäuschungen, seinen Depressionen oder seiner Hoffnungslosigkeit berichtet.

Doch zeigt sich immer wieder: Wenn es *echte Anhaltspunkte für die Erkenntnis gibt, daß eine Entscheidung zum Zeitpunkt, da wir sie fällten, falsch war*, wird der Kummer über die Enttäuschungen des Lebens zu einer lähmenden Wut, die sich gegen uns selbst und unsere Verfehlungen richtet. Lindas Geschichte veranschaulicht den entscheidenden Aspekt der Reue, nämlich die Angst, die daraus erwächst, daß *wir uns im Augenblick der Wahl tatsächlich bewußt sind, daß die getroffene Entscheidung falsch ist.*

Linda haben die schlaflosen Nächte erschöpft, in denen sie über zurückliegende Entscheidungen nachgrübelte, in deren Folge ihr Leben immer trostloser und voller Sorge wurde. Vor kurzem hat sie sich von ihrem Mann, den sie auf dem College kennengelernt hatte, scheiden lassen. Im Laufe der Beziehung hatten sie sich schon viermal getrennt, doch nachdem beide das Studium abgeschlossen hatten, entschlossen sie sich schließlich zur Heirat. Linda hebt die Stimme, als sie einräumt, daß sie immer Bedenken gehabt habe, was die gemeinsame Zukunft betraf.

»Ich habe wohl immer ein bestimmtes Bild von ihm bewahrt: das des High-School-Helden... Es war ein toller Coup, seine Freundin zu sein. Er sah auch extrem gut aus... Ich fand es toll, wenn andere mich um unsere Beziehung beneideten. Außerdem heirateten alle meine Freundinnen, und es war auch kein anderer Mann greifbar«, fügt sie hinzu und verzieht das Gesicht geringschätzig.

»Eigentlich hat uns überhaupt nichts verbunden, und alles wurde nur noch schlimmer. Ich wollte viel mehr vom Leben als er.

Und was habe ich getan? Das Ganze noch verschlimmert, indem ich in kurzer Folge hintereinander zwei Kinder bekam. Jetzt bin ich nicht nur geschieden, sondern auch noch alleinerziehende Mutter. Und zwar eine *arme* alleinerziehende Mutter, denn er kann nur wenig Geld zum Unterhalt beisteuern. Hätte ich doch nur meinen Instinkten vertraut oder meinem Verstand«, klagt Linda. »Ich habe doch von Anfang an geahnt, daß es mit uns nicht klappen konnte.«

Keiner von uns ist dagegen gefeit, Hinweise zu übersehen, die uns möglicherweise daran hindern, das zu bekommen, wonach wir uns sehnen. Ob das nun eine aufregende, aber unkluge geschäftliche Investition ist oder – wie in Lindas Fall – eine Beziehung, die ein dysfunktionales seelisches Bedürfnis erfüllt: Manchmal gehen wir einen Weg weiter, ohne daß wir uns unsere Lage vollkommen bewußt machen.

Eines darf man allerdings nicht verkennen: Wenn wir schließlich mit den Folgen unseres impulsiven Verhaltens konfrontiert werden – und früher oder später werden sie sich fast immer einstellen –, wird die Reue unendlich viel stärker sein, weil wir uns überdies die Schuld geben, uns mutwillig blind gestellt haben.

Worin die Gründe für unsere Reue und unsere Selbstanklagen auch bestehen mögen – die Unfähigkeit, Fehler als unabänderliche Tatsache des Lebens anzunehmen, kann uns seelisch lähmen. Jedes Fortschreiten, jede seelische Weiterentwicklung scheint dann unmöglich, *es sei denn*, wir wandeln den Zorn auf uns selbst in Selbst-Mitgefühl um.

Mitgefühl mit sich selbst ist der Gegensatz zur Selbstanklage. *Es ist der Schlüssel, wenn wir die Reue verstehen und über dieses Gefühl hinwegkommen wollen, der uns hilft, Reue in eine konstruktive Kraft zu verwandeln.*

Selbst-Mitgefühl heißt zunächst, daß wir uns der Tatsache bewußt werden, daß wir alle unsere Grenzen haben, auch wenn uns diese Vorstellung mißfällt, und daß man nicht alles im Leben voraussehen oder kontrollieren kann. Und daraus folgt, daß wir uns in der tiefsten emotionalen Schicht mit allen Fehlern und Beschränkungen annehmen können.

Es gibt ein wichtiges und erdrückendes Hindernis, das verhindert, daß wir unsere Selbstvorwürfe in Selbst-Mitgefühl und somit letztlich in Selbstvergebung verwandeln und den Blick wieder in die Zukunft richten. Diese Barriere besteht in der vielleicht ungeheuerlichsten Annahme unseres Intellekts – nämlich daß es tatsächlich möglich sei, *vollkommen* zu sein.

Karen Horney konstatiert eine enge Verknüpfung zwischen dem Drang zur Perfektion und der von ihr so bezeichneten »Tyrannei des Sollens«. Wir werden verfolgt von inneren Vorstellungen, die uns sagen, was wir tun sollen und wie wir sein müssen, und meinen, eigentlich dürfte uns nichts unmöglich sein. Keine Beziehung soll sich unserer Kontrolle entziehen. Wir müssen jede anspruchsvolle Herausforderung und die verschiedensten widersprüchlichen Anforderungen meistern. Hindernisse, die die Leistungskraft geringerer Sterblicher begrenzen – etwa, daß der Tag vierundzwanzig Stunden hat –, sollen uns unberührt lassen. Unser Streben auf irgendeine Weise zu begrenzen, gilt uns als feige, unstatthafte, unentschuldbare Ausflucht.

Wir meinen, wir müßten fähig sein (um nur einige Vorstellungen zu nennen):

stets phantastisch auszusehen;
nie Fehler zu machen;
der oder die Beste im Beruf zu sein;
der perfekte Elternteil oder Partner zu sein;
der ergebenste Sohn bzw. die ergebenste Tochter zu sein;
mit jeder Herausforderung mühelos fertig zu werden;
von allen geliebt zu werden;
alle Menschen in unserer Umgebung glücklich zu machen;
und – die Krönung aller Vorschriften – stets zufrieden mit uns selber zu sein.

Und um das Ganze noch komplizierter zu machen: Oft erkennen wir unser Bedürfnis nach Perfektion gar nicht. »Wer – ich? Sieh doch meinen Haushalt an... meine Schulnoten... meine berufliche Karriere... meine Kinder... meine Ehe... mein Gewicht...! Wenn ich perfekt sein wollte, könnte ich dann *so* leben?«

In Wahrheit hat Perfektionismus viel weniger damit zu tun, wie gut wir etwas erledigen, sondern damit, wie gut es unseres Erachtens – bewußt oder unbewußt – sein soll. Perfektionismus und die Reue, etwas nicht erreicht zu haben, entstehen aus unseren Absichten, nicht unseren Handlungen.

Wir alle tragen in uns, was Karen Horney als *idealisiertes Selbstbild* bezeichnet hat. Dieses Selbstbild verkörpert das Ideal, das wir unseres Erachtens erfüllen sollten, das aber, eben weil es perfektionistisch ist, unerreichbar bleibt. Es formt sich in der Kindheit, wenn wir die Zuneigung anderer Menschen, meistens unserer Eltern, erringen wollen, die wir in unserer Abhängigkeit lieben und auf deren Liebe wir angewiesen sind. Und während wir uns bemühen, diesem Ideal bzw. falschen Selbst zu entsprechen, entfremden wir uns immer mehr von unserem »wirklichen Selbst«.

Der Versuch, einem unerreichbaren Bild zu entsprechen, schneidet uns von unseren echten Bedürfnissen und Gefühlen ab. Die Gefahr für unser seelisches Wohlbefinden besteht darin, daß die Phantasie-Person für uns wirklicher werden kann als die Person, die wir in Wirklichkeit sind. Dieses wahre Selbst ist nach Karen Horneys Definition die »zentrale[n] innere[n] Kraft, die – allen menschlichen Wesen gemein und dennoch einzigartig in jedem – die tiefe Quelle des Wachstums ist.«

Nähern wir uns dem wahren Selbst, kommen wir zugleich den wahren Werten und Zielen unseres Lebens näher. Trotzdem klammern sich viele Menschen um jeden physischen und psychischen Preis an die Illusion des perfekten Selbst und seiner außergewöhnlichen Kraft. So will man eine perfekte Mutter, der einflußreichste Manager, der angesehenste Lektor, der berühmteste Naturwissenschaftler sein.

John, Handelsvertreter im wachsenden Markt für Sportartikel, klagt: »In letzter Zeit bin ich ständig erschöpft. Ich fühle mich eingeengt und habe am ganzen Körper Verspannungen – etwa so, wie wenn man auf einem langen Flug in einem überfüllten Flugzeug in einem winzigen Sitz eingezwängt ist.«

John ist der Top-Vertreter in seiner Firma. Ständig treibt er sich an, seinen Umsatzrekord zu übertreffen, der ihm bereits ein sehr gutes Gehalt, viel Lob und zahlreiche Gratifikationen eingebracht hat. Er ist nicht nur erschöpft, sondern die Erfolge stimmen ihn auch keineswegs glücklich. Zudem hat er familiäre Probleme wegen seines vollgestopften Terminkalenders. Seine Frau beklagt sich immer öfter, daß er nicht genug Zeit mit ihr und den Kindern verbringe. Ihre Kritik bringt ihn in Rage.

»Ich mache das alles nur für sie«, meint er mit erhobener Stimme. Als wir ihn fragen, weshalb er denn soviel Groll über eine an sich positive Sache empfinde – nämlich daß seine Familie ihn öfter sehen möchte –, wird er noch wütender.

Überempfindlichkeit gegenüber Kritik ist vielleicht der deutlichste Hinweis auf die »Tyrannei des Sollens«. John wird so stark von seinem falschen, d. h. perfektionistischen Selbst geplagt, daß er sich nur noch auf das, was er nicht erreicht, konzentriert. Daher scheint jede kritische Bemerkung, selbst in ihrer mildesten Form, und wenn sie auch nur wie ein leises Echo seiner rabiaten Selbstvorwürfe klingt, sein Versagen zu fördern.

Johns Hang zur Perfektion richtet sich auf den beruflichen Erfolg, doch es gibt viele Variationen zu diesem Thema. Andere Menschen setzen alles daran, der vollkommene Partner, der stets verständnisvolle Elternteil, der unerschöpflich leidenschaftliche Ehepartner oder der unerschütterlich großzügige Freund zu sein.

Marion bedauert sehr, daß das Verhältnis zur einzigen Schwester abgerissen ist, und gibt sich die Schuld, nicht geduldiger und verständnisvoller gewesen zu sein. Ihre moralisch strenge Erziehung hat in ihr den Glauben geweckt, es sei eine Sünde, sich über andere Menschen, vor allem Mitglieder der eigenen Familie, negativ zu äußern. In einem Gespräch zu Beginn der Therapie meint sie entschuldigend: »Ich dürfte meine Schwester nicht so ernst nehmen. Ich weiß gar nicht, was mit mir los ist und warum ihr Verhalten mich dermaßen stört.«

Im Laufe der Zeit haben die ständigen kritischen Bemerkungen und Forderungen der Schwester Marion psychisch zermürbt. Doch das Gefühl, etwas Sündiges zu tun, blieb stark genug, daß sie auch weiterhin die Verantwortung für sämtliche Spannungen in der Beziehung zur Schwester übernahm. Daß die Schwester eine schwierige und engherzige Person sein könnte, war ihr nie in den Sinn gekommen. Allen Andeutungen über das Verhalten der Schwester ließ sich aber entnehmen, daß es sich bei ihr um einen selbstsüchtigen und rücksichtslosen Menschen handelte; auch hatte sie kaum etwas Positives zu Marions Leben beigesteuert. Selbst als Marion zugab, der Charakter der Schwester ließe sich durchaus so einschätzen, war sie aufrichtig verblüfft, als wir andeuteten, man müsse einen Menschen nicht mögen, wenn er es nicht verdiente und auch nicht weiter die ganze Beziehungsarbeit leisten, selbst wenn es sich um das einzige Geschwister handelt.

Weil ihre früheren Überzeugungen so hartnäckig waren, konnte Marion sich zwar nur schwer mit dieser Vorstellung anfreunden, doch allmählich empfand sie sie als große Befreiung. Zwar leidet sie noch immer darunter, daß sie kein besonders enges Verhältnis zur Schwester hat, und fühlt sich beraubt, wenn sie daran denkt, daß es wohl nie ein enges Verhältnis werden wird. Doch hat sie erkannt, daß sie woanders nach dem suchen muß, was sie sich von einer Beziehung erhofft. Heute konzentriert sie sich darauf, Freundschaften zu Menschen anzuknüpfen, die sich nach ebensoviel Nähe sehnen wie sie und ihre Fähigkeit zu geben erwidern.

In bestimmten Zeiten im Leben müssen wir uns zwischen verschiedenen Beziehungen, die uns am Herzen liegen, oder einander widersprechenden Erfahrungen entscheiden. Das heißt aber zugleich, daß mit jeder Wahl Ängste einhergehen, vor allem dann, wenn uns das, was wir aufgeben, sehr viel bedeutet.

Eine Wahl erzeugt nicht selten moralische Konflikte, die manchmal beträchtlichen seelischen Schmerz verursachen, sagt Martha Nussbaum, Professorin für Philosophie an der Brown-Universität. Als Beispiel führt sie den heute weitverbreiteten Fall an, daß ein Elternteil entscheiden muß, ob er im Büro bleiben und an einer wichtigen Besprechung teilnehmen oder er sich die Schulaufführung seines Kindes ansehen soll. Beides ist wichtig, aber da der Elternteil weder die Situation völlig beherrschen noch sich gleichzeitig an zwei Orten aufhalten kann, hat er eine schwierige Entscheidung zu treffen.

Der Elternteil, der begreift, daß er sich für die eine Seite entscheidet und dabei die andere Möglichkeit vernachlässigt, hat einen schmerzlichen Entschluß gefaßt, so Martha Nussbaum; er handelt aber angemessener, gibt sie zu bedenken, als derjenige, der das Dilemma einfach von sich weist oder leugnet. Der Schmerz, sich für etwas zu entscheiden, sei Teil der leidenschaftlichen Person, die sich binden kann und über die Fähigkeit verfügt, sich wahrhaft für das Wohlergehen anderer zu interessieren. Daß man die Qualen einer Wahl verspürt, so glaubt Dr. Nussbaum, macht uns wahrhaft zum Menschen. *Reue kann helfen, daß wir uns klar darüber werden, was wir von einer Beziehung erhoffen.*

Georgia O'Keeffes bedeutende künstlerische Laufbahn ist ein weiteres Beispiel für dieses tiefreichende menschliche Dilemma. Die Malerin ließ ihren kranken Ehemann, den Fotografen Alfred Stieglitz, allein in New York zurück und lebte alljährlich mehrere Monate im Bundesstaat New Mexico, denn sie fühlte sich zu dieser Gegend im Südwesten der USA stark hingezogen, die sich zu einer der wichtigsten Inspirationsquellen ihrer Malerei entwickelte.

Die langen Trennungsphasen waren sowohl für Stieglitz als auch für O'Keeffe eine schwierige Zeit. Für O'Keeffes kreatives Leben waren sie jedoch von entscheidender Bedeutung. Die Ehe zwischen den beiden Künstlern war in vielerlei Hinsicht unkonventionell und zeichnete sich durch ein untypisch großes Maß an persönlicher Freiheit aus. Dennoch hatte O'Keeffe, wie wir alle, mit dem Eingeständnis zu ringen, daß das, was für sie richtig war, einen geliebten Menschen womöglich verletzte.

Georgia O'Keeffe stand vor einem weiteren Dilemma: Sie liebte Kinder und wollte selbst Mutter werden, blieb aber kinderlos. Als sie im Alter von achtundneunzig Jahren auf ihr Leben zurückblickte, gab sie zu, daß ihre Entscheidungen durchaus ihren Preis hatten. Sie habe oft das Gefühl gehabt, als lebe sie auf des Messers Schneide. »Ich hätte zu jeder Seite von dieser Schneide hinabfallen können, aber ich wäre wieder darauf gegangen.«

Auf die Frage, was denn geschehen wäre, wenn sie tatsächlich von dieser »Schneide« gefallen wäre, erwidert sie heftig: »Na und? Was macht es schon, wenn man herunterfällt? Ich wollte immer das tun, was mir wirklich am Herzen lag.«

In der Lebensmitte erkrankte O'Keeffe an Depressionen und mußte sich zur Behandlung in eine Nervenklinik begeben. Sie bewältigte diese Krise, indem sie ihren Bedürfnissen stärker nachgab und ihnen mehr Nachsicht entgegenbrachte. Offenkundig hatte sie Frieden mit der Vorstellung geschlossen, daß jede Entscheidung stets das Risiko der Reue birgt und daß allein das reale Selbst entscheiden kann, welches Wagnis es wert ist, eingegangen zu werden.

Die Arbeit sollte nicht unbedingt die wichtigste Antriebskraft in unserem Leben sein. Doch O'Keeffes Leben bietet ein gutes Beispiel für die Umwandlung der Reue, wenn die Wahl gemäß dem Wunsch getroffen wird, sich selbst treu zu bleiben. Die Angst vor dem Versagen in intimen Beziehungen oder vor sozialer Ächtung war ihr nicht so wichtig wie ihre künstlerische Weiterentwicklung.

In einer Ära der zahllosen Wahlmöglichkeiten entdecken wir immer wieder, daß wir nicht alles haben können. Je weiter wir uns jedoch unserem wahren Selbst nähern, desto größer ist die Wahrscheinlichkeit, daß wir Entscheidungen treffen, mit deren Hilfe wir unsere Talente und Möglichkeiten ausschöpfen. Das Ziel sollte dabei immer sein, das Beste aus diesen gegebenen Möglichkeiten zu machen, statt einem Bild falscher Perfektion entsprechen zu wollen, wodurch lediglich Enttäuschungen, Selbstanklagen und Reueempfindungen genährt werden.

Der englische Psychiater Ronald D. Laing bestätigt, daß man dann wahrhaft schuldig wird, wenn man sich der »Verpflichtung, die man sich selbst schuldet«, entzieht. Dennoch erzeugt das Gefühl, im Vergleich mit anderen Menschen schlechter dazustehen – zumal dann, wenn man unvernünftig hohe Maßstäbe an sich selbst anlegt –, weiter die häufig mit Reue einhergehenden Schuldgefühle.

Oft fühlen wir uns auch schuldig, weil wir meinen, wir wären unserer Verpflichtung einem anderen Menschen gegenüber nicht nachgekommen. Wenn wir die Verantwortung dafür übernehmen wollen, daß wir einem Menschen unrecht getan haben, müssen wir versuchen, daß Maß unserer Schuldigkeit realistisch einzuschätzen. Wenn wir glauben, einen Fehler begangen zu haben, kann uns die ehrliche Konfrontation mit diesen Schuldgefühlen bei der Entscheidung helfen, welche realistische Wiedergutmachung es geben könnte, seine Reue zu zeigen.

Lou hat sich auf dem College eingeschrieben, um nach fünfzehnjähriger Tätigkeit als Drogen- und Alkohol-Berater einen Studienabschluß zu machen. Lou wuchs in einer Ghetto-Gegend auf und war Mitarbeiter in einem Rehabilitationsprogramm in einer ähnlichen sozialen Umgebung. Dort kam er oft in Kontakt mit knallharten Drogen-Dealern. Als er mit den jüngeren Studenten zusammentraf, deren soziale Einstellungen im Vergleich mit seinen äußerst liberal waren, reagierte Lou mit beträchtlicher Feindseligkeit und bemühte sich anfangs, den Kontakt mit den Kommilitonen und Kommilitoninnen auf ein Mindestmaß zu beschränken. Allmählich begann er aber viele seiner Kommilitonen – Weiße wie Schwarze – sympathisch zu finden und zu achten und zu erkennen, daß er einige Ansichten hinsichtlich junger Leute, vor allem junger Schwarzer, hatte, die nicht nur falsch, sondern auch ziemlich voreingenommen waren. Ein einfühlsamer, gleichaltriger Professor, der Lous Bemühungen, die neuen Eindrücke mit den tiefverwurzelten Überzeugungen in Einklang zu bringen, unterstützte, schlug ihm vor, er solle sich für einen Kurs in *black studies* einschreiben.

»Je mehr Romane und Biographien von Schwarzen ich las, desto schlimmer kam mir meine Einstellung vor«, erzählte uns Lou. »Es war unfaßbar, wie unempfindlich ich auf die Situation vieler Menschen reagiert hatte, und ich mußte zugeben, daß ich die auf der Straße lebenden Schwarzen viel strenger beurteilte als die meisten Weißen, die im übrigen die gleichen Straftaten begangen hatten.«

Der College-Professor vermittelte Lou die Erkenntnis, daß es angesichts seiner sozialen Herkunft gar nicht verwundere, daß er einige *Vorurteile entwickelt hatte, die sein Arbeitsleben dann noch verstärkte*. Diese neue Perspektive half Lou auch, seine Schuldgefühle hinsichtlich des zurückliegenden Mißbrauchs seiner Amtsbefugnisse zu lindern. Zwar kann Lou die Vergangenheit nicht umschreiben. Inzwischen ist er aber entschlossen, sich weiter zu einer offenen, liberalen Person zu entwickeln. Er hat eine Reihe von Philosophie-Kursen belegt und unternimmt große Anstrengungen, die Werke ethnischer Schriftsteller zu lesen, um ein tieferes Verständnis für das Leben anderer Menschen zu erlangen. Er hat jedoch vor, etwas viel Konkreteres zu tun, um für sein damaliges Verhalten Wiedergutmachung zu leisten.

»Ich möchte als Lehrer an einer Grundschule arbeiten. Wenn ich zu alt bin für eine Festanstellung, will ich möglichst viel Vertretungen übernehmen. Ich möchte die Kinder möglichst früh erreichen, ehe sie die Haltung entwickeln, daß sie sich stark voneinander unterscheiden und daß anders zu sein etwas Schlimmes sei.«

Wiedergutmachung zählt zu den wirksamsten Wegen, die Schuld zu bewältigen, die wir wegen realer oder imaginärer Verfehlungen empfinden.

Die Konfrontation mit Schuldgefühlen kann uns auch helfen, das womöglich bestehende Verhaltensmuster näher zu untersuchen, daß uns veranlaßt, die Verantwortung für etwas zu übernehmen, was in Wahrheit *nicht* unsere Schuld ist. Um etwas wiedergutmachen zu können oder ungerechtfertigten Selbstanklagen zu entkommen, wenn uns die Reue plagt, müssen wir die Gültigkeit dieses Gefühls einschätzen und versuchen, uns für unsere nur allzumenschlichen Gefühle zu vergeben.

In seinem Gedicht »A Dialogue of Self and Soul« schildert William Butler Yeats das Bedürfnis, Mitgefühl für unsere unausweichliche Fehlbarkeit zu finden: Worte, an die man sich im Kampf gegen die eigene Reue erinnern sollte.

> I am content to follow to its source
> Every event in action or in thought
> Measure the lot; forgive myself the lot!
> When such as I cast out remorse
> So great a sweetness flows into the breast...
> Everything we look upon is blest.*

* [Zufrieden folge ich jedem Ereignis, ob in Handlung oder Gedanken, bis zur Quelle / Beurteile dein Los; was geschehen, das verzeih ich mir! Wenn ich die Reue aus mir verbanne / strömt eine Süße mir in die Brust... / Alles, worauf unser Blick fällt, ist gesegnet.]

Ich spüre, es hat da irgendwo eine Verfehlung gegeben, eine falsche Abzweigung, nur weiß ich nicht, wann das geschah…

JOHN CHEEVER

3. Falsche Abzweigungen und nicht eingeschlagene Wege

»Zwar wünscht man sich, ohne Reue zu leben, und manchmal ist man auch stolz darauf, daß man nichts bereut«, schreibt James Baldwin. »Aber das ist eigentlich unmöglich, und wenn nur aufgrund der Tatsache, daß wir Menschen sind… Zwischen dem, was man zu werden wünscht, und dem, was man geworden ist, kann eine ungeheure Kluft bestehen… Und zwischen dem Selbst, wie es ist, und dem Selbst, wie man es sieht, besteht ebenfalls eine Distanz, die noch schwieriger zu überwinden ist.« Und weiter notiert er: »Viele Menschen fühlen sich genötigt, diese so verwirrende Landschaft zu analysieren.«

Die Landschaft der Reue ist deshalb so irritierend, weil sie in die Vergangenheit weist und voller falscher Abzweigungen und nicht eingeschlagener Wege ist. Die Vergangenheit erstreckt sich hinter uns; Schatten unseres ehemaligen Selbst stehen an jeder Kreuzung und erinnern uns daran, daß sich uns damals die Chance bot, einen anderen Weg zu gehen.

»Es ist inzwischen über zwanzig Jahre her, daß ich mein Kind zur Adoption freigab« sagt die achtunddreißigjährige Tracy. »Jeder Monat, in dem ich nicht schwanger werde, macht mich noch wütender auf meinen Vater, der mich zu dieser Entscheidung gedrängt hat, und noch böser auf mich, weil ich mich damit einverstanden erklärt habe.«

Tracy hat in einem naturwissenschaftlichen Fach promoviert und sich in ihrem Beruf fest etabliert, der ihr große Freude macht. Vor fünf Jahren hat sie einen einige Jahre älteren Mann, Naturwissenschaftler wie sie selbst, geheiratet. Vom Augenblick der

Eheschließung bemühte sie sich, schwanger zu werden. Jetzt, da sie auf die Vierzig zugeht, hat sie zunehmend Angst, keine Kinder mehr bekommen zu können.

Tracy war siebzehn und freute sich auf das Studium an einem renommierten College, als sie schwanger wurde. Der junge Mann – ihr erster Liebhaber – machte ihr rasch klar, daß er am Vatersein keinerlei Interesse hatte. Tracy war entsetzt über seine gefühllose Einstellung, kam sich manipuliert vor und reagierte verängstigt. Als die Eltern die Nachricht ruhig aufnahmen und ihre Hilfe anboten, war sie ungeheuer dankbar. Aufgrund der religiösen Überzeugung der Eltern und auch, weil in der damaligen Zeit Abtreibungen illegal waren, kam ein Schwangerschaftabbruch nicht in Frage. Also trug Tracy das Kind aus. Allerdings war es die feste Ansicht des Vaters, daß das Baby sofort nach der Geburt zur Adoption freigegeben werden müsse. Wenn Tracy versuchte, als jugendliche, alleinlebende Mutter das Kind großzuziehen, so behauptete er steif und fest, würde das Kind Schaden nehmen und Tracys glänzende Aussichten auf eine berufliche Karriere zunichte machen.

Tracy war eine außergewöhnlich gute Schülerin, so daß die Eltern die Schulleitung davon überzeugen konnten, sie vor Ende der offiziellen Schulzeit abgehen zu lassen. Anschließend schickte man sie zu Verwandten in eine benachbarte Stadt. Bei ihnen kam dann im folgenden Sommer das Kind zur Welt. Wenn alles gut ging, sollte Tracy im Herbst mit dem Studium beginnen.

»Es funktionierte alles wie geplant, bis in die kleinste Einzelheit, typisch für die Art, wie mein Vater etwas regelte«, meint Tracy säuerlich. »Zunächst war ich froh, daß er die Sache in die Hand genommen hatte. Verständlicherweise war ich damit ziemlich überfordert. Im Laufe der Schwangerschaft kamen mir jedoch Bedenken. Allmählich fragte ich mich, ob ich das Kind wirklich freigeben wollte und es nicht eine Möglichkeit gab, es zu behalten. Vielleicht wäre es möglich, das Studium ein Jahr aufzuschieben, an einem College in der Nähe ein Teilstudium zu beginnen oder sogar meinen Vater davon zu überzeugen, mich finanziell zu unterstützen.«

Tracy stand bereits in Kontakt mit der Beratungsstelle, die die Adoption arrangierte. Mit der Beraterin besprach sie ihre Zweifel: »Eigentlich hat mir keiner beigestanden«, sagt Tracy, die auch noch nach diesen vielen Jahren sehr verbittert wirkt. »So wie mein Vater konzentrierte auch sie sich allein auf meine Ausbildung und meinen Beruf. Außerdem vermittelte sie mir das Gefühl, daß meine Vorstellungen, wie ich das Baby großziehen könnte, vollkommen unrealistisch wären.«

Da Tracy mit ihren siebzehn Jahren noch nie allein eine wichtige Entscheidung in ihrem Leben getroffen hatte, richtete sie sich nach dem Urteil der Eltern und der Beraterin. Sie stimmte zu, wenn auch sehr widerstrebend, daß die Adoption die einzige Lösung sei. Danach stürzte sie sich ins Studium, und es gelang ihr, die Reue über den Schwangerschaftsabbruch zu verdrängen.

Im Laufe der Jahre änderten sich jedoch die gesellschaftlichen Vorstellungen hinsichtlich alleinerziehender Mütter und Väter, so daß Tracy darüber nachzudenken begann, daß es ihr sehr wohl gelungen wäre, ihr Kind allein großzuziehen. Als besonders quälend empfand sie den Gedanken, daß ihr sogar noch nach dem Entschluß mehr Entscheidungsmöglichkeiten freistanden, als ihr damals bewußt war.

Zwar verknüpfen wir Reue mit Wahlmöglichkeiten, aber einige Reuegefühle werden von der Illusion hervorgerufen, keinerlei Entscheidungsmöglichkeiten zu haben.

Für uns alle gibt es Zeiten im Leben, da wir aufgrund mangelnder Informationen oder Erfahrungen oder des übermächtigen Einflusses einer Autoritätsfigur, deren Urteil wir – wie wir glauben – nicht anzweifeln dürfen, dem Irrglauben verfallen, uns bliebe keine andere Wahl. Das geschieht nicht nur im Privatleben, sondern auch im beruflichen Bereich. Nur wenn uns klar ist, daß es auch andere Entscheidungsmöglichkeiten gibt, können wir andere Wege einschlagen. Andernfalls lassen wir uns einfach treiben, schlagen den scheinbar einzig möglichen Weg ein oder gehen dahin, wohin uns der Zufall führt.

Heute wird Tracys tiefe Reue noch von dem Gefühl bestärkt, sie hätte größere Anstrengungen unternehmen sollen, das Kind zu behalten. Zumal alle Bemühungen, mit ihrem jetzigen Ehemann ein Kind zu zeugen, erfolglos geblieben sind, quält sie sich mit dem Vorwurf, daß sie vor alternativen Möglichkeiten die Augen verschlossen habe bzw. daß sie sich hätte stärker durchsetzen und das Kind zur Welt bringen sollen.

Mangelnde Selbstbehauptung bildet die Hauptquelle für viele heutige Reuegefühle.

Viele Menschen erkennen dieses Problem zwar als wesentlichen Mangel, unter dem sie leiden, doch wird vielfach der Begriff *Selbstbehauptung* heute falsch verwandt. Er läßt an Konkurrenzneid und aggressives Verhalten denken und kann sich dadurch negativ auf unser Leben auswirken. Wenn wir jedes Hindernis überwinden, nie nachgeben, immer auf der ganzen Linie gewinnen müssen, so ist unser Selbstwertgefühl ständig in Gefahr. Wenn Erfolge nur als Resultate von Einsatz und überlegenen Fähigkeiten gesehen werden, dann sind alle Mißerfolge und Enttäuschungen dazu bestimmt, als schmerzlicher Beweis eines persönlichen Defizits begriffen zu werden. Von wem aus gesehen? Von uns selbst natürlich – von unserem strengsten Kritiker.

Mitgefühl für unsere Verfehlungen kann sich auch einstellen, wenn wir uns allmählich in nachträgliche Zweifel verstricken. »Hätte ich doch nur...« / »Warum habe ich bloß...?« / »Ich hätte lieber...« lauten die Sätze und Fragen dieser sinnlosen und unergiebigen Anschuldigungen. Wenn wir die Vorstellung zurückweisen, daß jeder – auch der vollkommenste Mensch – seine Grenzen hat, vollführen wir das, was Freud als »Wendung gegen die eigene Person« bezeichnete – das heißt, wir betrachten uns mit Feindseligkeit und Verachtung, weil uns das Unmögliche mißlungen ist. Wenn es zudem einzig und allein aufs Siegen ankommt, werden wir oft feststellen, daß unsere Wahl von Wertvorstellungen beeinflußt wurde, die kaum etwas mit unseren tiefsten Überzeugungen zu tun hatten.

Andererseits hat echte Selbstbehauptung nur wenig mit Siegen, Konkurrenz oder Macht zu tun. Wenn wir eine Wahl treffen, beinhaltet Selbstbehauptung, zu definieren, was wir wirklich vom Leben wollen, und anzufangen, danach zu suchen, und zwar gleichgültig, was andere Menschen von unserer Entscheidung und dem eingeschlagenen Weg halten.

Eine derartige Selbstbehauptung erfordert die *konstruktive Verwendung der Reue. Wer nämlich weiß, was er im bisherigen Leben bereut, ist häufig motiviert, von der Zukunft etwas Besseres zu fordern.* Anstatt mittels der Reue zu ermessen, was uns fehlt und was geändert werden muß, bleiben wir jedoch allzu oft der Vergangenheit verhaftet.

»Auf der Universität gab es eine Frau, in die ich mich wahnsinnig verknallt hatte«, sagt der zweimal geschiedene Gary. »Aber ich war sicher, daß sie mich nicht beachten wird. Das ist jetzt fünfzehn Jahre her, und seitdem habe ich keine ebenso interessante Frau mehr kennengelernt. Vielleicht denke ich immer noch, daß sie doch auf mich zugegangen wäre, wenn ich den Mut aufgebracht hätte, eine Beziehung mit ihr anzuknüpfen. Meine späteren Beziehungen sind alle gescheitert. Noch heute könnte ich mich ohrfeigen, daß ich es nicht wenigstens mit ihr probiert habe.«

Durch diese Selbst-Verunglimpfung, die Beschuldigung, er sei ein »verdammter Schlappschwanz« gewesen, benutzt Gary mißbräuchlich die positiven Möglichkeiten der Reue. Natürlich ist es sinnlos, so viel Zeit damit zu vergeuden, einer Partnerschaft nachzutrauern, die es nie gegeben hat – es sei denn, Gary wäre bereit, die Frau ausfindig zu machen und herauszufinden, ob er noch eine Beziehung mit ihr eingehen kann. Gary sollte sich lieber dem gegenwärtigen Problem, Nähe zu ertragen, stellen und versuchen herauszubekommen, warum er neue Möglichkeiten, Liebe und Erfüllung zu finden, ungenutzt verstreichen ließ.

Anders die Schriftstellerin Jane Smiley. *Sie* brachte es fertig, in die Vergangenheit zurückzukehren und aktiv ein »Es hätte sein können« aufs neue zu überprüfen. Schon bald nach ihrer Scheidung begab sie sich auf die Suche nach dem Mann, mit dem sie früher befreundet gewesen war. Nachdem sie beide die damaligen Probleme aus einem reiferen Blickwinkel untersucht hatten, trat an die Stelle von Zorn und Enttäuschung die Erkenntnis, daß sie »eine Menge Fehler gemacht hatten – jeder einzelne, aber auch beide gemeinsam«.

Dieses Eingeständnis half beiden, das Bedauern darüber zu lindern, daß sie sich damals verloren hatten, und nicht lange nach dem Wiedersehen heirateten sie. Heute empfinde sie die gemeinsame Ehe, mit ihrer reichen Mischung aus vergangenen und gegenwärtigen Erfahrungen, als herrlich »alt und neu zugleich«, sagt Mrs. Smiley.

Nicht jeder Mensch besitzt die Fähigkeit oder die Gelegenheit, noch einmal von vorne anzufangen – nicht einmal, beim zweitenmal etwas besser zu machen. Größeren Schmerz erleiden jene, die nicht einmal den Versuch dazu unternehmen. *Alle* unsere Forschungen bestätigen, daß wir stärker das bereuen, was wir nicht getan haben, als das, was wir vielleicht irrtümlich getan haben.

Nicht eingeschlagene Wege verursachen weit mehr Leid als das Bewußtsein, daß man einer falschen Abzweigung gefolgt ist.

So hat eine Untersuchung der Universität von Arizona zum Thema »Lebensprioritäten und Reue« ergeben, daß es unter Männern wie Frauen ein verbreitetes Reuegefühl gibt – nämlich die Ausbildung vorzeitig abgebrochen oder sich während der Schulzeit nicht mehr angestrengt zu haben. Sie betrachten ihre mageren Leistungen und stellen sich immer wieder die eine quälende Frage: »Was wäre wohl aus mir geworden, wenn ich mich mehr angestrengt hätte?« Diese Frage läßt sich auf jede Facette menschlicher Erfahrung anwenden: vom Reisen in ferne Länder über das Ausbilden einer Begabung bis zum Aufbau einer stabilen intimen Beziehung.

»Ich bin gar nicht unglücklich, daß mein Leben nun zu Ende geht«, sagte uns ein Mann, der im Sterben lag. »Ich bin unglücklich, weil ich nicht intensiv gelebt habe.« Wir müssen nicht mit einer schweren Krankheit konfrontiert sein, um die besonders nachhaltige Reue zu fühlen, die ein ungelebtes Leben erzeugt. Mehr noch: Erfolge längs des Weges, den wir eingeschlagen haben, bringen nicht unbedingt die Sehnsucht nach dem nicht eingeschlagenen Weg zum Verschwinden.

Als die Schriftstellerin, Kongreßabgeordnete und Botschafterin Clare Boothe Luce starb, stand in der Todesanzeige: »Die Vielzahl ihrer Berufe hätte den Ehrgeiz mehrerer Frauen befriedigt.« Dennoch äußerte sie in einem Interview kurz vor ihrem Tod: »Wenn ich eine Autobiographie schreiben müßte, so würde ich ihr den Titel geben: ›Memoiren einer Versagerin.‹«

Dieses erstaunliche Urteil über ihr Leben erläuterte sie so: »Versagen heißt, man hat aus seinen Talenten oder den sich bietenden Gelegenheiten nicht das Beste macht... Mein Versäumnis bestand darin, daß ich nicht zu meiner wahren Berufung zurückkehrte – dem Schreiben [für die Bühne].«

Als ihr Ehemann, Henry Luce, der Herausgeber des Nachrichtenmagazins *Time* (der die Welt des Theaters mit Herablassung betrachtete und meinte, es handele sich um »Nachtarbeit«), sie drängte, mit dem Schreiben aufzuhören und für den Kongreß zu kandidieren, richtete sie sich nach seinem und dem Urteil anderer. Tatsächlich wurde sie dann auch für zwei Amtsperioden gewählt. Dennoch fand sie keine Befriedigung in der politischen Arbeit, da sie ihrer Ansicht nach »keine persönliche, kreative Leistung darstellt«. Zwar wurde sie von anderen Menschen gefeiert und beneidet, doch ihr Leben kam ihr ungeheuer ärmlich vor. Als sie sich vom Schreiben abwandte, verlor sie den Kontakt mit ihren wirklichen Werten und Bedürfnissen.

Es gibt ein besonders passendes Mittel, um falsche Abzweigungen oder Wege zu erkennen, die wir eigentlich verfolgen sollten: eine Entscheidung zu treffen, die auf einem wahren persönlichen Wertmaßstab beruht. Ganz gleich, wie enttäuscht wir sind, wenn wir beim Erreichen unserer Ziele scheitern, werden wir weniger Reue empfinden, da wir ein Ziel verfolgt haben und dadurch eher Mitgefühl mit uns selbst haben, als uns wegen des Mißerfolgs Vorwürfe zu machen.

»Ich denke an die letzten sechs Jahre und all das, was ich hätte anders machen können.« So zieht Mike die Summe seines Lebens und lächelt bedauernd. »Aber ich wuchs in dem Glauben auf, die Ehe sei heilig; daran glaube ich heute noch. Deshalb habe ich mich auch weiter darum bemüht, daß es zwischen Jill und mir klappte. Das ging so weit, daß ich einwilligte, aus dem gemeinsamen Haus auszuziehen, damit Jill ›Zeit hatte, über alles in Ruhe nachzudenken‹. Es bedeutete eine echte finanzielle Einbuße, acht Monate lang zwei Wohnsitze zu finanzieren. Außerdem sah ich die Kinder nicht mehr so oft, was mir total gegen den Strich ging. Erst als sich Jill weiterhin weigerte, mit mir eine Eheberatung zu machen oder auf irgendeine andere Art unsere Probleme zu lösen, ging mir auf, daß sie mit der Trennung immer nur eines verfolgt hatte – die Freiheit, allein zu leben und keine Miete zahlen zu müssen.«

Mikes Bereitschaft, den Forderungen seiner Frau nachzukommen, erzeugt in ihm eine Vielzahl von nachträglichen Zweifeln. Er kommt sich zwar wegen seiner Naivität töricht vor, doch macht ihm der Gedanke nichts aus, daß er nur deshalb Fehler gemacht hat, weil er hoffte, seine Ehe retten zu können. Ehe und Familie bedeuteten ihm so viel, daß er alles daran setzen wollte, beides zu retten. Mike wußte, was er brauchte, und tat freiwillig alles in seiner Macht Stehende, diese Bedürfnisse zu befriedigen.

Manche Menschen – einschließlich seiner Ex-Frau – empfinden ihn womöglich als passiv, meinen, er habe sich herumschubsen und ausnutzen lassen; aber das kann Mikes Überzeugung nicht erschüttern, daß seine Entscheidungen wenigstens echte Entscheidungen waren. Sie entsprangen dem, woran er zutiefst glaubte. Es hätte ihm »nicht ähnlich« gesehen, zu einem früheren Zeitpunkt aufzugeben.

Andererseits hat Mike eine wichtige Lehre aus dieser ihn sehr unglücklich stimmenden Erfahrung gezogen. Mit Hilfe der Reue, die er wegen seiner Scheidung empfindet, hat er begriffen, daß uns das Aufrechterhalten einer Beziehung keine schier übermenschlichen Kräfte abverlangen darf. Mit seinen Worten: »Nie werde ich mich wieder in eine Lage begeben, in der ich mich wie ein Versager fühle, weil es mir nicht gelingt, einen anderen dazu zu bringen, mich zu lieben.«

Wenn wir die eigenen wahren Werte kennen, hilft uns dies auch zu bestimmen, ob wir bereit sind, uns auf neue Erfahrungen einzulassen. Hierbei handelt es sich um ein altehrwürdiges Dilemma, das sich bereits im klassischen mythologischen Motiv der »Heldenreise« findet. Joseph Campbell zufolge kommt darin die »Wandlung« zum Ausdruck, die wir alle durchlaufen müssen, wenn wir den Schutz aufgeben, den wir in der Abhängigkeit von anderen Menschen fanden, und uns auf das bestürzend fremde, unsichere und herausfordernde Terrain eines reifen, verantwortungsvollen und selbstbestimmten Lebens begeben.

Zwar mögen wir uns gar nicht heldenhaft vorkommen, während wir vor einer dieser »Schwellen« stehen, im Bestreben, voranzugehen, uns zu ändern, etwas aufzugeben oder fortzugehen. Tatsächlich bemühen wir uns aber, eine tiefe psychische Wandlung zu vollziehen. Häufig machen wir einen Schritt nach vorn und halten dann inne, bombardiert von lähmenden und endlosen *Und wenn nun*-Fragen. Was ist, wenn wir scheitern? Was ist, wenn wir mit dem vor uns liegenden Problem nicht fertig werden? Was ist, wenn wir aufgeben, was wir haben, und danach alles nur noch schlimmer ist als vorher? So erschreckend diese Fragen auch sind, wir müssen versuchen, den Mut aufzubringen, uns dem möglichen Scheitern zu stellen. Denn es gilt, was Erich Fromm über den heroischen Impuls sagt: »Ein Held ist, wer den

Mut aufbringt, das zu verlassen, was er hat... und davonzugehen, nicht ohne Furcht, aber auch, ohne sich von seiner Furcht niederdrücken zu lassen.«

Menschen, die besonders unzufrieden damit sind, was sie aus ihrem Leben gemacht haben, wünschen, sie hätten »mehr riskiert«.

Wer die Sicherheit dem Wagnis vorzieht, dem kann die gewählte Reise langweilig und erschreckend sinnlos erscheinen. Der Weg, den wir gewählt haben, wirkt dann enttäuschend, deprimierend und – im Hinblick auf die verpaßten Gelegenheiten – bestürzend.

»Nach der Heirat wollte mein Mann unsere Hochzeitsgeschenke und Ersparnisse darauf verwenden, ein Jahr freizunehmen und nach Europa zu reisen«, sagt Diane, eine Hausfrau, die in der Vorstadt lebt und drei kleine Kinder zu versorgen hat. Sie sieht sich in ihrem traditionell eingerichteten Wohnzimmer um und verzieht das Gesicht. »So habe ich mir mein Leben eigentlich nicht vorgestellt... Ich hatte sogar Angst, so zu leben. Wenn wir nach Europa gefahren wären, dann hätten wir sehr sparsam mit unserem Geld umgehen müssen; wahrscheinlich hätten wir sogar Aushilfsjobs annehmen müssen, um so lange dort bleiben zu können... außerdem sprach keiner von uns eine Fremdsprache. Ich weiß nicht. Mir hat das alles angst gemacht. Und ehrlich gesagt: Ich hatte auch Angst, etwas derart Unkonventionelles zu tun. Wir haben die Kinder hier... Ich werde alt sein, ehe ich wieder die Freiheit habe, eine so große Reise zu machen. Aber was nützt sie mir dann?«

Diane trauert einem verpaßten Abenteuer nach, zu einer Zeit in ihrem Leben, als sie es noch hätte erleben können. Greg, Verwaltungsangestellter in einem Krankenhaus, bereut, daß er sich einer geistigen Herausforderung entzog, die zu einem angeseheneren Beruf hätte führen können. Doch die Chance, sich intellektuell weiterzuentwickeln, scheint im Zustand der Sicherheit begrenzter Ziele kaum psychisches Wohlbefinden zu erzeugen. Gregs Zwiespältigkeit ist allerdings auch verständlich. Erich Fromm schreibt dazu: »Es ist sehr verführerisch, sich nicht nach vorne zu bewegen. Wir fürchten und vermeiden, einen Schritt ins Unbekannte, ins Unsichere zu tun [...], denn bevor wir diesen Schritt tun, erscheinen uns die neuen Ausblicke mit vielen Risiken behaftet und deshalb furchteinflößend.«

»Ich habe mich um einen Studienplatz in Medizin beworben, um es meinem Vater rechtzumachen«, erzählt uns Greg. »Aber ich habe keine Sekunde geglaubt, meine Bewerbung könnte Erfolg haben, und in der Tat wurde ich lediglich von einer relativ kleinen Universität angenommen. Mein Vater hat sich den Mund fusselig geredet, um mich davon zu überzeugen, daß ich das Studium schon schaffe, aber ich war vom Gegenteil überzeugt. Auf der Schule ist mir das Lernen immer schwergefallen, und deshalb dachte ich: lieber gar nicht erst studieren, als dann durch die Prüfungen zu fallen. Aber vermutlich rebellierte ich auch gegen die Autorität meines Vaters – obwohl mir eigentlich klar war, daß er im Grunde nur mein Bestes wollte.

Zunächst empfand ich meine Bewerbung um die Stelle in der Krankenhausverwaltung als ziemlich guten Kompromiß. Doch heute bin ich weit über dreißig, und es geht mir immer schlechter. Täglich begegne ich den jungen Ärzten, und die sind auch nicht intelligenter, als ich in ihrem Alter war. Ich hasse mich, weil ich aufgegeben habe, ehe ich anfing. Ich habe das Gefühl, aufgrund irgendeiner blöden Mischung aus Angst und pubertärem Trotz zum Bürohengst geworden zu sein, der seine intellektuellen Möglichkeiten total verschleudert hat.«

Zwar ist *Risiko* ein subjektiver Begriff: Er reicht vom Schwimmen lernen, über die Überwindung unserer Flugangst, das Überschreiten unserer Grenzen, das Ersetzen eines konventionellen Lebens durch ein abenteuerliches, bis hin zum Offenbaren privater Gefühle. Viele Menschen zögern jedoch, das Vertraute durch unbekannte Möglichkeiten zu ersetzen – und seien sie noch so erregend. Man muß viel Mut haben, um Sicherheit *und* Erfüllung zu finden. Wenn sich die beiden Ziele – wie es oft geschieht – nicht verbinden lassen, darf man jedoch nicht das Risiko scheuen, seine sichere Existenz aufzugeben. Nur so erlangt man innere Zufriedenheit.

Wenn wir unseren Ängsten jedoch mutig entgegentreten, kann der gescheiterte Versuch, das zu bekommen, wonach wir uns wirklich sehnen, zumindest ein besseres Selbstgefühl erzeugen.

»Im Büro waren Rob und ich die besten Freunde«, sagt die attraktive 41jährige Lauren. »Wir waren beide verheiratet, unsere Partner arbeiteten als Rechtsanwälte. Aber keiner von uns hatte einen Schritt unternommen, die Freundschaft auf die Partner auszudehnen. Wir unterhielten eine strikt berufliche Beziehung. Vor ungefähr einem Vierteljahr hatten wir auswärts geschäftlich zu tun, und da habe ich mir gesagt, die Zeit ist gekommen. Ich wollte nicht darauf warten, daß er den ersten Schritt macht. Mit dem Versprechen, ich hätte eine Flasche dreißig Jahre alten Brandy dabei, die ich aber ganz bewußt mitgenommen hatte, lockte ich ihn aufs Zimmer. Als wir dann da saßen und tranken und uns auf die wunderschöne, freundschaftliche Weise unterhielten, die unser Verhältnis so besonders machte, habe ich ihm übers Gesicht gestrichen und gesagt, meine freundschaftlichen Gefühle für ihn hätten sich in etwas sehr viel Leidenschaftlicheres verwandelt. Der arme Kerl bekam einen ganz roten Kopf. Jedenfalls kam die Röte auf seinen Wangen nicht vom Brandy. Aber da ich nun mal angefangen hatte, konnte ich nicht wieder aufhören... Ich weigerte mich, seine Reaktion – besser gesagt – seine fehlende Reaktion – wahrzunehmen«, schloß sie und lachte kurz.

Hinter Laurens Bemühen, sich unbeschwert und selbstironisch zu geben, ist der Schmerz erkennbar, daß eine dauerhafte Freundschaft zu Ende ist. »Wir sprechen noch miteinander, aber nur noch ganz oberflächlich... und seit dem Abend, als ich mich ihm erklärte, sind wir kein einziges Mal mehr zu zweit essen gegangen. Aber ich bereue nichts.«

Behutsam erklärt sie: »Zum einen bin ich eher schüchtern. Ich gehe gern auf Nummer sicher und lasse die Dinge gern beim alten. Bei meinem Annäherungsversuch habe ich zum erstenmal im Leben meinen Kopf riskiert für etwas, von dem ich im vornherein nicht wußte, ob es klappen würde. Darüber freue ich mich. Zweitens hätten sich meine Phantasien ewig um Rob gedreht, wenn es nicht dazu gekommen wäre. Außerdem habe ich mir gesagt: Zwar habe ich sein Verhalten falsch gedeutet, es ist aber nicht so schlimm wie die Reue, die ich womöglich empfinden würde, wenn ich mit sechzig oder siebzig zurückblicke und mich fragen müßte, ob mein Leben wohl anders verlaufen wäre, wenn ich mutiger gewesen wäre, Flagge zu zeigen. Heute bin ich der festen Überzeugung, daß das größte Risiko im Leben ist, nie etwas zu wagen.

Und schließlich, und vielleicht ist das der wichtigste Schluß, den ich aus dieser Begegnung ziehe: Da der Schmerz über die Zurückweisung so heftig war, war ich gezwungen, meine Ehe unter die Lupe zu nehmen. Wäre ich wirklich zufrieden in meiner

Ehe gewesen, dann wäre ich wohl kaum so empfänglich für Robs Charme gewesen. Inzwischen habe ich eine Therapie begonnen – mein Mann übrigens auch –, und wir arbeiten daran, unsere Ehe lebendiger zu gestalten. Allerdings glaube ich auch: Weil ich mit dem Risiko, mich Rob zu öffnen, umgehen konnte, hatte ich den Mut, mich dem nächsten Schritt zu stellen, und kann mir ein Leben ohne meinen Mann vorstellen, wenn sich unser Verhältnis nicht bessert.«

Lauren ging das Risiko ein, wie »die Dumme dazustehen« und von einem Menschen zurückgewiesen zu werden, den sie sehr gern mochte, denn sie artikulierte ihre wahren Gefühle.

In gewisser Hinsicht ging May ein noch größeres Wagnis ein. Sie überwand ihre Angst, von sehr vielen Personen abgelehnt und der Lächerlichkeit preisgegeben zu werden – nämlich von der akademischen Gemeinde, in der sie bis zu dem Zeitpunkt ihre Selbst-Definition gefunden hatte.

May ist Professorin an einem renommierten privaten College und hat ein vielgelobtes, wenngleich etwas zähes Werk über politische Theorie verfaßt. Im vorigen Frühjahr – unmittelbar vor ihrem dreiundfünfzigsten Geburtstag – hat sie das Angebot für eine Gastprofessur an einer der alten, renommierten Universitäten abgelehnt, sich statt dessen ein Forschungsfreisemester genommen und an einem Kurs für Kreatives Schreiben teilgenommen.

Es wurde ein ungemein befriedigendes halbes Jahr, in dem sich zudem ihr Leben grundlegend wandelte. Zwar lehrt sie heute wieder an ihrem College, doch ihre Zukunft ist voller neuer, aufregender Möglichkeiten.

»Im Grunde haben mich meine Eltern zu der Universitätskarriere gezwungen. Ich bin das erste Kind in meiner Familie, das promoviert hat, und kaum jemand hat die Universität besucht. Weil ich mich als intelligent erwies, erhielt ich Stipendien. Wahrscheinlich hatte ich auch keine Wahl und mußte meine Chance nutzen. Über andere Möglichkeiten habe ich mir nie Gedanken gemacht, vor allem, als sich die ersten Erfolge einstellten und ich die Rolle der smarten jungen Professorin, der eine verheißungsvolle akademische Karriere winkt, voll erfüllte.

Mein Buch erhielt mehrere Auszeichnungen, aber wenn *ich* es nicht geschrieben hätte, hätte ich es nicht gelesen«, meint May schmunzelnd. »Es ist schlicht und ergreifend *langweilig* – es sei denn, man interessiert sich gerade für diesen winzigen Forschungsbereich. Außerdem hat es keinerlei Spaß gemacht, das Buch zu schreiben. Ich saß die ganze Zeit über meinen Notizen und stellte mir dabei vor, wie meine angesehenen Kollegen das Buch wohl bewerten und ob sie mich als gleichberechtigte Kollegin anerkennen würden.

Seit ich mich mit dem Schreiben von Belletristik befasse – ob ich nun meine Stelle kündige, ist unerheblich –, besteht der große Durchbruch einfach darin, daß ich mich als Schriftstellerin, nicht nur als Wissenschaftlerin definiere. Als jemanden, der schreiben kann, was er will, und versucht, mit einer breiten Öffentlichkeit zu kommunizieren, statt sich Sorgen zu machen, wie die zweihundert ›wichtigen‹ Leute das eigene Buch besprechen. Sicherlich hat mein Buch durchaus seinen Wert, aber ich habe es nur geschrieben, um es der wissenschaftlichen Gemeinde zu zeigen. Damit ist es jetzt vorbei. Es ist ein ungeheuer befreiendes Gefühl!«

Leise sagt sie: »Es ist schon erstaunlich – als ich meine erste Kurzgeschichte schrieb, wußte ich tief im Inneren: Egal, was dabei herauskommt: ob ich nun meinen Lebensunterhalt als Schriftstellerin verdienen kann oder nicht – was ich tue, wird mir helfen, später kein starkes, mächtiges Gefühl der Reue zu entwickeln... nämlich mir eingestehen zu müssen, daß ich mir selber untreu gewesen bin. Zwar behaupte ich nicht, schon zu wissen, was dieses wahre Selbst ist«, fügt sie rasch hinzu. »Aber eins ist sicher: Ich werde das nie herausfinden, wenn ich weiterhin so *tue*, eine große Forscherin zu sein, nur um anderen zu gefallen.«

Wie im Fall von Botschafterin Luce, so vermochte auch May infolge der Einsicht, was sie im Leben bereute, zu erkennen, daß ein Erfolg auch dann hohl sein kann, wenn er bei anderen Neid oder Zustimmung hervorruft. Zwar fiel es ihr nicht leicht, die Selbst-Definition als Wissenschaftlerin und die damit einhergehende gesellschaftliche Wertschätzung aufzugeben. Doch sie war so mutig einzugestehen, daß sie nicht die May vor sich hatten, die sie war bzw. sein wollte, wobei es keine Rolle spielte, ob die anderen sie beneideten oder bewunderten.

Der Psychologe Abraham Maslow, der großes Verständnis hat für die Schwierigkeiten, die man gewahrt, wenn man sein wahres inneres Selbst verbirgt, warnt: Unsere »innere Natur ist nicht stark, übermächtig und unverkennbar wie die Instinkte der Tiere.

Sie ist schwach, zart, fein und durch Gewohnheit, kulturellen Druck und falsche Haltung ihr gegenüber leicht zu überwältigen.«

Diese Warnung scheint zumal heute angebracht, da die Stimmen, die zu falschen Einstellungen auffordern, immer lauter werden. So erkannte May, daß das Aufgeben der Verstellung, die die echte Stimme übertönt, ein weit geringeres Risiko – oder auch Opfer – darstellt, als andere ihr Glauben machen wollten. Sie ist immer noch Wissenschaftlerin. Lächelnd zitiert sie William James' Satz, der die neue Lebenseinstellung zusammenfaßt: »Wenn man seine Verstellung aufgibt, ist das eine ebenso gesegnete Erleichterung, wie wenn sie belohnt wird!«

Daß wir in der Tat nach Sicherheit und Vergnügen im Leben streben, bedeutet jedoch, daß wir häufig erheblich weniger Streß empfinden, wenn wir unsere Sicherheit dem Streben nach Vergnügen opfern. Es hilft uns, die Spannungen zu ertragen und uns daran zu erinnern, daß nicht jeder Streß schädlich ist. Hans Selye, der Begründer der Streßforschung, bestimmte »Eustress« (der Begriff stammt aus der wissenschaftlichen Eugenik) als die Form von Streß, durch die wir psychisch reifen, auch wenn uns momentan aufgrund unserer inneren Anspannung unbehaglich zumute ist.

Reue kann eine Art Eustress sein. Man kann sogar die Ansicht vertreten: *Je schlechter wir uns aufgrund unserer Reue fühlen, desto größer sind die Chancen, seelisch zu reifen.* Verstärkte Reue kann uns schließlich dazu drängen, uns den falschen Werten und Illusionen zu stellen, die unsere Selbstanklagen und seelischen Leiden hervorgerufen haben.

Die vielleicht beunruhigendsten Illusionen haben mit unserer Sehnsucht nach Liebe zu tun. So wie wir mit idealisierten Selbstbildern hinsichtlich des Menschen aufwachsen, der wir werden sollen, so idealisieren wir auch leicht den geliebten Menschen: *»Wenn dieser besondere Mensch mich liebt, dann muß alles mit mir stimmen.«*

Sobald wir den Partner bzw. die Partnerin mit einer Illusion nach der anderen zudecken und alle seine bzw. ihre Fehler und Schwächen vertuschen, wird es zunehmend schwieriger, eine Beziehung aufrechtzuerhalten oder sie aufzugeben und dabei nicht von Selbstvorwürfen überwältigt zu werden, sobald sie allem Widerstreben zum Trotz endet. Die Idealisierung des Partners führt zu der quälenden Überzeugung, daß *uns* die Fähigkeit fehlt, eine Beziehung einzugehen und aufrechtzuerhalten.

Janines Selbstvorwürfe und Depressionen wegen einer gescheiterten Liebesbeziehung bewirkten, daß sie sich an Rituale klammerte, wie sie auch eine unter Zwangsgedanken leidende Person zeigt. Jeden Abend blieb sie zu Hause, um sich – falls er anrief – dafür zu entschuldigen, daß er sie verlassen hatte. Beim Nachhausekommen öffnete sie den Briefkasten mit klopfendem Herzen, in der Hoffnung, seine vertraute Handschrift zu lesen. In dem Brief, den sie zu empfangen hoffte, würde er ihr vergeben für das, was sie falsch gemacht hatte, denn sie war überzeugt, für die Trennung verantwortlich zu sein.

Aus Janines Äußerungen über Bob sprach eine ungeheure Idealisierung. Janine erkannte zwar seine abenteuerlustige Lebenseinstellung, nicht aber seine Gefühllosigkeit. Sie glaubte dem, was er über die Liebe predigte, doch blendete sie alle offenkundigen Beispiele für seine gering ausgeprägte Bindungswilligkeit aus. Sie trauerte der Erinnerung an seine Leidenschaftlichkeit nach und leugnete jeden Hinweis, daß er schon immer eine Schwäche für andere Frauen hatte. Daß er sie dann tatsächlich wegen einer anderen verließ, rief in Janine noch heftigere Minderwertigkeitsgefühle hervor.

Während einer langen, schmerzlichen Zeit war Janine tatsächlich unfähig, die Situation zu sehen, wie sie wirklich war. Ärgerlich wurde sie erst, als Freunde ihr erzählten, sie male das Bild eines Mannes, den es so nie gegeben habe. Hätte Janine Bobs Schwächen wie auch die eigenen erkannt, hätte sie wieder nach vorne schauen können. Da sie Bob jedoch idealisierte, konnte sie den Blick nur in die Vergangenheit richten – auf die Freude, die sie gefunden und verloren hatte und von der sie meinte, sie würde sie nie wiederfinden.

Janine hat sich nie die Frage gestattet, wie aufrichtig der Charakter ihres Geliebten war oder wie tief seine Gefühle für sie waren, denn das hätte ihr zerbrechliches psychisches Wohlbefinden gestört. Wir alle wollen geliebt und geachtet werden, und die meisten Menschen sehnen sich nach einer festen, stützenden Partnerschaft. Wenn wir uns aber – wie Janine – nur liebenswert finden, wenn uns ein anderer Mensch gern hat, so wünschen wir uns nicht nur Liebe, sondern meinen, die Liebe zu *brauchen*, um emotional überleben zu können. Mit einem Lebewohl kann der Partner, dessen Liebe uns seelisch »ganz« machen soll, das quälende Gefühl in uns hervorrufen, ungenügend und unvollständig zu sein. Erich Fromm hat deshalb gefragt: »Wenn ich bin, was ich habe, und wenn das, was ich habe, verloren ist, wer bin ich dann?«

Die meisten Menschen neigen dazu, persönliche Beziehungen zu idealisieren. Doch das gleiche tun wir manchmal auch mit Menschen aus dem Berufsleben, etwa dem Chef, Kollegen oder Mentor. Vielleicht noch wichtiger ist aber, daß wir verpaßten Chancen nachtrauern. Zwar blickt man unvermeidbar mit Wehmut auf jede verpaßte Chance zum Glück, doch kann man durchaus zur Überzeugung gelangen, daß es so am besten ist.

»Einmal lehnte ich ein Rollenangebot ab«, sagt Catherine, eine Schauspielerin, »weil mein Agent das Projekt weniger enthusiastisch beurteilte als ich. Ich habe großen Respekt vor ihm, denn er vertritt einige ziemlich berühmte Klienten; außerdem komme ich mir vermutlich weniger bedeutend vor und mache mir deshalb ständig Sorgen, ob er mich wirklich schätzt. Jedenfalls habe ich die Rolle abgelehnt und dann erfahren, daß eine Kollegin sie bekam – für eine wirklich hohe Gage.

Ständig wälzte ich den Gedanken, was ich da aufgegeben hatte. Ich war dermaßen wütend, daß ich nicht meiner Intuition gefolgt war und darauf bestanden hatte, in dem Stück mitzuspielen – von dem ich natürlich fest glaubte, daß es ein sensationeller Erfolg werden würde. Ich halte mich nicht für einen neidischen Menschen, aber dennoch stellten sich immer wieder diese Phantasien ein, wieviel Geld das Stück einspielen und wie berühmt es die andere Schauspielerin machen würde!«

Zum Glück erkannte Catherine schon recht früh, daß sie sich in ein Gewirr von Selbstvorwürfen verstrickt hatte, und so unternahm sie einige Schritte, ihre Reue in etwas Positives umzuwandeln. »Ich habe mir gesagt: Auch wenn ich überzeugt bin, die einmalige Chance, Ruhm und Geld zu ernten, verpaßt zu haben – es weiß doch niemand, ob ein Stück auch gut ankommt; dafür ist der Geschmack des Publikums viel zu unberechenbar. Zwar bereue ich immer noch, daß ich mich gegenüber meinem Agenten nicht durchgesetzt habe und auf ihn, statt auf mich selbst gehört habe; aber statt mir die Schuld zuzuschieben, will ich die Kraft aufbringen, eine Rolle zu finden, für die ich mich wirklich begeistern kann, auch wenn das Stück in der Provinz und nicht am Broadway gespielt wird. Ich habe zuviel Zeit damit verschwendet, die karrieremäßig »richtigen« Engagements zu bekommen. Heute bin ich fest entschlossen, die Weiterentwicklung meiner schauspielerischen Fähigkeiten zur ersten Priorität zu machen.«

Schaffen wir es, unsere idealisierten Phantasien über »die Chance unseres Lebens« ganz bewußt zu beherrschen, so stellt sich ein herrliches Gefühl der Freiheit ein. Die Wirklichkeit bestimmt unser Denken. Und wir erkennen, daß unser Leben wegen eines Verlustes nicht vorüber ist und daß wir aus großen Fehlern lernen können, statt uns nur die Schuld dafür zu geben.

Etwas zu bereuen ist in vielerlei Hinsicht der Schlüssel zu einem realistischen, authentischen Leben. Wer seine Fehler nicht akzeptiert, kann auch nichts daraus lernen. Dann bleiben wir wie kleine Kinder, unschuldig und unbefleckt von neuen Erfahrungen. Unbefleckt, ja, zuversichtlich, vielleicht, aber weise und klug? Nein. Doch ebendiese aus unseren Erlebnissen stammende Weisheit leitet uns im Leben. Wenn wir unsere Erfahrungen akzeptieren und die Verantwortung dafür übernehmen, können wir eher die spontane Stimme unseres wahren Selbst vernehmen und uns von ihr führen lassen. Die Lyrikerin May Sarton faßt die Freude über eine derartige Selbstentdeckung und Selbst-Annahme in Worte:

> All fuses now, falls into place
> From wish to action, word to silence,
> My work, my loves, my time, my face
> Gathered into one intense
> Gesture of growing like a plant.*

* [Alles verschmilzt nun, kommt an seinen richtigen Platz, aus Wünschen werden Handlungen, aus Worten wird Schweigen, meine Arbeit, meine Lieben, meine Zeit, mein Gesicht sammeln sich zu der eindrücklichen Geste, daß ich wie eine Pflanze wachse.]

Und es handelt sich darum, alles zu leben.
Leben Sie jetzt die Fragen. Vielleicht leben
Sie dann allmählich, ohne es zu merken, eines
fernen Tages in die Antwort hinein.

RAINER MARIA RILKE

4. Selbsttäuschung und Reue

Es gibt in uns ein großes, kompliziertes System psychischer Abwehrmechanismen, mit dem wir die Angst vor beunruhigenden Fragen zu vermeiden suchen. Dieses errichten wir auch dann – oft ganz automatisch –, wenn wir mit Umständen konfrontiert werden, die unsere emotionalen Kräfte zu übersteigen scheinen. Wie wir in einem späteren Kapitel sehen werden, können wir uns mit Hilfe einiger Abwehrmechanismen schwierigen Situationen anpassen und besser mit ihnen fertig werden. Einige andere Abwehrmechanismen sind aber keine verläßlichen Mittel zur Problembewältigung, da sie zu keiner echten Lösung führen. Vielmehr verstärken sie die Verleugnung des Problems wie auch unserer wahren Gefühle.

Zwar sind die Menschen seit jeher geneigt, ihre Fähigkeit zur Verleugnung einzusetzen, doch das moderne Leben intensiviert diese Versuchung noch. Da wir in einer Gesellschaft mit zahlreichen Wahlmöglichkeiten leben, machen wir mitunter, ohne uns dessen gewahr zu werden, eine einfache Gleichung auf: *Leugnen wir jedweden Zweifel an unserer Entscheidung, so können wir den Reuegefühlen entfliehen, die auf dem Weg des Zweifels auftauchen.*

Die Unterschiede zwischen diesen Abwehrmechanismen lassen sich auf verschiedene Weise beschreiben. Manche Psychologen unterscheiden sie in höhere und niedere, reife und unreife, schwach entwickelte und hoch entwickelte Mechanismen. Wir wollen uns auf sie nur insofern beziehen, als sie mehr oder weniger wirksam bei der Bewältigung von emotionalem Streß und vor allem bei den Belastungen der Reue sind.

Die weniger wirksamen Abwehrmechanismen kennzeichnet, daß sie unsere echten Gefühle nicht zu Bewußtsein kommen lassen, und zwar auf eine Weise, daß sie letztlich unproduktiv sind. Es kann verführerisch sein, sich dieser weniger wirksamen Abwehrmechanismen zu bedienen, da sie unsere beunruhigenden Gefühle vorübergehend verdecken. Doch verborgene Gefühle sind auch Gefühle, die unerforscht bleiben; aber nur wenn wir unsere wahren Gefühle verstehen, können wir je hoffen, konstruktiv mit ihnen umzugehen.

Unsere Bemühungen, glücklich zu werden, können die Realität so stark verzerren, daß wir das nötige Rüstzeug entbehren, ihren Anforderungen standzuhalten.

Die *Verleugnung* zählt zu den am häufigsten verwendeten weniger wirksamen Abwehrmechanismen, insbesondere als Reaktion auf die Reue. In ihrer auffälligsten Form ist die Verleugnung die unumwundene Weigerung, zuzugeben, daß irgend etwas nicht stimmt. Entweder sehen wir die Realität, wie wir sie sehen müssen – nicht wie sie wirklich ist –, oder wir verschließen die Augen vor der tatsächlichen Situation, indem wir die vorliegenden Indizien leugnen. Der Psychoanalytiker Reuven Bar-Levav gibt ein Beispiel für einen besonders tragischen Fall dieses Vorgangs. »Viele intelligente und gebildete Juden mußten mit ihrem Leben dafür zahlen, daß sie die in Hitlers Aufstieg zur Macht liegende Gefahr leugneten«, schreibt er, »doch so reagieren die Menschen oft auf extreme Furcht.«

In der Tat hinderte der tiefe Wunsch, die Realität zu schönen, viele deutschen Juden an der Erkenntnis, daß sie aus ihrem Heimatland fliehen mußten, wollten sie dem drohenden Holocaust entgehen. Noch heute findet sich dieser Schmerz der Reue bei vielen Überlebenden, deren Angehörige von den Nazis ermordet wurden. Die Verleugnung dieser Juden war offensichtlich in jeder Hinsicht unproduktiv. Denn zwar helfe, so Dr. Bar-Levav, »kurzfristig gesehen die Verleugnung, schmerzliche und angstauslösende Erkenntnisse abzuwehren, doch wird die Fähigkeit zum erfolgreichen Umgang mit der Realität dadurch zutiefst beeinträchtigt. Das schließliche Erwachen, das sich ja nicht für alle Zeiten hinausschieben läßt, wird dann stets unsanfter und schmerzlicher sein, als es andernfalls gewesen wäre.«

Nehmen wir ein Beispiel aus dem privaten Bereich: Eine Familie sieht sich mit der schmerzlichen Nachricht konfrontiert, daß der Vater, der Ernährer, seine Stellung verloren hat. Daß die Familienmitglieder dieses bedrohliche Ereignis eine Zeitlang verleugnen, kann helfen, den ersten Schrecken aufzufangen, aber in letzter Konsequenz ist die Verleugnung nicht wirksam. Wenn sie sich nämlich auch weiter einer ehrlichen Einschätzung der Lage widersetzen, verlieren sie die Fähigkeit, realistische Lösungen für ein Problem zu finden. Der Vater wird seine Kräfte nicht bündeln, um dem Streß der Arbeitssuche und den häufigen Schlägen gegen sein Selbstwertgefühl zu begegnen, und die Familienangehörigen unterlassen womöglich die erforderlichen Veränderungen in der Lebensweise – etwa die Einschränkung der Ausgaben, bis das Einkommen wieder auf dem alten Stand ist. Oder: Wenn der Vater aufgrund der Belastungen der Arbeitssuche der Realität schließlich ins Gesicht sieht, wird ihn die fortwährende Verleugnung seitens der Familie isolieren und der Unterstützung berauben, die er braucht, um die täglichen Mühen durchzustehen, und ihm keinen Trost bei seinen Enttäuschungen und Ängsten spenden.

Verleugnen wir immer wieder unmittelbar lebensbedrohende oder unseren Stolz zutiefst verletzende Situationen, so leugnen wir auch die aus der Vergangenheit stammende Reue und bemühen uns auf vielfältige Weise, ähnlich schmerzliche Erlebnisse von uns fernzuhalten.

»Ich habe mein Leben gelebt, das kann ich Ihnen versichern«, erklärt Nora selbstbewußt, als wir sie bei unserem ersten Treffen nach den langfristigen Auswirkungen ihrer äußerst entbehrungsreichen Kindheit befragen. »Von meiner Familie habe ich keinerlei Unterstützung erfahren, aber das macht mir nichts aus. Ich habe nie – und werde nie – meine Zeit damit verschwenden, zu bedauern, daß ich vieles entbehren mußte.«

Nora ist eine großgewachsene, imposante Frau mit einem dramatischen Gebaren: Sie ist stolz darauf, daß sie es geschafft hat, ihrer sozialen Herkunft, in der sie emotional verarmte, entflohen zu sein. Heute ist sie Besitzerin einer gutgehenden Boutique, deren Kundinnen, wie sie rasch hinzufügt, aus einflußreichen und äußerst wohlhabenden Kreisen stammen. »Mir wird eine Menge Bewunderung zuteil«, sagt sie und zeigt ein strahlendes Lächeln.

»Das gleicht bei weitem die Kritik und die Kälte aus, die meine Eltern mich immer spüren ließen.«

Bei einem zweiten Zusammentreffen, das mehrere Monate später stattfand, wirkte Nora bedrückt. Sie berichtete, daß die seit langem währende Entfremdung von den Eltern durchbrochen worden sei, nachdem sie erfuhr, daß ihr Vater im Sterben lag. In den letzten Wochen seines Lebens hatte sie sehr viel Zeit zusammen mit der Mutter am Krankenbett verbracht.

»Wir haben miteinander gesprochen, und ich dachte zum erstenmal, daß auch meine Mutter ein Opfer ihrer tatsächlich schweren Jugend war. Wie auch immer: Vielleicht weil sie so stark auf meinen Vater fixiert war, hat sie nicht so viel an mir herumkritisiert. Sie hat nicht einmal wieder davon angefangen, daß ich mich solange nicht gemeldet habe. Sie schien wirklich glücklich zu sein, daß ich gekommen war. Allmählich entwickelte ich positivere Gefühle, aber jedesmal, wenn ich aus dem Krankenhaus kam, verschloß ich mich sofort wieder. Ich wollte mich nicht von ihr vereinnahmen lassen, nur weil sie sich mir gegenüber ein wenig warmherziger gezeigt hatte. Denn ich ahnte, daß das nicht von Dauer sein würde.«

Obwohl der Vater schwer erkrankt war, faßte Nora den impulsiven Entschluß, eine Geschäftsreise anzutreten. Sie flog nach Europa, wo sie in mehreren Städten sehr günstige Einkäufe tätigte. Nach ihrer Rückkehr, zwei Wochen später, lag der Vater immer noch im Krankenhaus. Zwar ging die Mutter nicht direkt auf Noras Abwesenheit ein, doch wirkte sie erneut kühl und distanziert.

»Mir war klar, daß sie wütend auf mich war, weil ich sie allein gelassen hatte, aber ich wollte mich auf keinen Fall bei ihr entschuldigen. Ich schulde ihr überhaupt nichts, und ich bin heute ebensowenig auf ihre Zustimmung angewiesen wie damals.«

Im folgenden erwähnte Nora, daß die Reise in geschäftlicher Hinsicht sehr erfolgreich gewesen sei, und versuchte, so bestimmt und selbstbewußt wie immer aufzutreten. Dennoch wirkte sie eher traurig als zornig. Daher wollten wir wissen, ob sie den Eindruck gewonnen habe, daß sich etwas in der Beziehung zur Mutter geändert hätte, wenn sie nicht auf Geschäftsreise gegangen wäre, sondern sich weiter an den Krankenbesuchen beteiligt hätte. Zwar beharrte Nora darauf, daß diese Frage irrelevant sei und es sie nicht interessiere, was ihre Mutter dächte. Doch ihr starkes Abwehrverhalten und ihre sichtliche Niedergeschlagenheit ließen erkennen, daß sie es bereute, die zarte Verbindung zur Mutter wieder gekappt zu haben.

Man darf wohl sagen, daß Nora auch deshalb die Reise antrat, um sich von dem Unwohlsein zu befreien, das sie empfand, als sie merkte, daß die verborgene Reue hinsichtlich des Verhältnisses zur Mutter an die Oberfläche kam. Hätte Nora dieses Gefühl zugelassen, hätte sie die Reise möglicherweise gar nicht angetreten, oder sie hätte wenigstens gleich nach der Rückkehr mit der Mutter über alles sprechen können. Vielleicht hätte sie dann eingesehen, daß sie im Namen der Unabhängigkeit ihre tiefe Kränkung und ihr emotionales Bedürfnis verleugnet hatte, und womöglich hätte sie den Mut und die Kraft gefunden, noch einmal die Liebe der Eltern zu gewinnen. Noras Bedürfnis, sich zurückzuziehen, statt zu versuchen, sich dem anderen zu nähern, zeigt anschaulich, wie sich jemand vor zukünftigen psychischen Verletzungen schützt, indem ein zurückliegender Schmerz immer noch verleugnet und daher nicht überwunden wird.

Verdrängung ist eine weitere Methode, mit der wir schmerzliche Gedanken und Gefühle aus dem Bewußtsein verbannen. Wir »vergessen« unwillkürlich traumatische Erlebnisse und Erinnerungen, die zu schmerzlich sind, als daß wir uns daran zu erinnern vermögen. Ein klassisches Beispiel für Verdrängung ist der Inzest, bei dem das Opfer sehr häufig den damaligen Mißbrauch »vergessen« hat. Die in Boston praktizierende Psychiaterin Judith Herman hat aus ihren Befragungen von Inzestopfern den Schluß gezogen, daß die Opfer nur aufgrund der Verdrängung ihre grauenvollen Erlebnisse zu überleben vermochten. »Aus guten Gründen hatten die Opfer Erinnerungslücken«, sagt Dr. Herman. Zudem fanden sich, wie sie feststellte, die schwersten Formen des Gedächtnisverlustes bei den Frauen, die die »gewalttätigsten, sadistischsten Mißhandlungen« erlitten hatten.

Häufig begegnen die Inzestopfer dem, was ihnen angetan wurde, zum erstenmal in Träumen und Alpträumen. Da sich die verdrängten Erinnerungen aber doch an den Barrieren vorbei in unsere Träume schleichen, ist der Traum häufig der Schlüssel zum Öffnen der verschiedensten geheimen, schmerzlichen Gefühle. Kleine Einblicke in die Vergangenheit erhellen das Dunkel, bis sie sich allmählich zu einem vollständigen Bild verdichten, das uns die Chance bietet – falls wir sie wahrnehmen –, einige frühere oder auch aktuelle Probleme zu erkennen.

Sylvia hat drei Kinder. Sie ist stolz, eine gute Mutter zu sein. Obwohl einige Lehrer und besorgte Familienangehörige meinten, das mittlere Kind, ein verschlossener, recht labiler Junge, habe psychische Probleme, bestritt sie rundweg, daß er weniger glücklich sei als der Bruder oder die Schwester.

Schließlich zwang ihr Mann sie dazu, mit dem Jungen eine Familienberatungsstelle aufzusuchen. Im Laufe der Behandlung träumte sie, ihr Sohn säße an einem Fluß, während die anderen Familienmitglieder fröhlich in den Fluten umhertollten. Noch während der Schilderung dieses Traumbildes brach Sylvia in Tränen aus. »Er machte einen so einsamen Eindruck. Da fuhren die anderen Boot, schwammen und liefen Wasserski..., und er saß bloß da und starrte uns an, als sei für ihn überhaupt kein Platz in unserem Leben.«

Mit Hilfe der Therapeutin konnte Sylvia den Traum deuten: Weil sie es bedauerte, keine gute Beziehung zu dem mittleren Kind zu haben, und weil sie in einer tiefen Schicht das Gefühl hatte, sie habe zu seinem traurigen Wesen beigetragen, mußte sie seine Betrübnis leugnen. Sylvia hatte mittels der Verdrängung vermieden, die tatsächlichen Erlebnisse ihres Sohnes zu erkennen, und zurückgewiesen, was er am meisten brauchte.

Auch ohne psychotherapeutische Hilfe können wir unsere Träume daraufhin untersuchen, welche Botschaften sie uns im Wachzustand übermitteln. Thomas Wolfe sprach in diesem Zusammenhang von der »teleskopischen Zauberkraft unserer Träume«. Und in der Tat können wir mittels unserer Träume in alle Winkel unseres Lebens spähen. Wenn wir nervös und ängstlich aufwachen, sollten wir uns an die Traumgeschichten und -symbole zu erinnern versuchen und darüber nachdenken, ob sie in irgendeinem Zusammenhang mit gegenwärtigen Herausforderungen oder Problemen stehen. Auf diese Weise können wir die Bereiche der Reue ausmachen, die wir verdrängt haben, weil sie zu schmerzlich waren, um sich ihnen zu stellen, und uns mit diesem Gefühl konfrontieren, damit wir es auf einer bewußten Ebene lösen können.

Die *Wendung gegen die eigene Person* ist ein Abwehrmechanismus, der vor allem dazu dient, sich vor dem Zorn auf einen Menschen zu schützen, der die wahre Quelle der seelischen Belastung ist. Das kann ein Arbeitgeber sein, der soviel Macht über unser Leben hat, daß es uns beruflich schaden könnte, wenn wir unseren Zorn artikulierten; ein Elternteil, Partner oder guter Freund, deren Liebe und Zuwendung wir auf keinen Fall verlieren möchten; oder ein Kind, gegenüber dem wir ungeheure Schuld empfänden, wenn wir es schelten würden. Statt Zorn oder Enttäuschung in bezug auf diese »lästigen« anderen Menschen zu empfinden, wenden wir das Gefühl nach innen, kehren die Wut gegen uns selbst, fallen in Depressionen und leiden unter Scham und Minderwertigkeitsgefühlen.

Wenn unsere Reue im Zusammenhang mit anderen Menschen steht, gegenüber denen wir Zorn empfinden, dem wir aber keinen Ausdruck verleihen dürfen, geben wir mitunter uns die Schuld für das, was in einer Beziehung schieflief oder was uns im Leben fehlt.

Emily kümmert sich hingebungsvoll um ihren jugendlichen Sohn, der von Geburt an unter rheumatischer Arthritis leidet. Zwar hat Peters Erkrankung sich im Laufe der Jahre deutlich gebessert, doch kommt es immer noch zu Rückfällen, die viel Fürsorge und Zuwendung erfordern. Infolge der Anforderungen, die die Krankheit an Emilys Zeit stellt, ist ihr Leben starken Einschränkungen unterworfen.

Als Peter älter wurde, ermutigten ihr Mann und viele ihrer Freunde Emily, dem Sohn mehr Freiheiten zu geben. Ihrer Ansicht nach war Peter imstande, sehr viel mehr allein zu erledigen, als er zu übernehmen bereit war, und stellte an seine Mutter übermäßige und unvernünftige Ansprüche.

»Aber wie kann ich dem armen Jungen etwas abschlagen, der schon so viel durchgemacht hat?« erklärte Emily ihre damalige Haltung. »Ich will doch nur, daß er etwas Glück im Leben findet, und seine Behinderung ausgleichen.« Offenkundig verhinderten Peters Krankheit und die Zeiten, als es ihm wirklich sehr schlechtging, daß Emily in der Lage war, auch nur den geringsten Groll oder Zorn ihm gegenüber wahrzunehmen – geschweige denn auszudrücken.

»Ich war immer so enttäuscht«, erinnert sie sich. »Aber nie von ihm, immer nur von mir. Ich hatte das Gefühl, das nichts, was ich tat, ihn glücklich machen konnte und daß ich als Mutter auf der ganzen Linie versagt hatte. Trotzdem konnte ich weder eine andere sein noch mit meinem Leben etwas anderes anfangen, denn immer dachte ich, daß er auf große Hilfe angewiesen war. Ich habe mich wahnsinnig über seine ewige Niedergeschlagenheit geärgert, und wenn er das Gesicht verzog statt zu lächeln, wenn ich ihm in meinen Augen einen besonderen Gefallen tat, etwa eine Videokassette mitbrachte, weil es ihm so schlechtging, daß er sich den Film nicht im Kino ansehen konnte. Aber jedesmal hatte ich eine Kassette ausgesucht, die ihn überhaupt nicht interessierte. Ich meine nicht, daß er sich feindselig mir gegenüber verhielt, und er beschwerte sich auch nicht«, versicherte uns Emily eilig, die fast reflexartig sicherstellen wollte, daß wir über den Sohn keine schlechte Meinung bekämen. »Er machte nur ein enttäuschtes oder betrübtes Gesicht, worauf ich mir dann die Schuld gab, daß ich ihn an seine eingeschränkten Möglichkeiten erinnert hatte. Schließlich fühlte ich mich völlig hilflos und deprimiert wegen der verfahrenen Situation, und mein Mann bestand darauf, daß ich mich an einen Berater wende.«

Als sie sich an den ersten Termin beim Psychologen erinnerte, schüttelte Emily den Kopf und lächelte.

»Nachdem ich dem Berater meine Erlebnisse erzählt hatte, sah er mich lange schweigend an und fragte dann: ›Erkennen Sie denn nicht, daß Ihr Sohn sie tyrannisiert? Merken Sie nicht, wie wütend Sie auf ihn sind, weil er Ihr Leben beherrscht?‹ Zuerst befiel mich Panik bei dem Gedanken, ich könnte wütend auf Peter sein. Es klingt vielleicht lächerlich –, aber bis zu dem Augenblick konnte ich mir kaum vorstellen, daß es berechtigte Gründe gab, böse auf ihn zu sein, da ich ihn ja liebte. Ich war zwar enttäuscht und ständig wütend auf mich, weil ich ihm nichts rechtmachen konnte, doch Zorn habe ich meinem Sohn gegenüber nie empfunden.«

Emily konnte schließlich den wahren Ursprung ihrer Depression erkennen, und das machte sie frei, konstruktiv mit der Wut umzugehen. Zum einen konnte sie einen Teil ihrer Wut abwehren, indem sie aufhörte, sich Peters oftmals unberechtigten Ansprüchen zu unterwerfen. Als sie sich wegen ihrer verdrängten Gefühle nicht mehr so schuldig fühlte, erkannte sie, daß viele ihrer Reaktionen auf Peter in erster Linie auf das Vermeiden von

Schuldgefühlen abzielten und nicht darauf, was für ihn besser war. Daraufhin konnte sie ihre Schuldgefühle vermeiden, wenn sie ihm Grenzen setzte oder es ihr mißlang, ihn glücklich zu machen oder zufrieden zu stimmen. »Zum erstenmal, seit seine Krankheit diagnostiziert worden war, hatte ich wirklich Freude an unserer Beziehung«, sagt sie, »und das weiß ich, weil ich mich zum erstenmal mit den damit verbundenen Problemen und Einschränkungen abgefunden habe.«

Emily wird es immer zutiefst bedauern, daß Peter mit einer sein Leben so stark einschränkenden Benachteiligung leben muß, und bis zu einem gewissen Grad wird dieser Schmerz ihre Gefühle dem Sohn gegenüber immer komplizieren. Rollo May meint, daß Eltern eines behinderten Kindes oft feststellen, daß dieses Bedauern mit Groll gegenüber dem Kind einhergeht, das ihnen »viel Unsicherheit und Leiden verursacht«. Um diese Gefühle wahrhaft zu überwinden, betont May, müssen wir uns durch Mitgefühl befreien: durch Mitgefühl für die Probleme unseres Kindes, aber auch durch Mitgefühl für uns selbst, für unsere schwere Aufgabe. »Mitgefühl«, sagt May, »hilft nicht nur uns selbst, sondern trägt auch dazu bei, daß wir den Menschen, der uns einschränkt, weniger streng beurteilen.«

Intellektualisierung ist ein weiterer, in letzter Konsequenz gefährlicher Abwehrmechanismus. Die stereotype Vorstellung vom kühl-sachlichen Wissenschaftler, der ganz vernunftbetont und bewußt durchs Leben geht, eigentlich aber gar nicht weiß, was er empfindet, ist ein gutes Beispiel für jemanden, der sich seinen Erlebnissen mit einem Zuviel an rationaler Distanz nähert. Wenn wir unsere Reue intellektualisieren, dann leugnen wir nicht die Erfahrung selbst, sondern die schmerzlichen Gefühle, die diese womöglich hervorruft.

Natürlich gibt es Zeiten, da uns ein bestimmtes Maß an Intellektualisierung bei der Anpassung an schwierige Situationen hilft. So kann sich ein Chirurg vor der Nervenanspannung einer schwierigen Operation dadurch schützen, daß er die Aufgabe überwiegend auf der intellektuellen Ebene angeht und sich von den damit einhergehenden Gefühlen distanziert. Wenn er sich allerdings allzusehr auf diesen Abwehrmechanismus verläßt, kann er zwar im technischen Sinn Erfolg haben, doch bekommt er vielleicht keinen gefühlsmäßigen Zugang zu den Patienten und den Angehörigen in einer Zeit, da sie besonders auf ihn angewiesen sind. Außerdem kann es geschehen, daß er auch in seinem Privatleben zunehmend den Kontakt zu seinen Gefühlen verliert.

Das Intellektualisieren der Reue in persönlichen Beziehungen hindert uns allzuoft daran, unsere wahren Gefühle zu erkennen und ein ernsthaftes zwischenmenschliches Problem zu bewältigen. »Es hat mir nichts ausgemacht, daß meine Frau eine Affäre hatte«, beharrte Ned. »Wenn sie so etwas brauchte, dann war das meines Erachtens ihr Problem. Daß ich es in unserer Ehe nicht zum Thema gemacht habe, bedauere ich gar nicht. Ich war nie der Meinung, es sei meine Schuld, wenn sie sich anderweitig umsah, weil ich sie nicht befriedigte oder so. Ich habe immer geglaubt, daß es sich um ein im Grunde neurotisches Bedürfnis handelt, vielleicht um die Angst vor dem Älterwerden ... oder daß meine Frau sich selbst beweisen mußte, noch attraktiv zu sein. Ich habe eine Menge über derartige Beweggründe im Zusammenhang mit ehelicher Untreue gelesen. Also bin ich mit ihr zusammengeblieben und habe nicht viel Aufhebens wegen der Geschichte gemacht.«

Zwei Jahre nach Beginn des Verhältnisses wurde Ned von seiner Frau informiert, sie verlange die Scheidung. Ned kann sich nur erinnern, erstaunt reagiert zu haben. Als wir nachfragten, hielt er seine Gefühle weiterhin auf Distanz und zog es vor, detaillierte Statistiken zu zitieren: Wie sich die Verhaltensmuster, was eheliche Treue betraf, gewandelt hätten und mit welcher Häufigkeit ein Seitensprung schließlich zur Scheidung führte.

Im Laufe mehrerer Gespräche stellte sich dann heraus, daß diese Distanz Ned so stark von uns abschottete, als wären wir durch eine hohe Mauer voneinander getrennt. Er bekennt, einsam zu sein, aber auch fünf Jahre nach seiner Scheidung ist er immer noch keine enge Bindung zu einer anderen Frau eingegangen.

Neds Beteuerungen wirkten wenig überzeugend. Die unterschwellige Entmutigung und die Angst vor Nähe lassen sich mühelos erkennen. Die kühle Einschätzung seiner persönlichen Erfahrung schützt ihn zwar vor unmittelbarem emotionalem Schmerz, doch zeigt sie, daß er auch in Zukunft so emotional gelähmt bleiben wird, wie er es im Augenblick ist.

Rationalisierung ist eine Abwehrmethode, die mit der Intellektualisierung einhergeht. Beide Mechanismen tauchen häufig gemeinsam auf. Rationalisierung ist für das Problem der Reue von großer Bedeutung. Führen wir nämlich eine ganze Reihe berechtigter Gründe für unsere irrationalen Handlungen und Wahlen an, müssen wir nie eingestehen, womöglich einen Fehler begangen zu haben. Wir akzeptieren dann die eigene erfundene Version der Wahrheit und bieten sie uns selbst und jedem an, der uns gegenüber andeutet, wir hätten uns falsch verhalten. Einige Beispiele: Eigentlich haben wir den Beruf nie gemocht, den wir nach der Heirat aufgaben... wir können die Stelle nicht annehmen, weil wir den Eltern dann sehr fehlen... wir müssen weiter dem Alkohol zusprechen, weil er zu unserer Entspannung beiträgt... unseren Kindern macht es nichts aus, wenn wir Überstunden machen, weil sie auf diese Weise ja Unabhängigkeit lernen.

Zu der verbreiteten Methode der Rationalisierung zählt auch, einem anderen die Schuld für eigene Fehler oder Unzufriedenheiten zu geben. »Ich habe keinen Spaß mehr, weil er zu nichts Lust hat!« beschwert sich Doris über ihren Mann, mit dem sie seit zehn Jahren verheiratet ist. »Nie will er mit mir ins Theater, wir gehen nicht mal ins Kino oder schick essen. Und in einen Nachtclub gehen wir schon gar nicht, obwohl ich leidenschaftlich gern tanze. Ich habe überhaupt kein Sozialleben. Hätte ich doch einen Mann geheiratet, der sein Leben genießen will, statt es ›auszusitzen‹.«

Mit Hilfe einer Beratung wurde Doris schließlich klar, daß sich hinter den Vorwürfen, die sie an ihren Mann adressierte, eigene Ängste verbargen. Zwar schränkte die mangelnde Energie und Begeisterungsfähigkeit des Ehemannes ihr Sozialleben ein, doch in Wahrheit bedauert sie etwas ganz anderes – ihre nie überwundene Abhängigkeit von ihm. Daß sie ihn für ihr Gelangweiltsein verantwortlich machte, bildete den Versuch, die viel größere Reue darüber abzuwehren, nie selber die Verantwortung für ihre Bedürfnisse übernommen zu haben bzw. dafür, keine Autonomie erlangt zu haben.

Auch die Umstände – nicht nur Menschen – lassen sich für unsere Fehler verantwortlich machen. Rationalisierung dient dann als Ausrede für ein Verhalten, das andernfalls ein gehöriges Maß an Reue auslösen würde.

Als Victor zu unserem Interview kam, trug er seinen kleinen

Sohn in einem Tragesack. Er legte den Sohn in einer stillen Ecke des Zimmers ab und sah während des Gesprächs immer wieder zu ihm hin.

Victor zählt zu den heute zahlreicher werdenden Männern, die in der Lebensmitte eine zweite Ehe eingehen. Er empfindet aufrichtige väterliche Freude und macht einen sehr sympathischen Eindruck. Doch als wir uns nach seinen erwachsenen Kindern aus der ersten Ehe erkundigten, änderte sich die Gesprächsatmosphäre jäh. Plötzlich ging Victor auf Distanz.

»Wir haben kein besonders enges Verhältnis. Sie nehmen es mir übel, daß mir die neue Familie keine Zeit läßt, aber sie verstehen mich nicht! Wie hätte ich ihnen denn genausoviel Aufmerksamkeit schenken sollen, als sie noch klein waren? Ich stand beruflich erst am Anfang und verdiente so gut wie nichts. Sicher, ich habe damals zuviel gearbeitet und war nur selten für sie da, aber mir blieb keine andere Wahl!«

Immer wieder schien Victor sein kleines Söhnchen in den Arm nehmen zu wollen, aber es war klar, daß er damit auch das Gefühl der Reue über die Vernachlässigung der älteren Kinder auf Abstand halten wollte. Hätte er sich die Reue eingestanden, so hätte er sich einer beunruhigenden Wahrheit in seinem Leben stellen müssen. Die versäumte Beziehung zu seinen älteren Kindern bringt eine Wahl zum Ausdruck, die er hinsichtlich bestimmter Prioritäten getroffen hat; und diese Entscheidung kann er nicht vollständig auf die Umstände schieben. Eine konstruktive Verwendung der Reue in dieser Situation hätte darin bestanden, eine Teilverantwortung für den Zustand der Entfremdung gegenüber den anderen Kindern zu akzeptieren. So schmerzlich dieses Eingeständnis auch ist, es hätte Victor dazu veranlassen können, die ursprüngliche Verbindung zwischen Vater und Kindern neu anzuknüpfen.

Verleugnung ist ein extremer Abwehrmechanismus gegen das Eingeständnis, daß man irgend etwas bereut. Hat man sich aber völlig in dieses Gefühl verstrickt, so kann auch das – paradoxerweise – eine Abwehrstrategie darstellen. *Nicht nachlassende Reue ist manchmal ein Weg, der Verantwortung, einschneidende Veränderungen im Leben vorzunehmen, auszuweichen.*

»Dieses ›Hätte ich doch nur...‹ ist der Fels, an den wir uns über dem Mahlstrom der unerträglichen Wirklichkeit klammern«, hat William Faulkner geschrieben. Es mag seltsam anmuten, daß anhaltende Reue über das, was hätte sein können, ein Versuch sein kann, den Schmerz über das, was ist, zu lindern. Doch viele Menschen bemühen sich – ob nun bewußt oder unbewußt – dieses Gefühl genau dazu zu verwenden.

Die 50jährige Evelyn ist ledig. Sie ist die Tochter einer emotional abhängigen, seit langem verwitweten Mutter. Nachts, wenn sie im Halbdunkel des Wohnzimmers saß, nachdem die Mutter schlafen gegangen war, verlor sich Evelyn in ihren zerbrochenen Träumen. Sie gab sich Erinnerungen an leidenschaftliche Augenblicke hin und trauerte den unerfüllten Versprechen der Geliebten nach, von denen sie sich längst getrennt hatte. Im Laufe der Jahre entwickelte sich das Bedauern, nie geheiratet zu haben, zum Hauptthema in Evelyns Leben. Evelyn war und ist eine gutaussehende Frau, und trotzdem hat sie keinerlei Anstrengungen unternommen, Männer kennenzulernen, sondern sich in ihrer Opferrolle eingerichtet und der Mutter den Haushalt geführt.

Im Jahr zuvor war die Mutter gestorben. Statt sich vom Gefühl der Vergeblichkeit und des Verlustes zu befreien, wie es manche Freunde und Angehörige gehofft hatten, wurde Evelyn immer starrer, ängstlicher und verbitterter. Es ist nicht leicht, eingefleischte Gewohnheiten und Verhaltensweisen abzulegen – auch nicht jene, die unser Leben zweifellos eingeschränkt haben. Die von den neuen Lebensumständen erzeugte Leere drängt darauf, gefüllt zu werden. Und bei vielen Menschen löst die offene Auseinandersetzung mit dem Unbekannten bekanntlich große Ängste aus.

Muß Evelyn beispielsweise jetzt größere Anstrengungen unternehmen, in der Gegenwart zu leben? Vielleicht ihre Angst untersuchen, Liebe und intime Nähe auf eine Weise suchen, wie sie es nie getan hat, als sie diese Erfahrungen auf eine unwiederbringlich verlorene Vergangenheit beschränkte? Evelyn spürt – und dies verstärkte ihre Angst und ihren Schmerz –, daß ihre geradezu zwanghafte Konzentration auf die Vergangenheit ein Gefängnis der Reue errichtet und sie der Initiative beraubt hat, mit der allein sie den Fluß der aktuellen Erlebnisse regulieren könnte.

Das unablässige Sich-Vorstellen, was hätte sein können, erlaubt uns, der Notwendigkeit auszuweichen, in der Gegenwart etwas Konstruktives zu unternehmen und mit neuer Hoffnung in die Zukunft zu blicken. Eines ist allerdings klar: Bei den Fehlern der Vergangenheit zu verharren und das unvollkommene Leben im Heute zu vermeiden, stellt keinen »gesunden« Abwehrmechanismus gegen emotionalen Schmerz dar. Die Reue wird sich lediglich vertiefen und verstärken, da die Gegenwart sich nie bessert und jeder Tag dem ungelebten Leben eine neue Dimension hinzufügt.

Neben diesen fehlerhaften Abwehrmechanismen gibt es noch andere Verhaltensweisen, denen wir auf der holperigen Straße der Selbsttäuschung begegnen. So beschreibt Karen Horney die Rolle, die der »falsche Stolz« spielt, wenn wir das Eingeständnis vermeiden, daß wir den Ansprüchen des idealisierten Selbst nicht gerecht werden. An falsche Stolzgefühle klammern wir uns immer dann, wenn wir die Augen davor zu schließen versuchen, daß uns gewisse idealisierte Charaktereigenschaften fehlen. Der Mann, der sich vor emotionaler Abhängigkeit fürchtet, kann unangemessenen Stolz auf seine psychische Autonomie empfinden; eine Frau, die glaubt, im Beruf nicht klarzukommen, feiert ihre völlige Hingabe an Ehe und Mutterschaft. Jede Konfrontation mit der falschen Prahlerei wird ängstlich gemieden, weil man dadurch Einblick in einen Teil unseres Selbst erhielte, den wir zu fürchten gelernt haben und der uns peinlich ist.

In unterschiedlichem Maße versuchen wir alle, bestimmte Aspekte auszublenden, die unser idealisiertes Selbstbild stören könnten. Je unrealistischer das eigene Idealbild aber ist, desto häufiger werden wir jede diesem Bild widersprechende Reaktion oder Erfahrung verleugnen. Mit diesem falschen Stolz und den unrealistischen Forderungen geht eine unangemessene Anspruchshaltung dem Leben gegenüber einher – das, was Karen Horney als *übertrieben hohe Ansprüche* bezeichnet hat.

Im Gegensatz zu »gesunden« Bedürfnissen, etwa dem berechtigten Wunsch nach Liebe oder einer sinnvollen Arbeit, gründen diese Ansprüche auf Bedürfnissen, die übermäßig, irrational und unrealistisch sind. Infolge unserer übertriebenen Anspruchshaltung denken wir mitunter, wir hätten einen Anspruch auf die Erfüllung aller unserer Wünsche und verkennen dabei, welch große Anstrengungen wir zum Erreichen dieser Ziele vielleicht unternehmen müssen. Auf diese Weise entwickeln sich die Ansprüche zu Abwehrstrategien, mit denen wir einer ehrlichen Selbst-Wahrnehmung ausweichen bzw. der Einschätzung, was wir wirklich tun müssen, um unsere Ziele zu erreichen und ein vitales, lohnendes Leben zu führen. Und während wir diese Schritte unterlassen, sammeln sich dann in uns Reuegefühle wegen bestimmter Entscheidungen an.

So wählen wir möglicherweise das richtige College oder den richtigen Beruf für unsere ganz besonderen intellektuellen und beruflichen Bedürfnisse. Doch wenn wir annehmen, wir könnten alles mit »links schaffen« und müßten nicht hart arbeiten, um im Konkurrenzkampf zu bestehen, kann sich die Chance in ihr Gegenteil verkehren und sich unsere vermeintliche Selbstsicherheit in Verwirrung und Enttäuschung verwandeln.

Die Liebe ist ein besonders fruchtbarer Boden für das – ob nun bewußte oder unbewußte – Ausagieren unrealistischer Ansprüche. So erwarten wir möglicherweise vom Partner, daß er/sie stets liebevoll ist und alle unsere Bedürfnisse erfüllt, tun selbst aber kaum etwas, um die Beziehung lebendig zu erhalten. Wenn der Partner/die Partnerin anders empfindet oder reagiert, als wir es uns wünschen, ärgern wir uns, werden wütend und möchten uns möglicherweise sogar an ihm/ihr rächen, weil er/sie unser Gefühl beeinträchtigt hat, ein vollkommener, wichtiger Mensch zu sein.

Wir alle haben insgeheim wenigstens einige unrealistische Ansprüche ans Leben – zumal heute, da die Gesellschaft zu viele Wahlmöglichkeiten fördert und zu Habgier und einer übermäßigen Anspruchshaltung ermuntert. Daher ist es mehr denn je wichtig, daß wir uns nicht ungerecht behandelt fühlen und verbittert reagieren, wenn wir das Gewünschte nicht bekommen. Wenn uns die Reue über irgendein enttäuschendes Resultat verzehrt, ist es hilfreich, unsere Enttäuschung zu untersuchen und herauszufinden, ob deren Grad der wirklichen Lage angemessen ist. Häufig deuten extreme Grollgefühle darauf hin, daß wir unrealistischen Ansprüchen anhängen, die ein Bedürfnis erzeugen, auf irgendeine Weise Vergeltung zu üben für etwas, was uns in Wahrheit mit Recht zurückgeworfen hat.

Mitunter empfinden wir diese Spannung eher wegen Überzeugungen, die mit unserem Verhalten unvereinbar sind, als aufgrund eines gescheiterten Bemühens, etwas zu bekommen, worauf wir vermeintlich ein Anrecht haben. Der Psychologe Leon Festinger hat die Theorie der »kognitiven Dissonanz« entwickelt, wonach es zu einer Diskrepanz zwischen unserem Verhalten und unseren wirklichen Glaubensüberzeugungen bzw. zwischen einander widersprechenden Glaubenssystemen kommen kann. Demnach entsteht ein Spannungsverhältnis, das wir dadurch zu verringern suchen, daß wir zwei Elemente – unser Glaubenssystem und unser tatsächliches Verhalten – annähern. Die ängstliche Nervosität, die wir empfinden, wenn wir rauchen, obgleich uns bewußt ist, daß das Rauchen unserer Gesundheit schadet, läßt sich entweder durch eine Änderung im Verhalten verringern – mit dem Rauchen aufzuhören – oder durch eine Änderung unserer Glaubensüberzeugungen – z. B. Rechtfertigungen zu finden, warum wir uns weiter so verhalten. (»Wenn ich das Rauchen aufgebe, nehme ich zu – und das schadet mir genauso.«)

Drastisch hat diesen Zusammenhang mit der Verleugnung Betty Friedan mit ihrem Begriff vom »Weiblichkeitswahn« beleuchtet. In ihrem Buch enthüllte sie die Verwirrung zahlloser Frauen, als sie das Unglücklichsein in ihrem Leben bewältigen wollten, das sie doch eigentlich zufrieden und glücklich machen sollte. Die Frauen hatten das erreicht, von dem alle behaupteten, es sei das größte Glück: Ehe, Familie, ein Haus in einem behaglichen Vorort – und trotzdem fühlten sich diese Frauen unglücklich.

Der Streß dieser Frauen entspringt weitgehend der Dissonanz zwischen dem weiter bestehenden häuslichen Verhalten und der sich herausbildenden Unzufriedenheit mit der traditionellen Rolle der Frau. Um diese Spannung zu verringern, bemühten sich viele Frauen, ihre tatsächliche Einstellung zu unterdrücken und in größere Übereinstimmung mit der herkömmlichen Definition des »Ortes der Frau« zu bringen. Als Betty Friedans Buch veröffentlicht wurde, das eine Deutung dieses »Problems, das keinen Namen hatte« vorschlug, begriffen viele Frauen, warum sie unglücklich waren. Auf diese Weise konnten sie, statt zu versuchen, ihre Gefühle zu verleugnen, die Gründe für ihr Unglücklichsein angehen und die überkommenen weiblichen Verhaltensweisen langsam ändern.

Forschungen über das Phänomen der Reue stützen die Auffassung, derzufolge man stets dazu neigt, die einmal getroffenen Entscheidungen zu rechtfertigen. Nachdem wir eine wichtige oder unumkehrbare Entscheidung im Leben getroffen haben, etwa den Arbeitsplatz zu kündigen oder ein Kind zu bekommen, wollen wir verständlicherweise die Wahl dadurch stützen, daß wir uns versichern, es sei die einzig richtige gewesen. Diese List kann zwar zum Seelenfrieden beitragen, doch wenn sie zu weit geführt wird, kann die Selbsttäuschung Wurzeln schlagen und uns davon abhalten, einen ehrlichen Blick auf unser Leben zu werfen.

Wir alle sind, wie Edith Wharton gesagt hat, fast zwangsläufig »Tolpatsche«. Doch während wir weiter leben und emotional reifen, »müssen wir uns an die Arbeit machen und die wertvollen Dinge, die wir ohne unser Wissen in tausend Stücke zerschlagen haben, ganz allmählich, Stück für Stück wieder zusammenfügen.« Ob nun infolge glatter Verleugnung unserer »Schnitzer« oder anderer selbstbetrügerischer Strategien – unsere gegenwärtigen Versuche, die Reuegefühle zu bestreiten, zeugen vom Unbehagen angesichts der außergewöhnlich hohen Zahl der sich uns bietenden Wahlmöglichkeiten. Offenbar gibt es eine kollektive Sehnsucht, die beunruhigende Vorstellung zu vermeiden, daß unsere Wahlen keine Sicherheit bieten und vielfältige Folgen haben können.

Zwar ist ein derartiges Zögern verständlich, doch Einsicht ist der entscheidende Schlüssel, will man gute Entscheidungen treffen und die Reue überwinden, wenn sich die Wahl als falsch erweist. Möglicherweise schützt uns die Selbsttäuschung eine Zeitlang vor der schmerzlichen Erkenntnis über das, was wir getan haben oder nicht geworden sind. Sie hält uns aber zugleich davon ab, ein gewisses Maß an Frieden mit der Person zu schließen, die wir sind und noch immer werden können.

Die Reise durch das Leben

How can I teach, how can I save,
This child whose features are my own,
Whose feet run down the ways where
*I have walked?**

MICHAEL ROBERTS

5. Das erste Auftreten der Reue

»Als ich im vorigen Sommer mit der Familie einen Ausflug im Grand Canyon machte, hatten auf einmal alle Lust, in einem herrlichen Wasserlauf unter einem riesigen Wasserfall zu schwimmen. Ich wollte auch ins Wasser. Ich kann ganz gut, aber nicht toll schwimmen. (Ich hatte gemeinsam mit meinem Bruder Schwimmen gelernt, aber mit dem Unterricht aufgehört, weil ich es leid war, von allen Seiten zu hören, was für ein großartiger Schwimmer aus ihm werden würde.) An jenem Tag spielten einige Kinder unter diesem Wasserfall, aber ich wollte nicht vor ihnen ausflippen, wenn ich Angst bekäme, ich könnte da nicht durchkommen. Da habe ich meinem Vater gesagt, ich würde statt dessen lieber eine Wanderung unternehmen. In Wirklichkeit habe ich mich hinter einem Baum versteckt, den anderen Kindern im Wasser heimlich zugesehen und mich abscheulich gefühlt, weil alle soviel Spaß hatten. Wenn heute bei uns in der Familie die Sprache aufs Schwimmen kommt, erwähnt einer immer, was für einen tollen Tag wir damals im Grand Canyon hatten. Ich wünschte, ich wäre zusammen mit den anderen schwimmen gegangen.« Diese Sätze sprudeln nur so heraus aus dem vierzehnjährigen Jeff, der einen bedrückten Eindruck macht.

Die ersten Erfahrungen mit der Reue machen wir in der Kindheit – auch wenn in dieser Zeit das Leben anscheinend noch unzählige Möglichkeiten für uns bereithält. Viele von uns stellen sich nur ungern vor, daß auch Kinder bereits Reuegefühle haben.

* [Wie kann ich dieses Kind etwas lehren, es retten,/ dessen Gesichtszüge die meinen spiegeln,/ dessen Füße auf den Wegen laufen, die ich gegangen bin?]

Denn das stünde im Widerspruch zu dem verbreiteten Irrglauben, Kinder seien immer glücklich und hätten keine Sorgen. Die bisweilen rauhe Wirklichkeit des Erwachsenenlebens verstärkt dabei nur unseren starken Wunsch, diesem Mythos Glauben zu schenken.

Da wir viele Enttäuschungen erlebt haben, sollen unsere Kinder es besser haben. Wir sind von der Liebe oft enttäuscht worden und hoffen daher, daß unsere Kinder nie die Güte der Liebe in Frage stellen müssen. Wir werden von Schuldgefühlen geplagt und scheuen die Vorstellung, daß etwas, was wir vielleicht gesagt haben, in den Kindern Schuldgefühle hervorrufen könnte. Die Reue macht uns traurig, und deshalb sollen unsere Kinder das verführerische Gefühl bewahren, sie könnten alles und würden alles im Leben erreichen.

Im Rahmen unserer Forschungsarbeit untersuchten wir über achthundert Kinder und Jugendliche – vom Vorschul- bis zum Highschoolalter. Wir wollten herausfinden, wann sich das Gefühl der Reue zum erstenmal einstellt und welche ihrer Formen im Verlauf des Erwachsenwerdens am verbreitetsten sind. Vergleichbare Untersuchungen gab es nicht – vermutlich, weil die Verknüpfung von Kindheit und Reue dem herkömmlichen psychologischen Denken unvereinbar erscheint. Doch machten wir eine erstaunliche Entdeckung: Die Saat der Reue wird sehr früh im Leben eines Kindes gesät, wenngleich wir dies nur ungern wahrhaben. Mehr noch: Je älter wir werden und je mehr wir mit der »erwachsenen« Reue kämpfen, desto klarer wird uns, daß dieses Gefühl in frühen emotionalen Erfahrungen wurzelt.

Es besteht eine erstaunliche Ähnlichkeit zwischen den Situationen, die in der Kindheit unsere Reue hervorrufen, und jenen, die uns im Erwachsenenalter herausfordern.

Wenn unser Leben – als Elternteil, als Lehrer oder lediglich als Mitglied der Gesellschaft – mit dem Leben eines Kindes, dem wir eine bessere Welt hinterlassen wollen, in Berührung kommt, so sollte man ihm helfen, konstruktive Wahlen zu treffen. Um Kindern bei ihrer Reifung ein fähiger Erzieher zu sein, ist es heute mehr als erforderlich, ihnen zu einem wachsenden Verständnis dafür zu verhelfen, daß das Leben aus einer Reihe von bewußten Entscheidungen besteht und daß mit jeder Wahl stets Konsequenzen einhergehen.

Wird ein Kind älter, so können wir es anleiten, zunehmend Verantwortung für eine Entscheidung und die sich daraus ergebenden Folgen zu übernehmen. Der Journalist Sidney J. Harris sieht in diesem Verantwortungsgefühl einen wesentlichen Faktor zur Bestimmung psychischer Reife: »Wir haben die feine Grenzlinie zwischen Kindheit und Erwachsensein erst überschritten, wenn wir vom Passiv zum Aktiv überwechseln, nämlich, wenn wir aufhören zu sagen ›Man hat mich getäuscht‹, und statt dessen sagen ›Ich habe mich geirrt‹.«

Um ein Kind auf den Weg zu einer derartigen Reife zu bringen, müssen wir die wichtigen Botschaften erkennen, die sich hinter seinen trügerisch einfachen Erlebnisberichten verbergen. Wenn wir genau zuhören, können wir die Reue schon beim ersten Auftreten erkennen und einen Blick auf den damaligen Zusammenhang mit einer bestimmten Wahl erhaschen. Diese Kenntnis können wir nicht nur nutzen, um Jungen und Mädchen durch das komplizierte Terrain der gegenwärtigen Kindheit zu führen, sondern auch, um ihnen zu helfen, das sich erst entwickelnde Wertesystem aufzubauen und bestimmte Entscheidungen zu überprüfen.

Wenn Kinder schrittweise lernen, daß das, was sie im Augenblick tun, sich darauf auswirkt, wie sie sich später selbst beurteilen, so werden sie besser auf die ausgeweiteten Wahlmöglichkeiten in der Adoleszenz und im jungen Erwachsenenalter vorbereitet sein. Sie werden sich stärker bewußt sein, wie wichtig es ist, ihre Wahl auf echte Bedürfnisse und die im Entstehen begriffenen positiven Wertvorstellungen zu gründen.

Wir stießen auf drei wesentliche Erfahrungsbereiche, die bei Kindern Reuegefühle auslösen. Im Fall von Jeffs wehmütigem, unbehaglichem Gefühl, ein Außenseiter zu sein, weil er nicht so gern im »Tiefen« schwamm, erkennt man die erste Quelle der Reue: *die frühe Furcht, etwas zu riskieren, und daß sich das zu einem fortdauernden, das Leben einschränkenden Verhalten ausbilden kann.*

»Ich und meine Angst waren geborene Zwillinge«, schrieb der englische Philosoph Thomas Hobbes (1588–1679) und erkannte damit, daß *die Angst vielleicht stärker als jedes andere Gefühl unser Leben vom Augenblick der Geburt an begleitet.*

Es gibt ganz unterschiedliche Arten von Angst, die bei Erwachsenen wie bei Kindern mit der Furcht, etwas zu riskieren, eng verknüpft sind:

Die Angst vor Unbekanntem
Die Angst, sich lächerlich zu machen oder zu versagen
Die Angst vor phantasierten Szenarios mit dem schlimmsten Ausgang
Die Angst, anderen weh zu tun
Die Angst, nicht gemocht oder abgewiesen zu werden
Die Angst, verlassen zu werden

Alle diese Ängste, die uns davon abhalten, neue Erfahrungen zu machen, kamen in den Antworten vor, die wir immer und immer wieder hörten – sogar von kleinen Kindern. Wir waren aufrichtig erstaunt, daß so viele Kinder sich wünschten, sie hätten etwas nicht so schnell aufgegeben, das ihnen zwar gefiel, sie aber auch ängstigte, weil sie das Resultat nicht kannten. »Wenn ich doch mehr Mut gehabt hätte«, faßte Bobby, ein Zweitklässler, seine Erfahrung zusammen. »Ich wünschte, ich wäre während unseres Urlaubs in Disney World ins Haunted House gegangen. Aber ich hab's nicht getan, weil ich Angst hatte.« Wenn ein Achtjähriger nicht den Mut aufbringt, in einem Freizeitpark ein Geisterhaus zu besuchen oder – später – es nicht wagt, eine Klassenkameradin auf einem Schulfest zum Tanzen aufzufordern, dann hat er zweifellos eine Erfahrung gemacht, die manchen beängstigenden Herausforderungen im Erwachsenenalter gleichkommt.

Die Art und Weise, wie wir diese ersten schwierigen Kämpfe mit unserem ängstlichen Selbst lösen, erzeugt lebenslange Einstellungen – sowohl was das Aufbringen von Mut als auch, was das Mitgefühl für unsere Ängste betrifft.

Wenn ein Elternteil die Ängste eines Kindes mißbilligt, sie leichthin abstreitet oder zornig reagiert, wenn sie zum Ausdruck kommen, dann wird das Kind aller Wahrscheinlichkeit nach von diesem Gefühl auch noch später im Leben gepeinigt. Eine bei weitem konstruktivere Herangehensweise besteht darin, Kinder zu ermuntern, ihre Gefühle – und zwar auch scheinbar irrationale Ängste – zu äußern. Der Kinderpsychotherapeut Clark Moustakis erklärt: »Der Nutzen des Darübersprechens liegt weniger in dem besonderen Inhalt, sondern eher in der Freiheit, über etwas sprechen zu dürfen. Das Kind, das die Freiheit erlangt hat, über etwas zu sprechen, fühlt sich frei, seine Gefühle zu äußern.«

Nur wenn Erwachsene Kinder zu Eingeständnissen, die ihnen schmerzlich sind, ermutigen und sie aufrichtig akzeptieren, können sie ihnen das Gefühl vermitteln, daß Angst zu haben nicht falsch und schmachvoll ist. In einer Kultur, die Verwegenheit und Mutproben honoriert, kann die Scham zu nutzlosen Bemühungen führen, uns einengende Ängste mit psychischen Manövern zu verleugnen oder zu verbergen, mit denen wir zwar unser Gesicht wahren können, die uns aber eher emotional schaden. Hätte sich der 14jährige Jeff zum Beispiel nicht so sehr seiner Ängste geschämt, hätte er seine Mutter oder seinen Vater bitten können, neben ihm her durch den Wasserfall zu schwimmen.

Wenn Kinder ihre Angst vor dem Versagen, vor Demütigungen und Zurückweisungen weiter verbergen, wird es immer unwahrscheinlicher, daß sie Entscheidungen treffen, mit deren Hilfe sie das Gefühl entwickeln, das Leben meistern zu können. Wir müssen den Kindern helfen zu verstehen, daß selbst irrationale Regungen und ein Gefühl der Verletzlichkeit im Leben eines jeden sensiblen Menschen immer wieder vorkommen. *Der erfolgreichste Weg, auf dem Kinder zu Erwachsenen heranwachsen und Risiken nicht aus dem Wege gehen, besteht in dem Gefühl, daß es nicht nur nichts ausmacht, Angst vor Risiken zu haben, sondern daß es Mut erfordert, Ängste einzugestehen und sich ihnen, so gut es geht, zu stellen.*

Dr. Arthur Jersild, prominenter Psychoanalytiker und Fürsprecher der Interessen der Kinder, führt einen weiteren Grund an, warum man in der Kindheit seine Ängste unbedingt artikulieren sollte. Seine Deutung erinnert an die unselige Neigung von Erwachsenen, die meinen, andere Menschen seien glücklicher als man selbst: »Wenn ein verängstigtes Kind sich frei fühlt, seine Furcht auszudrücken, und es sich wundert, daß auch andere Angst haben, dann hat die heimtückische Kette aus Furcht und Schuldzuweisungen, durch die [es] von den anderen und sich selbst entfremdet wird, wenigstens einen kleinen Sprung bekommen.«

Es ist außerordentlich hilfreich und oftmals auch überraschend für ein Kind, wenn es entdeckt, daß auch andere Kinder schüchtern, einsam oder ängstlich sind und gleichfalls irrsinnige Angst haben, sich vor den anderen der Lächerlichkeit preiszugeben.

Ein anderer berühmter Psychoanalytiker, Alfred Adler, hat einmal bemerkt, viele Menschen wüchsen »in der beständigen Furcht auf, ausgelacht zu werden«. Diese Angst kann uns durchaus bis ins Erwachsenenleben begleiten und so ganz allmählich die Verspieltheit zerstören, die in bestimmten Zeiten die düstere Realität des Erwachsenenlebens aufhellen kann. So erzählte uns eine achtundsechzigjährige Frau, nachdem ihr Ehemann einen schweren Schlaganfall erlitten hatte: »[Vor dem Schlaganfall] wollte er immer, daß ich ausgelassener bin. Er hatte eine herrlich kindliche Vorliebe, zu spielen und sich zu verstellen, aber ich bin nie so weit aus mir herausgekommen, daß ich darauf eingegangen wäre. Was gäb' ich darum, wenn er wieder so vital und gesund wäre, daß wir zusammen ein bißchen Spaß haben könnten!«

Die Angst, sich lächerlich zu machen, kann die natürlichen Neigungen des Kindes zerstören und Wahlmöglichkeiten einschränken. »Ich wünschte, ich wäre in die Eislauf-Mannschaft eingetreten. Allerdings bestand die fast nur aus Mädchen, und deshalb hatte ich Angst, die anderen Jungs würden mich für schwul halten«, sagte der dreizehnjährige Billy, und ein elfjähriges Mädchen erzählte uns: »Meine Mutter wollte mir ein wirklich ausgefallenes Kleid für unser Klassenfest kaufen. Ich fand das Kleid zwar toll, aber auch, daß es vielleicht zu verrückt aussieht. Da habe ich ein Kleid gekauft, das genauso aussah wie das, was die anderen anhatten. Jetzt geht es mir unheimlich schlecht, weil ich etwas nicht bekommen habe, das mir gefiel, nur weil es anders war.«

Eine weitere Angst, die mit der Bereitschaft, etwas zu wagen, aufs engste verknüpft ist und unter der Kinder sehr leiden, besteht darin, nicht gemocht und abgelehnt zu werden. Wenn wir als Erwachsene bereuen, daß es uns – trotz der großen Sehnsucht nach tiefreichenden Beziehungen – nicht gelungen ist, wegen eines zu geringen Selbstvertrauens oder Selbstwertgefühls, auf andere Menschen zuzugehen, läßt sich das Dilemma oft auf verwirrende Kindheitserlebnisse zurückverfolgen. So schreibt der Anthropologe Jules Henry: »Die Tatsache, daß jeder von uns angenommen oder abgelehnt werden kann... führt zu einer enormen Verunsicherung in zwischenmenschlichen Beziehungen; diese Unsicherheit erklärt auch, warum wir auf Blicke, Lächeln und Kritik so empfindsam reagieren, und bildet den Ursprung der endlosen Fragerei: »Gefalle ich den anderen?«

Bei Susie, die in die achte Klasse geht, verstärkte sich die Angst vor Ablehnung dadurch, daß sie sich immer das Schlimmste ausmalte, wodurch sie sich schließlich nur noch stärker isolierte. Sie erinnerte sich, wie sie im Umkleideraum stand und sich unbehaglich fühlte, als sich ihre Klassenkameradinnen ausgelassen lachend und kreischend über einen spannenden Vorfall auf dem letzten Schulausflug nach Washington unterhielten. Susie war nicht mitgefahren: »Ich hatte nicht geglaubt, daß eine Klassenkameradin mit mir losziehen würde, dann hätten ja alle gemerkt, daß ich keine Freunde habe.«

Kinder sehnen sich nach Freundschaften. Doch kann die aus der Phantasie herrührende Vorstellung, man könnte sie zurückweisen, zu höchst instabilen Freundschaften führen. Das Muster einer sich selbst erfüllenden Voraussage kann entstehen, wenn sich das schüchterne Kind der Versuchung hingibt, neue soziale Erfahrungen zu meiden, statt das Risiko einzugehen, abgelehnt zu werden. In einer Gesellschaft, die nach außen so großen Wert auf Geselligkeit legt, leidet das Kind mit relativ wenig Freunden besonders stark unter diesem Verlust an Selbstachtung. Deshalb auch zeigen viele Kinder – und Erwachsene – das entgegengesetzte Verhalten und stürzen sich in zahlreiche oberflächliche Freundschaften, anstatt wenige, dafür aber engere Freundschaften zu schließen.

Eltern können ihren Kindern helfen zu erkennen, daß sich der wahre Wert von Freundschaften nicht nach deren Anzahl bemißt. Auch können sie die Ängste eines Kindes, ob es wohl gute Freunde findet, mildern, wenn sie selbst keinen allzu großen Wert darauf legen, beliebt zu sein. Es kann bei Eltern große Beunruhigung auslösen, wenn man ihnen sagt, ihr Kind habe Angst vor Ablehnung, denn oftmals weckt dies schmerzliche persönliche Erinnerungen. Wir müssen aber unsere Erfahrungen und das, was unsere Kinder empfinden, auseinanderhalten. Nur so kann ein Kind freimütig über seine Ängste sprechen, ohne daß wir überreagieren, wodurch ihm nicht geholfen ist.

Wenn wir uns selbst akzeptieren, können wir unseren Kindern auch die freundlichere Seite dessen zeigen, was manche Menschen

»Einsamkeit« nennen. Viele besonders sensible, kreative und geistig rege Kinder, mit denen wir sprachen, verbrachten viel Zeit mit sich allein. Daß man sie allein ließ und sie so ihren Interessen nachgehen konnten, gab ihnen die Freiheit herauszufinden, worin diese Interessen eigentlich bestanden. Der Psychoanalytiker Anthony Storr beobachtete an Kindern, die problemlos allein sein konnten: »Die Fähigkeit, allein sein zu können ... ist eng verbunden mit der Fähigkeit zur Selbst-Entdeckung und zur Selbst-Erkenntnis. Dabei wird man seiner tiefsten Bedürfnisse, Gefühle und Impulse gewahr.«

Und in der Tat haben viele Menschen, die einen wesentlichen Beitrag zur Menschheit geleistet haben, eine recht einsame Kindheit verbracht. So schrieb Albert Einstein: »Meistens tue ich das, wozu meine Natur mich drängt ... Ich lebe in dieser Einsamkeit, die zwar während der Jugend schmerzlich, in der Zeit der Reife aber köstlich ist.«

Besteht die wichtigste Quelle der Kindheits-Reue in den Ängsten, die mit dem Eingehen von Risiken verbunden sind, so *ist der zweite wesentliche Ursprung der Reue bei Kindern der Eindruck, sie hätten einen bedeutenden Moment im Leben verpaßt.* Kinder haben noch ein ganzes Leben vor sich. Offenbar verspüren sie aber bereits die Traurigkeit und den Verlust, die dann entstehen, wenn man einen wichtigen Augenblick verstreichen läßt. Es gibt viele Erlebnisse, die sie wiederbeleben möchten, und vieles, was sie gern getan hätten, ehe die Chance dazu vorüber war:

»Ich wünschte, ich hätte das Spielzeug zusammengesetzt, daß mein Großvater mir vor seiner Erkrankung geschenkt hat. Er hat mich immer wieder gefragt, ob ich mit dem Zusammenbauen schon fertig sei, und jetzt ist er zu krank und kann nicht mehr erleben, ob ich es geschafft habe.« (Paulette, acht Jahre alt.)

»Ich wünschte, ich hätte den Kater sofort zu mir genommen, nachdem der Besitzer ihn ausgesetzt hatte; aber er verbot mir, das Tier mit nach Hause zu nehmen, und jetzt ist es ganz hungrig und ängstlich.« (Brian, acht Jahre alt.)

Bereits ganz kleine Kinder bereuen, daß sie einen wichtigen Augenblick mit einem anderen Menschen ungenutzt verstreichen ließen: Der dreijährige Sam stand mit der Mutter vor dem elterlichen Haus und wartete auf den Bus, der Josh zur Schule bringen würde. Als der Bus um die Ecke bog, gab Josh seiner Mutter einen Abschiedskuß. Dann beugte er sich in einem Anflug von liebevollen Gefühlen zu Sam hinunter, der das Gesicht verzog und den Bruder wegschob.

Als der Bus, in dem der Bruder saß, wegfuhr, brach Sam in Tränen aus. Sein Gesicht lief vor lauter Kummer rot an, und die Stimme stockte ihm, als er seiner Mutter schluchzend sagte, er habe es sich anders überlegt – er wolle Josh doch einen Abschiedskuß geben. Es ist ziemlich unwahrscheinlich, daß Sams Tränen – im Alter von drei Jahren – ausgeprägte Schuldgefühle ausgelöst haben. Viel plausibler ist, daß er aufrichtig traurig war, und zwar nicht so sehr, weil er den Bruder abgewiesen hatte, sondern wegen des eigenen Verlustes. Die Erfahrung hatte Sam bereits gelehrt, wie schön es ist, von Josh umarmt zu werden, aber Sam konnte nichts unternehmen, um den abfahrenden Bus zum Umkehren zu bewegen, damit er dieses angenehme Gefühl nachholen konnte.

Die Ergebnisse unserer Untersuchung zum Thema der Reue, die sich bei Kindern einstellt, die einen Augenblick ungenutzt verstreichen lassen, stimmt mit unseren Beobachtungen des gleichen Phänomens bei Erwachsenen überein: *Der nicht eingeschlagene Weg bildet bei Kindern häufiger den Ursprung für einen seelischen Schmerz als der Weg, den man zwar gegangen ist, in dessen Folge man aber nicht glücklich wurde.*

In der Adoleszenz entwickeln sich vielfältigere Reueempfindungen. Zudem werden sie – zum Teil, weil sie mehr Schuldgefühle bergen – viel stärker empfunden. »Als meine Großmutter noch bei uns wohnte, war ich überhaupt nicht lieb zu ihr. Manchmal habe ich sie behandelt, als gäbe es sie gar nicht. Ich hatte sie lieb, aber wie toll sie war, darüber war ich mir einfach nicht im klaren. Nun lebt sie weit weg, in einem Altersheim in der Nähe meiner Tante, und ich besuche sie nie. Ich wollte, ich hätte ihr gezeigt, wie lieb ich sie habe.« (Joni, dreizehn Jahre alt.)

Die vierzehnjährige Hallie berichtet, wie sie ihren Vater und ihre neue Stiefmutter wie nebenbei verabschiedete, nachdem die beiden sie nach einem Ferienaufenthalt zum Flughafen gebracht hatten. Sie erinnert sich, sehr traurig gewesen zu sein, als sie sich auf dem Weg zum Flugsteig nach ihnen umschaute. Kaum hatte das Flugzeug von der Rollbahn abgehoben, schrieb Hallie in ihr Tagebuch: »Ich wollte, ich hätte meiner Stiefmutter gesagt, daß ich sie sehr lieb hatte, als sie mich so sehr umsorgt hat.«

Was Hallie erzählte, war nichts Besonderes bei unseren Nachforschungen über das Leben heute lebender Kinder, die sich den zerbrochenen Familienbeziehungen und neuen Ehearrangements anzupassen versuchen. Mag sein, daß die Verwirrungen und Verletzungen der geschiedenen und angeheirateten Eltern teilweise gelindert werden, wenn sie erkennen, daß der Sohn bzw. die Tochter alles unternimmt, das neue Familienskript (und den Wechsel in der Besetzungsliste) zu begreifen, und daß die Kinder alles unternehmen, um es ihnen rechtzumachen. Aber so wie Hallie können sie ihre Wertschätzung nicht immer zum Ausdruck bringen, weil das neue Zusammenleben noch allzu emotionsbeladen ist.

Es gibt eine weitere Form der Reue, die mit dem eingeschlagenen Weg in engem Zusammenhang steht, und zwar, *daß man sich in der Schule nicht mehr angestrengt und bessere Noten erzielt hat.* Dies stimmt genau mit unseren Forschungsergebnissen und denen anderer Psychologen überein, wonach es Erwachsene zutiefst bereuen, nicht intensiver gelernt oder mehr aus den Möglichkeiten, die ihnen die Ausbildung bot, gemacht zu haben. In erstaunlich ähnlichen Szenarios blicken Jungen wie Mädchen reuevoll auf ihr mangelndes Engagement in der Schule zurück. Dieses Ergebnis sollte Eltern helfen, den unablässigen Klagen über die vielen Hausarbeiten besser standzuhalten.

Ein aufgeweckter neunjähriger Junge, der sich bereits nach der Belohnung durch die Anerkennung anderer sehnt, sagt: »Ich wünschte, ich hätte mehr gelernt, dann hätte ich mehr Preise bekommen.« Und ein siebzehnjähriges Mädchen, das immer stolz darauf war, mühelos die Versetzung zu schaffen, sieht sich nun vor dem bedauerlichen Ergebnis der damaligen Einstellung zum Lernen: »Ich möchte auf ein teures Privatcollege gehen, statt auf eine staatliche Universität. Ich wollte, ich hätte mich auf der Highschool in den wichtigen Fächern mehr angestrengt. Ich habe immer gute Noten bekommen, habe aber in meine Arbeit immer nur fünfundsiebzig Prozent meiner wirklichen Energie investiert. Hätte ich damals mehr gelernt, dann würde ich heute vielleicht ein Stipendium bekommen, mit dem sich wenigstens ein Teil der Studiengebühren bezahlen ließe.«

Es muß sich nicht unbedingt um die Schulbildung handeln, die diese Reue weckt. Viele Erwachsene wünschten zum Beispiel, sie hätten ernsthafter am Musikunterricht teilgenommen oder mehr Sport getrieben, und auch Kinder schelten sich, ihre Talente vernachlässigt zu haben. Rückblickend bedauert die sechzehnjährige Lisa, »wie leicht es war, Dinge aufzugeben, die mir keinen richtigen Spaß machten, zum Beispiel Tanzen, Turnen oder Gitarrespielen. Wenigstens bei einer Sache hätte ich dabeibleiben sollen, um wirklich gut darin zu werden«, meint sie nachdenklich und fügt dann hinzu: »Neulich abend hat sich meine Mutter mit meinem Vater über eine Freundin meiner Mutter unterhalten und gesagt, daß sie sich in ihrem Beruf, der Betreuung behinderter Kinder, sehr stark *engagiert*. Ich fand, das war ein großartiges Wort... Genau das wäre auch ich gern... jemand, der sich mit all seinen Kräften für eine Sache engagiert!«

Lisas Eltern oder andere interessierte Erwachsene könnten ihr tatsächlich zu der Erkenntnis verhelfen, daß es nie zu spät ist, sich einem Interesse zu widmen, das einem wirklich am Herzen liegt. Denn hierin liegt die Kraft der Reue, die Veränderungen anzuregen vermag.

Es gibt allerdings auch andere Fälle: Im Alter von fünfzehn Jahren belegte Duane in der Highschool Fortgeschrittenen-Kurse in Latein sowie in den Naturwissenschaften. Außerdem nahm er noch an einen Kunst-Kurs teil, der ihm großen Spaß machte. Bald darauf beschloß er, zu den weniger arbeitsaufwendigen geisteswissenschaftlichen Kursen überzuwechseln, damit er sich im Kunst-Kurs intensiver dem Malen widmen konnte. Zunächst widersetzten sich die Eltern seinen Wünschen, doch schließlich stimmten sie dem Wechsel zu, wenngleich sie ihn eindeutig mißbilligten.

Duanes und Lisas Fallgeschichten scheinen an entgegengesetzten Enden des Reue-Spektrums angesiedelt zu sein: Lisa bedauert es, daß sie nicht langfristig in ihre kreative Begabung investiert hat, und Duane findet, daß hinsichtlich echter Erfüllung das Prinzip, bei einer Sache zu bleiben, sich gegen einen selbst wenden kann. Im Grunde liegen beide Fälle aber gar nicht weit auseinander. Vor die vielfältigen Wahlmöglichkeiten im heutigen Leben gestellt, müssen beide jungen Leute lernen, alles genau zu durchdenken und dann umsichtig zu entscheiden, ob ein bestimmtes Ziel lohnend ist und ob man es wirklich weiterverfolgen will.

Um einem Kind bei der Beantwortung dieser Frage helfen zu können, müssen die Eltern zunächst feststellen, ob sie selber über die Reaktion des Kindes enttäuscht sind. Nur so können sie erkennen, ob sie einen allzu großen Teil des eigenen Ehrgeizes darin investiert haben, daß der Sohn oder die Tochter eine bestimmte Aktivität verfolgt. Viele Erwachsene sind der Meinung, man brächte einem Kind Verantwortungsbewußtsein am ehesten bei, indem man es zu Beharrlichkeit erzöge. Doch häufig ist es kontraproduktiv, Kinder dazu zu drängen, eine Sache weiterzuverfolgen, gegen die sie aufrichtig Widerwillen empfinden oder durch die sie manchmal sogar entmutigt werden: »Ich wollte, ich hätte nicht so lange Tanzunterricht genommen und die gehässigen Bemerkungen der anderen nicht so kritiklos hingenommen; das hat in mir lediglich den Eindruck geweckt, ich sei ungeschickt, und außerdem hat es mich geärgert.« (Stephanie, siebzehn Jahre alt.)

Haben wir erst einmal Licht in die Motive unseres Verhaltens gebracht, sind wir möglicherweise besser gerüstet, unseren Kindern die Entscheidung darüber zu überlassen, ob ihr Durchhaltevermögen zu einem verbindlichen Ziel geworden ist oder ob sie sich in erster Linie nach den Vorstellungen anderer richten. Sie sollten ohne Einschränkung zu einem Schluß kommen, der in unserer Kultur, die uns schier unbegrenzte Leistungsfähigkeit abverlangt, geradezu blasphemisch klingt: Mitunter ist es angemessen und ratsam, mit einer Sache wieder aufzuhören.

Der Eindruck, andere Menschen (meist die Eltern) wüßten am besten, was gut für uns ist, und der Umstand, daß wir Angst haben, ihnen zu mißfallen, können in einem jungen Menschen die Illusion hervorrufen, er habe keine Wahl – ein Irrglauben, der erhebliches Potential für Selbstvorwürfe birgt.

Perry, ein intelligenter 19jähriger Student, bereut zutiefst, daß er sich dem Wunsch seines Vaters gefügt hat, zu Hause zu wohnen und das College am Ort zu besuchen. »Das College hatte mir ein Stipendium angeboten, und meine Eltern meinten, es wäre töricht, es abzulehnen. Sie wollten das Geld, das sie sonst für meine Unterkunft hätten aufbringen müssen, wenn ich anderswo studiere, lieber auf die hohe Kante legen, damit ich nach dem Examen über ein wenig Erspartes verfügen könnte. Das schien mir ganz vernünftig. Aber ich wollte gar nicht zu Hause wohnen. Ich hatte seit Jahren davon geträumt, während des Studiums im Studentenheim zu wohnen.

Ich habe mich damals mit der Entscheidung zu rasch einverstanden erklärt, weil ich bezweifelte, daß sich meine Eltern irren könnten beziehungsweise ich das Recht hätte, so zu empfinden, wie ich es nun einmal tat. Ich hätte versuchen sollen, mit der Ablehnung durch meine Eltern fertig zu werden... Ich hätte es wagen sollen, sie zu enttäuschen. Ich würde Eltern raten, sich auf die Seite des Kindes zu schlagen, auch wenn sich dessen Entscheidung als falsch erweisen sollte. Sicher, alle Eltern halten – so wie meine – ihre Entscheidung für vernünftig. Aber auf lange Sicht müssen ja *wir* mit dieser Entscheidung leben, auch wenn sie uns gegen den Strich geht und uns zutiefst widerstrebt.«

Der Psychiater und Autor Thomas Szasz hat einmal geschrieben: »... ein Kind wird dann erwachsen, wenn ihm bewußt wird, daß es nicht nur das Recht hat, recht zu haben, sondern auch, sich zu irren.« Dennoch sträuben sich viele Eltern mit aller Macht, es dem Kind zu erlauben, selber Fehler zu machen. Wie die angesehene Schweizer Psychoanalytikerin Alice Miller in ihren zahlreichen Werken über die Kindheit schrieb, wird von einem Kind nicht selten erwartet, daß es sich einseitig den Wünschen und Erwartungen der Eltern fügt. Das kann dazu führen, daß sie nicht nur bestimmte Vorlieben des Kindes, sondern auch manche Gefühle für inakzeptabel halten.

Infolge einer solchen Kontrolle durch ein Elternteil könne es geschehen, so Dr. Miller, daß das Kind mit der Angst aufwächst, seine wahren Gefühle zu äußern oder – schlimmer noch –, gar nicht zu wissen, was es wirklich empfindet. Eine Frau in den Vierzigern sagte uns: »Ich weiß gar nicht, was mich glücklich machen könnte. Ich bereue zwar eine Menge in meinem Leben, aber ich habe keine Ahnung, was ich ändern müßte, damit dieses Gefühl wieder verschwindet.«

In einem Artikel in der *New York Times* schildert Professor Andrew Merton, wie aufgeregt er war, als er einmal seinen vierjährigen Sohn Gabe zu einem Baseballspiel mitnahm. Seine Freude wurde jäh gestoppt, als sein Sohn, lange vor Beginn des Spieles, nachdem man sich das Einschlagen angeschaut und einige Snacks gegessen hatte, verkündete: »Weißt du, ich hab' jetzt genug gesehen – ich möchte wieder nach Hause.«

Professor Merton erinnert sich, wie sehr er sich darüber ärgerte, daß sein Sohn darauf beharrte, das Stadion zu verlassen, und daß es ihn aufregte, daß der Sohn offenbar ganz andere Vorstellungen über einen traumhaft schönen Nachmittag hatte. Als sich Merton, eisig schweigend, mit dem Wagen auf den Heimweg machte, kamen sie an einem Museum vorbei, das Gabe in der letzten Zeit gerne besucht hatte. Widerstrebend machte der Vater den Vorschlag, dem Museum einen Besuch abzustatten. Begeistert stimmte der Junge zu.

Während sie im Museum umherschlenderten, wandelte sich Professor Mertons Stimmung grundlegend: »Ich merkte, daß ich wollte, daß Gabe so sei wie ich. Ich hatte verlangt, daß er sich auf das Baseballspiel freute, aber nicht, um ihm, sondern um *mir* einen Gefallen zu tun; als er dann meine Erwartung nicht erfüllte, wurde ich wütend.«

Weiter schrieb er, ihm sei außerdem klargeworden, daß er sich in einen Machtkampf mit seinem Sohn verstrickt hatte, den Gabe aber zum Glück zu seinen Gunsten entschieden habe. Das Kind habe nämlich »auf etwas bestanden, was es für richtig hielt«, erläutert Merton und schreibt: »Vater und Sohn hatten – gemeinsam – den Tag gerettet: der Sohn, indem er sich für etwas eingesetzt hat, das ihm Spaß machte, und ich, indem ich schließlich die Vernunft aufbrachte, zu erkennen, daß er im Recht war, so daß ich meine Vorstellung vom ›richtigen‹ Gang der Dinge aufgeben konnte.«

Die Geschichte veranschaulicht, wie notwendig es ist, daß Eltern den Gefühlen und Vorlieben der Kinder Gehör schenken und sie – so weit es geht – unterstützen. Die ersten Lebensjahre sind die Zeit, in der wir lernen, mit dem wichtigen Dilemma Selbst kontra Andere, Zustimmung kontra Autonomie umzugehen. Diesen Prozeß unterstützen wir am besten dadurch, daß wir versuchen, nicht übermäßig stark in die natürliche Entfaltung der einzigartigen Persönlichkeit des Kindes einzugreifen.

Im dritten zentralen Bereich, in dem es zu Reuegefühlen während der Kindheit kommt, geht es um Fragen der Kontrolle. Diese reichen von Situationen, in denen ein Kind in der Tat ein gewisses Maß an Kontrolle ausüben kann, bis hin zu Situationen, die sich im Grunde seinem Einfluß entziehen.

Uns fiel ein faszinierender Gebrauch eines symbolischen Beispiels auf, als sich einige Kinder über ihre mangelnden Einflußmöglichkeiten unterhielten. Die meisten Jungen und Mädchen waren unglücklich darüber, daß sie ihr Kinderzimmer nicht nach ihrem Geschmack einrichten durften. Das mag uns zunächst als ein ziemlich banales Bedauern erscheinen: Wenn man sich das Kinderzimmer jedoch als einen Mikrokosmos der Welt im ganzen vorstellt, kann man verstehen, wie betrüblich es sein muß, bei der Einrichtung oder Dekoration nicht frei entscheiden zu dürfen.

»Ich möchte ganz viele Sachen an die Wände hängen«, erzählte uns der siebenjährige Keith, »aber Mami sagt, das sähe zu unordentlich aus. Ich finde das gut, weiß aber zugleich, daß es ungezogen ist«, fügt er hinzu und seufzt. So blieb Keith nichts anderes übrig, als sich der mütterlichen Definition von »gut« und »schlecht« zu fügen.

Kinder, die kaum einmal selber ein Werturteil treffen dürfen bzw. danach handeln, reifen nicht selten zu Menschen heran, die ständig nach Zustimmung suchen und alle Erfahrungen in »Schwarz« und »Weiß«, in Richtig und Falsch unterteilen. So entwickelt sich ihr Leben zu einem wahren Minenfeld möglicher Reuegefühle, denn sie können keine Wahl riskieren, die auch nur einen Hauch unsicher oder zweideutig ist.

Wir wollen damit nicht behaupten, daß Kinder sich nie den Entscheidungen der Erwachsenen fügen und daß ihnen keine Grenzen gesetzt werden dürfen, sondern nur, daß die Erwachsenen das Gefühl des Kindes, sein Leben selbst zu beherrschen, stärken sollten. Denn es gibt ja viele Situationen, in denen es nicht – im Gegensatz zur Dekoration seines Zimmers – durch Erfahrung Kontrolle darüber erlangen kann.

Viele Reuegefühle bei Jugendlichen entstammen der mangelnden Fähigkeit, jenes elterliche Verhalten zu ändern, das ihnen als Kind seelischen oder körperlichen Schmerz verursacht hat. Im Extremfall handelt es sich um reale Mißhandlungen. Aber auch der Fall, daß die Eltern zuviel arbeiten oder nicht verfügbar sind, gehört hierher. »Ich kann meinem Papi ja nicht verbieten, auf Geschäftsreise zu gehen; ich wollte, er wäre öfter zu Hause.« (Bruce, neun Jahre alt.) Oder die Furcht, daß die Eltern zuviel trinken oder rauchen. »Ich habe keinen Einfluß darauf, daß meine Mutter so viel Alkohol trinkt; wenn sie getrunken hat, streitet sie mit Vater und uns Kindern.« (Lilli, vierzehn Jahre alt.) Oder auch Familienfehden, die die zuvor liebevollen Beziehungen der Familienmitglieder untereinander zerstören.

»Mein Vater hat sich mit meinem Onkel zerstritten«, sagt der neunjährige alte Chris und kämpft gegen die Tränen. »Mein Papi wird immer wütend, wenn ich sage, ich vermisse meinen Onkel, aber er fehlt mir tatsächlich. Wir sind immer zusammen ins Kino gegangen, und einmal ist er ganz allein mit mir zum Zelten gefahren. *Mein Papi* ist auf ihn wütend, nicht ich. Warum muß auch *ich* mich dann so benehmen, als wäre ich böse mit ihm?«

Chris' Vater wäre gut beraten, über diese Frage in aller Ruhe nachzudenken. Als Familienangehörige haben Kinder einen Anspruch darauf, daß ihre Gefühle mitbedacht werden. Dazu zählt auch der Zorn über das Verhalten eines Erwachsenen. Und wenn sich diese Verhaltensweisen ändern lassen, wäre es nützlich, in die Welt des Kindes ein gewisses Maß an Einflußnahme einzuführen.

Das Thema »Zorn« spielt in der Geschichte der Kindheits-Reue eine wichtige Rolle. Eine erstaunlich große Zahl von Kindern stufte ihre Unfähigkeit, sich im Zaum zu halten, als etwas ein, das sie gerne ändern würden. Zwar bekamen einige dieser Kinder immer wieder regelrechte Wutanfälle; in anderen Fällen stellte aber das, was sie als Beispiele für ihren »Wutanfall« anführten, eine etwas ungeschickte Bemühung um Selbstbehauptung dar. Die Kinder hatten den Eindruck, sie hätten übermäßige Forderungen gestellt, die uns jedoch ganz vernünftig vorkamen. Möglicherweise zeigt sich darin, daß manche Erwachsene es überhaupt nicht dulden, wenn Kinder ihrem Herzen Luft machen.

Die konstruktive Artikulation unseres Zorns zählt zu den wichtigsten Mitteln, mit denen Kinder ein Wertebewußtsein ausbilden. Das Stellen von Forderungen, das Verteidigen von Rechten, der Widerstand gegen Menschen, die sie ärgern oder kränken – fast immer gehen damit Wutanfälle einher. Wenn sie noch während der Kindheit lernen, welche Formen des Ausdrucks der eigenen Wut angemessen sind und welche nicht, dann verwechseln sie im Erwachsenenalter Selbstbehauptung weniger leicht mit Aggressivität.

Wenn wir uns daran erinnern, daß es Erwachsene zutiefst bereuen, sich *nicht stärker behauptet zu haben*, wird verständlich, wie wichtig es für Kinder ist, mit dem Gefühl aufzuwachsen, daß es zwar akzeptabel ist, wütend zu sein und in bestimmten Augenblicken auch so zu handeln, es jedoch keine richtige Definition von Selbstbehauptung ist, aus lauter Wut auf den anderen loszugehen.

Bei Erwachsenen wie Kindern führt Wut häufig dazu, daß man andere Personen niederträchtig behandelt – etwas, was die jungen Menschen in überraschend hohem Maße bereuten. »Ich habe meinem Bruder einen Schlag ins Gesicht versetzt, und als er aus der Nase blutete, fühlte ich mich hundsmiserabel.« (Louis, acht Jahre alt.) »Ich habe meine Freundin so lange geärgert, bis es ihr richtig schlechtging. Sie hatte nur eine gute Freundin – mich, und ich hab sie zum Weinen gebracht. Ich wünschte, ich hätte es nicht getan.« (Miriam, sieben Jahre alt.) »Als ich im letzten Jahr in die fünfte Klasse ging, gehörte ich zur ›In-Gruppe‹, und ich war gemein zu denjenigen, die nicht dazugehörten. Es tut mir leid, daß ich so gemein war, und heute sind es meine besten Freunde. Nicht wie manche, mit denen ich mal locker befreundet war.« (Ellen, elf Jahre alt.) »Ich wollte, ich wäre zu meinem Bruder und bestimmten Tieren lieber gewesen.« (George, fünf Jahre alt.)

Der vierundzwanzigjährige Alex weigerte sich, seinen besten Freund zur Geburtstagsparty einzuladen, weil sie einen Streit gehabt hatten. »Ich habe keine Lust, vor ihm zu kriechen... *Ich* jedenfalls werde mich nicht entschuldigen.« Die Party fand statt, machte dem Gastgeber aber offenbar keinen Spaß. Danach gestand Alex seiner Mutter: »Ich hätte auch Robbie einladen sollen. Wenn in der Schule alle davon erzählen, fühlt er sich bestimmt ganz mies.« Als die Mutter Alex mit den Worten zu trösten versuchte, er könne Robbie doch zu etwas anderem einladen, lehnte er ihre Hilfe ab. »Die nächste Party gebe ich erst nächstes Jahr wieder«, erklärte er grimmig.

Die Mutter hatte versucht, Alex seine Schuldgefühle zu nehmen, doch hatte sie keinen Erfolg damit, weil sie eine Situation auf die »leichte Schulter« nahm, die ihm äußerst wichtig war. Wenn Kinder eine Handlung bereuen, die einen anderen Menschen gekränkt hat, sollten die Eltern dieses Empfinden anerkennen und in angemessenen Worten und, ohne Schuldgefühle zu erzeugen, dafür werben, daß unser Verhalten sowohl Verantwortung voraussetzt als auch Folgen hat.

»Ich lernte [...] nicht schwimmen, wegen meines Aussehens. Ich hielt mich fern vom [...] gestauten Teich hinter dem Armenhaus und ging auch nie ins Freibad von West Reading«, schreibt John Updike im Kapitel »Im Krieg mit meiner Haut« seiner Erinnerungen. Im Kindergarten hatte er sich mit Psoriasis infiziert, und die »roten Flecken, die im Winter verschorften« prägten die Kindheit und das restliche Leben des Schriftstellers, der wegen seines Aussehens zeitlebens ein hohes Maß an Befangenheit bewahrte.

Updike schildert die Art von Bedauern und Groll, von denen Kindern häufig den Eindruck haben, sie rührten von einer grausamen Laune des Schicksals her. Die Kinder können zwar versuchen, ihr Aussehen und ihre persönlichen Eigenschaften zu modifizieren, doch wird ihre Kindheit von Aspekten des Selbst überschattet, auf die sie keinerlei Einfluß haben.

»Ich wäre gern groß und hätte gern viele Muskeln«, sagt der elfjährige Joel, der ein bißchen zu stämmig und zu klein für sein Alter ist. »Die Mädchen mögen große, schlanke Jungs.« Die sechzehnjährige Dana übt scharfe Kritik an ihren vermeintlichen Fehlern. »Ich würde mein Aussehen ändern. Dann hätte ich eine schlankere Nase, blaue Augen und mehr Kurven an den richtigen Stellen.«

»Ich habe eine ganz fürchterliche Lache«, erklärt ein anderer Elfjähriger. »Ich schlucke und wiehere, als wäre ich ein Pferd.« Er schließt angewidert die Augen. Auch leiden Kinder manchmal sehr stark unter einer körperlichen oder Lernbehinderung. »Ich finde mein Asthma widerlich«, sagt der achtjährige Leon, »denn im Sportunterricht schaffe ich bloß die Hälfte der Übungen, die die anderen Kinder können.«

Der Schmerz des Bedauerns, weil man in seinem Selbstbild Fehler entdeckt, kann dem seelischen Wohlbefinden von Kindern wie Jugendlichen schweren Schaden zufügen. Eine Studie an der University of California ergab, daß 58 Prozent der siebzehnjährigen Mädchen sich für übergewichtig hielten, obwohl dies lediglich auf 17 Prozent zutraf. Bereits neunjährige Mädchen machten eine Diät – nur weil sie die Normen der Gesellschaft erfüllen wollten. Wie die Untersuchung zeigte, litten die Kinder auch unter Zahnspangen. »Meine Zähne wuchsen kreuz und quer, und deshalb muß ich jetzt diese gräßliche Spange tragen«, sagt uns ein zwölfjähriger Junge verdrießlich. Werden diese Gefühle in der Kindheit nicht verarbeitet, verfolgen sie uns bis ins Erwachsenenleben und sorgen fast immer dafür, daß wir in Altersstufen, da sich die ersten Anzeichen des körperlichen Verfalls zeigen, noch tieferes Bedauern empfinden.

Am schmerzlichsten trauert man in der Kindheit nicht selten etwas nach, das sich unserem Einfluß vollkommen entzog – insbesondere Todesfälle oder die Scheidung der Eltern. Wenn einer der geliebten Großeltern plötzlich stirbt, überwältigt dies jüngere wie ältere Kinder; natürlich wird der Verlust der Mutter, des Vaters oder eines Geschwisters noch intensiver empfunden. In religiös geprägten Familien werden derartige Verluste häufig leichter verarbeitet. So erklärt die vierzehnjährige Kate: »Großmutter fehlt mir sehr, und trotzdem versuche ich, dem lieben Gott zu vertrauen. Ich weiß ja, alles hat seinen Grund.«

Dennoch: Selbst wenn man einem solchen Verlust eine verdeckte Bedeutung verleihen kann, weil man gläubig ist – aber sicherlich, wenn uns diese Überzeugung fehlt –, kann der Tod bei Kindern aller Altersstufen die Reue hervorrufen, etwas im Leben nicht zu Ende gebracht zu haben.

»Ich wollte, ich hätte meiner Mutter vor ihrem Tod noch gesagt, daß ich sie ganz lieb habe«, sagt der zwölf Jahre alte Stevie mit tieftrauriger Stimme. Die Mutter litt unter einer langen, schweren Krankheit, und Stevie fiel es sehr schwer, sie im Krankenhaus zu besuchen und mitanzusehen, wie sie starb.

Das starke Verlangen, einem Menschen, der gestorben ist, seine Liebe zu zeigen, ist ein auffallend verbreitetes Phänomen und bei vielen Kindern mit der Reue verknüpft, am Ritual des Lebewohlsagens nicht teilgenommem zu haben. »Ich bin nicht zur Beerdigung meiner Großmutter (bei der ich oft zu Besuch war) gegangen. Was gäbe ich darum, wenn ich sie vor der Einäscherung noch einmal gesehen hätte.« (Rosie, elf Jahre alt.) Und eine Siebzehnjährige blickt zurück auf ihr Leben und bestätigt, wie wichtig es ist, einen persönlichen Verlust mit Hilfe eines Rituals zu bewältigen. »Wenn es eine zweite Chance gäbe, würde ich zu allen Totenwachen gehen, auf denen ich als kleines Mädchen nicht gewesen war, damit ich den Toten gesehen hätte und in Gedanken wüßte, daß er nicht mehr da ist, und mir sein Tod nicht immer wieder im Kopf herumspukt.«

Verständlicherweise neigen wir dazu, unsere Kinder von Beerdigungen und Totenwachen fernzuhalten. Wie die obigen Bemerkungen jedoch deutlich machen, müssen manche Kinder daran teilnehmen, damit sie den Trauerprozeß erfolgreich bewältigen.

Die Verluste, die ein Todesfall mit sich bringt, gehören zum menschlichen Leben. Aber zu keinem Zeitpunkt in der Geschichte hatte der Mensch so viele Scheidungen und Trennungen zu verarbeiten. Diese Verluste erfüllen das Kind, das zu seiner Sicherheit und zu seinem Überleben auf das Leben in der Familie angewiesen ist, mit besonders großer Verbitterung. Es ist damit zu rechnen, daß unsere Kinder mit ungelösten Gefühlen des Grolls und des Verlassenwerdens ringen werden, manchmal sogar mit dem Gefühl, sie seien schuld an der Trennung. Das Kind erlebt sie meist als Fiasko, auch wenn die Eltern aufrichtig glauben, alles in allem handele es sich um die beste Lösung für das familiäre Problem.

»Die Scheidung meiner Eltern ist wohl wie die größte Zeitverschwendung und das traurigste Ereignis in meinem ganzen Leben«, sagt ein vierzehnjähriges Mädchen. Und ein junger Mann, Lenny, der kurz vor dem Abschluß einer sehr produktiven Therapie steht, erinnert sich mit lebhafter Verbitterung an die Scheidung seiner Eltern, als er sieben war. Weil seine Mutter in einem anderen Bundesstaat Jura studieren wollte, erhielt der Vater das volle Sorgerecht.

»Ich habe meinen Vater geliebt. Vermutlich war er der verläßlichste Elternteil, den man sich nur wünschen kann. Trotzdem konnte ich es nicht verwinden, daß meine Mutter mich nicht wirklich liebgehabt hat, sonst hätte sie uns ja nicht verlassen. Ich erinnere mich noch daran, als wäre es gestern: Kurz nachdem sie fortgezogen war, wachte ich mitten in der Nacht auf. Mir war übel, es war dunkel und kalt im Zimmer, mein Magen und mein Herz taten weh, und da fing ich an zu weinen und nach meiner Mutter zu rufen. Plötzlich drang ein Lichtstrahl ins Zimmer, und mein Vater stand im Bademantel in der Tür. Bis zu jenem Augenblick hatte ich verdrängt, daß meine Mutter uns verlassen hatte. In diesem Moment wurde mir klar, daß ich mich nicht mehr hilferufend an sie wenden konnte. Diese trostlose Vorstellung, der Schrecken, der darin lag, sind unbeschreibbar.«

Lenny setzt die aus der Kindheit stammende Reue produktiv ein. Er hat sich vorgenommen, eine Familie zu gründen, die sich dem Ziel verschreibt, den Kindern die Sicherheit zu geben, die auch er zu erlangen hofft.

»Ich bedauere zutiefst, daß ich als Kind soviel Schmerzen litt, aber ich suche nicht nach einer Frau, die an mir das gutmacht, um das meine Mutter mich wohl betrogen hat. Die Therapie hat mir geholfen zu verstehen, was sie brauchte und – was noch wichtiger ist, daß man kein schönes Leben hat, wenn man sich zeitlebens bemitleidet. Es bringt sehr viel mehr, wenn ich das Leid meiner Kindheit so umsetze, daß ich ein guter Vater werde.«

Sowohl Jungen als auch Mädchen empfinden in der Kindheit Reue, aber es gibt auch einige Unterschiede zwischen den Geschlechtern. Im Rahmen ihrer ausführlichen Forschungen über die persönliche Entwicklung von Frauen stellten Jean Baker Miller und Carol Gilligan fest, daß sich die Selbstdefinition des Mädchens aus seiner Zuneigung zu anderen Menschen herleitet. Infolgedessen geht es bei wichtigen Entscheidungen darum, eine Beziehung zu schützen. Diese Neigung, die eigenen wahren Gefühle und Wünsche gegenüber denen eines anderen zurückzustellen – oder gegenüber dem, was man für die Wünsche eines anderen hält –, setzt schon früh im Leben ein.

So berichtete uns ein zwölfjähriges Mädchen: »Ich wünschte, ich wäre mit meinem Bruder Zelten gefahren, aber ich wollte meine Mutter nicht allein zu Hause lassen. Sie ist noch immer traurig, weil uns Vater verlassen hat.« Der vierzehnjährige Bruder ist ein liebevoll-besorgter Junge. Anders als seine Schwester verspürte er jedoch keinen echten Konflikt, als er seinen natürlichen Neigungen folgte und seine Mutter allein ließ. Im Regelfall werden Jungen eher dazu ermuntert, sich von der Mutter zu trennen, selbstbestimmt zu handeln und eigenständig Entscheidungen zu treffen.

Möglicherweise sind es auch diese traditionell »männlichen« Eigenschaften, die bei Männern immer wieder Anlaß geben für das Bedauern, weder ihre emotionale Bedürftigkeit eingestehen noch wirklich intime Freundschaften schließen zu können; doch prägen die Männer keine Reuegefühle, wie sie sich aus weiblicher Zurückhaltung ergeben. Die Tochter, die zu Hause bei der Mutter blieb, hatte bereits selbst – obwohl sie die jüngere Schwester war – die eigenen Wünsche unterdrückt, und zwar wegen etwas, das sie als Bedürfnis eines anderen wahrgenommen hatte. Jedes Wiederholungsmuster kann in letzter Konsequenz das emotionale Wachstum lähmen und zu einem Leben führen, das von Verpflichtungen gelähmt wird. Manchmal fördert es sogar das passivaggressive Verhalten der Person, die sich zu machtlos fühlt, ihre Bedürfnisse durchsetzen zu können. Es ist daher nicht erstaunlich, daß der Schmerz von Frauen aller Altersstufen, die es bereuen, nicht mehr gewagt zu haben, häufig eng mit selbstaufopferndem Verhalten verbunden ist.

Für Männer wie Frauen gilt gleichermaßen: »Das wichtigste Problem im Leben eines jeden jungen Menschen besteht darin, Vorbilder zu haben, die ihm verschiedene Möglichkeiten aufzeigen«, schrieb Joseph Campbell. Zugleich aber warnte er davor, »daß man im Bewußtsein zwar viele Möglichkeiten durchspielen kann, doch wir haben nur ein Leben«.

Zwar gibt es im Leben keine »Zeitlupenwiederholungen«, doch können wir unseren Kindern helfen, das Beste aus den Wahlmöglichkeiten im Leben zu machen. Was für Wege sie auch einschlagen oder zurückweisen – wir können ihnen das Gefühl vermitteln, daß das Leben nicht vorherbestimmt ist, sondern viele Möglichkeiten bereithält, weshalb man ja auch vom »freien Willen« des Menschen spricht.

Weiß ein Kind um die Folgen, die sich ergeben, wenn man einen bestimmten Weg dem anderen vorzieht, kann es ein Wertesystem aufbauen und Prioritäten setzen hinsichtlich dessen, was ihm wichtig und weniger wichtig ist, was es augenblicklich benötigt, was noch warten kann und welche risikoreichen Wahlen es treffen sollte oder nicht.

Wenn es zutrifft, daß wir auch noch im Erwachsenenalter im Schatten der aus der Kindheit stammenden Reue stehen, dann kann man mit der Förderung dieser Formen der Bewußtheit und des verantwortlichen Handelns im Leben eines Kindes nie früh genug beginnen. Die Reue frühzeitig zu erkennen, sie nutzbringend zu verwenden statt zu fürchten, kann aus uns einen Erwachsenen machen, der sowohl das gierige, nutzlose Bedürfnis, »alles haben zu wollen«, vermeidet als auch die trostlose Sicherheit begrenzter Wahlmöglichkeiten, die dazu führt, daß man sein Leben nicht bis zur Neige ausschöpft.

Du bist der einzige junge Mann, den ich kenne, der die Tatsache ignoriert, daß die Zukunft zur Gegenwart und die Gegenwart zur Vergangenheit wird und daß sich die Vergangenheit in ewige Reue verwandelt, wenn man nicht früh genug plant.

Amanda zu ihrem Sohn in *Die Glasmenagerie*
von Tennessee Williams

6. Reue im frühen Erwachsenenalter

Rebecca kommt zum Erstgespräch in einem Kostüm, das beruflichen Erfolg signalisiert. Doch als sie die Jacke auszieht, kommt überraschenderweise keine feine Bluse zum Vorschein, sondern ein buntbedrucktes T-Shirt. Auf der Comiczeichnung sieht man eine Frau, die sich bestürzt an die Stirn greift. Die Sprechblase über dem Kopf enthält den Gedanken, der die Frau so entsetzt: »Es ist... unfaßbar – ich habe das Kinderkriegen vergessen!«

Rebecca leitet die Abteilung für Nebenrechte in einem großen Verlag. Im Rahmen dieser Tätigkeit hat sie zahlreiche soziale Verpflichtungen wahrzunehmen; sie muß an Lesungen teilnehmen, Messen besuchen und sich in Bars und Restaurants »zeigen«, die von Leuten aus der Verlagsbranche frequentiert werden. Selten ist sie ohne männliche oder weibliche Begleitung, und wenn ihr der Sinn nach einer etwas leidenschaftlicheren Verbindung steht, hat sie keinerlei Schwierigkeiten, einen Mann zu finden und mit ihm eine ernsthafte, wenngleich befristete Beziehung einzugehen. Doch plötzlich scheint dieses Leben ein wenig von seinem Glanz eingebüßt zu haben.

»Ich bin jetzt achtunddreißig«, sagt sie betrübt. »Trotzdem hatte ich noch nie eine langfristige Beziehung mit einem Mann. Ich habe es nicht einmal versucht, sondern immer gemeint, so etwas würde sich ganz natürlich und zur gegebenen Zeit ergeben. Aber wann ist die ›richtige‹ Zeit? Ich habe das Gefühl, daß mir die Zeit davonläuft!«

Im Alter zwischen zwanzig und dreißig ist Rebecca an viele

Scheidewege gekommen, deren Hinweisschilder nicht ganz eindeutig waren. So ist es fast immer. Meistens wandte sie sich von einem Weg ab und schlug den anderen ein, ohne aber ihren raschen Schritt wenigstens so weit zu verlangsamen, daß sie über die Folgen der Wahl in Ruhe nachdenken konnte.

»Im Rückblick auf diese Zeit erkenne ich«, sagt sie, »daß ich bestimmte Entscheidungen getroffen habe – besser gesagt, nicht getroffen habe, die mein Leben geprägt haben. Ohne wirklich darüber nachzudenken, habe ich alles darangesetzt, im Beruf schnell Karriere zu machen, und dabei habe ich meine früheren Träume hinsichtlich einer Universitätslaufbahn aufgegeben. Je mehr ich mich in meinem Beruf angestrengt habe, desto weniger Zeit blieb mir, alte Interessen und Freundschaften zu pflegen, die mein Leben hätten bereichern können. Und je mehr Erfolg ich hatte, desto aufwendiger wurde meine Lebensweise. Folglich mußte ich soviel wie möglich arbeiten, um meinen Lebensunterhalt zu verdienen, aber heute würde ich es mir noch mal gut überlegen, ob ich tatsächlich so sehr in meiner Arbeit aufgehen möchte.«

Rebeccas Eindruck, ihre früheren Wahlen hätten ihr Leben eingeengt, veranschaulicht, warum die Reue – oder zumindest Ansätze dazu – im frühen Erwachsenenalter eine derart große Kraft entfaltet. Im Alter zwischen Zwanzig und Mitte Dreißig *treffen wir ständig Entscheidungen im Hinblick auf unseren Beruf und unser Privatleben, die den Kurs des übrigen Erwachsenenlebens bestimmen, während wir noch seelisch reifen.* Die Berufe, die wir ergreifen, die Partner, die wir ablehnen, die Ehen, die wir schließen, die Beziehungen, aus denen wir uns zurückziehen, der Ausbildungsgang, den wir fortsetzen oder abbrechen, die kreativen Fähigkeiten, die wir fördern oder vernachlässigen, die Art und Weise, wie wir das Verhältnis zu den Eltern ändern – das alles stellt uns vor entscheidend wichtige Wahlmöglichkeiten und errichtet das Lebensgebäude im frühen Erwachsenenalter.

Kein Wunder, daß Rebecca das oben erwähnte T-Shirt trug. Sie war nicht nur ebenso verblüfft wie die Frau im Comic von der Vorstellung, daß bestimmte Entscheidungen sich nicht auf unbestimmte Zeit verschieben lassen, sondern auch von der Erkenntnis, daß selbst eine Wahl, die zu einem bestimmten Zeitpunkt richtig schien, unangenehme Auswirkungen haben kann. »Das soll nicht heißen, daß ich unzufrieden bin«, faßt Rebecca ihre Gedanken zusammen und seufzt. »Nur, ich wüßte gern, wohin es in meinem Leben geht, solange ich ihm noch eine Richtung geben kann.«

Rebeccas wehmütige Gedanken, wohin ihre Wahlen sie geführt haben, läßt an eine Stelle in Ernest Hemingways Roman *Der Garten Eden* denken. »Wenn ich dich nicht wegen allem anderem liebte, würde ich dich wegen deiner Entschlüsse lieben«, sagt die frischvermählte Catherine zu ihrem jungen Ehemann, David. »Die sind leicht zu treffen, solange man noch nicht weiß, was passiert, wenn man zu viele faßt.«

Junge Erwachsene treffen, so meint Hemingway wohl, unvermeidbar Entscheidungen in einem teilweisen Vakuum. Sie haben noch nicht genügend Lebenserfahrung gesammelt, und deshalb bietet sich ihnen nur ein begrenztes Blickfeld, aus dem sie den Verlauf der Reise beurteilen können. Als junge Erwachsene schließen wir die unterschiedlichen Rollen noch zu einem Ganzen zusammen, das »rund« ist, nicht fragmentiert, ringen wir noch mit persönlichen und gesellschaftlichen Werten, bestimmen wir noch unsere Prioritäten. Zu alldem kommt noch der Druck der gesellschaftlichen Erwartungen hinsichtlich der Frage, wann und wie man die Verpflichtungen eines Erwachsenen in Familie und Beruf zu übernehmen habe.

Andere Lebensphasen sind gekennzeichnet von anderen Anforderungen und Wahlmöglichkeiten. Wenn man jedoch die Bedeutung der Ansprüche und Chancen im frühen Erwachsenenalter bedenkt, so dürfte es kaum überraschen, daß die Zwanziger- und Dreißigerjahre eine besonders ereignisreiche Phase im Lebenszyklus bilden. In biologischer Hinsicht sind wir auf dem Höhepunkt angelangt, haben besonders viel Kraft und Energie und sind beseelt von Leidenschaften und Ambitionen. Möglicherweise stecken unsere Antriebe voller Widersprüche, so daß wir große Erregung und zugleich ungeheuren Streß verspüren, während wir zwischen widersprüchlichen Wünschen und Gefühlszuständen schwanken.

Das heutige Wertesystem fügt den Herausforderungen des frühen Erwachsenenalters eine weitere, besondere Komplikation hinzu, weil es Männer und Frauen feiert, die offenbar über Nacht den kompletten Status eines Erwachsenen erlangt haben. Sie spielen die Hauptrolle in Filmen mit riesigen Budgets oder tätigen millionendollarschwere Aktienverkäufe. Kaum haben sie die Universität verlassen, schreiben sie Bestseller, beraten sie Präsidentschaftskandidaten oder kreieren durchschlagende Werbefeldzüge, die ihnen mehr Geld einbringen, als ein Präsident im Jahr verdient. Im Vergleich mit diesen Wunderkindern kann man sich ziemlich minderwertig vorkommen.

In Wahrheit teilen diese Wunderkinder vielleicht durchaus unser Unbehagen.

Cy, neunundzwanzig Jahre alt, ist stellvertretender Geschäftsführer einer Firma an der Wall Street. Er erfreut sich sämtlicher Insignien des finanziellen Erfolges: Penthouse-Wohnung, ausländischer Sportwagen, Sommerhaus in einem vornehmen Urlaubsort. Er ist gutaussehend, intelligent und körperlich topfit. »Trotzdem langweile ich mich«, erklärt er bei unserem ersten Zusammentreffen. »Am meisten bedauere ich, daß ich mich nicht mehr daran erfreuen kann, was doch die schönsten Jahre meines Lebens sind. Jetzt bin ich noch keine dreißig und habe mehr materielle Reichtümer angehäuft, als mein Vater sich in seinem ganzen Leben erträumt hat. Was will ich denn noch? Und dennoch bin ich ständig unzufrieden.

Überhaupt strebe ich nicht nach mehr Besitz«, fügte er rasch hinzu. »Es geht hier nicht um Habgier. Vielmehr darum, daß ich irgendwie enttäuscht bin und die Orientierung im Leben verloren habe.«

Nicht nur Cy leidet darunter, daß er keine Freude am schnellen Erfolg hat. *Immer mehr Erwachsene, die im Beruf ganz nach oben gelangt sind, empfinden die Luft dort oben als enttäuschend dünn.*

Es gibt zahlreiche mögliche Gründe, frühe Erfolge zu bereuen. Eine verbreitete Auffassung geht von der Vorstellung aus, der Sinn des Lebens bestehe im Weg, nicht im Ziel. George Bernard Shaw hat dem in seiner scharfzüngigen Art widersprochen: »Es gibt im Leben zwei Quellen des Unglücklichseins: die eine ist, nicht das zu bekommen, was man sich wünscht; die andere, eben dies zu bekommen.«

Das faszinierende Paradox, das im frühen Erfolg begründet liegt, entsteht dadurch, daß man schließlich seinen Kräften tatsächlich mißtraut, statt sie selbstbewußt zu akzeptieren. F. Scott

Fitzgerald veröffentlichte seinen ersten Roman, der von Kritik und Publikum begeistert aufgenommen wurde, bereits im Alter von 24 Jahren. Zwanzig Jahre später, als es in Fitzgeralds Leben längst nicht mehr so rosig aussah, dachte er über jene Zeit nach und schrieb: »Ich hatte meinen Traum früh verwirklicht, und diese Erkenntnis barg einen gewissen Bonus und eine gewisse Bürde. Jeder verfrühte Erfolg weckt eine fast mystische Vorstellung vom Schicksal, die im Gegensatz steht zur Willenskraft... Der Mann, der früh ankommt, meint, sein Stern werde ewig hell erstrahlen.«

Fitzgerald will damit wohl sagen: Wenn das Geschenk des Schicksals kein Gegengewicht in sehr viel prosaischeren Eigenschaften erhält – Willenskraft, sorgfältiges Planen und harte Arbeit –, dann können auf die strahlenden Tage des frühen Erfolgs einige ausgesprochen düstere Nächte folgen. Dann werden wir trunken von den eigenen Kräften, die uns zu Kopf gestiegen sind, und vergeuden einen Großteil unserer Begabung im falschen Glauben, wir verfügten über unschlagbare Talente. Bleiben dann aus einem eher geringfügigen Anlaß die Erfolge aus, hat es den Anschein, als hätte sich unser Schicksal jäh und unwiderruflich gewendet.

Man muß jedoch kein künstlerisch begabtes Wunderkind sein, um ein plötzliches Nachlassen des Selbstbewußtseins oder ein Gefühl der Hilflosigkeit zu verspüren, wenn sich das Glück von uns abwendet. »Ich habe mich einfach übernommen«, sagt Barry im Tonfall deutlicher Selbstanklage. Er ist 34 Jahre alt und mußte kürzlich Konkurs anmelden, nachdem er drei Jahre lang sehr erfolgreich ein Computer-Fachgeschäft betrieben hatte. »Ich hatte einen hohen Kredit aufgenommen, weil die Geschäftsaussichten sehr vielversprechend waren, aber wie sich dann herausstellte, reichte das Geld nicht aus, um das Geld für eine größere geschäftliche Transaktion aufzubringen.

Mir ist einfach nicht klar gewesen, daß ich diese Art Dienstleistungen nicht anbieten und gleichzeitig genug Gewinn erzielen konnte, um die Firma weiterzuführen. Außerdem zahlten die Kunden aufgrund der nachlassenden Konjunktur ihre Rechnungen nicht mehr pünktlich, und ich war nicht in der Lage, weitere Kredite aufzunehmen, um diese Finanzierungslücke zu füllen. Bereue ich etwas? Ja, und wie! Weil ich törichte Wahlen aus dem

Glauben heraus getroffen habe, Begeisterungsfähigkeit und ein hochkarätiger Service reichten allein schon aus, um Erfolg zu haben.«

Als Freunde Barry gegenüber äußerten, in seinem Alter könne er doch noch einmal von vorne anfangen, wollte er nichts davon wissen. »Das würde ich gern glauben, aber im Augenblick habe ich den Eindruck, daß mein Erfolg einzig und allein auf Glück beruht. Ich treffe mich heute gelegentlich mit zwei Bekannten, die ihre Firma ungefähr zur selben Zeit gegründet haben wie ich meine. Die haben es geschafft, sich über Wasser zu halten, und inzwischen sind die Firmen größer denn je. Nein, für mich ist die Sache gelaufen. Ich hatte meine Chance – und habe sie verspielt.«

Barry empfindet größere Reue als nötig. Er sollte sich gewiß keine Schuld für den Rückgang der Konjunktur geben und auch nicht unterschätzen, daß eine Firmengründung immer ein schwieriges Unterfangen ist. Andererseits setzt er die Möglichkeiten der Reue nicht als wertvolles Mittel ein, durch das sich etwas lernen läßt. Statt zuzulassen, daß seine Selbstvorwürfe zu einem völligen Rückzug aus weiteren geschäftlichen Unternehmungen führen, könnte er zum Beispiel versuchen zu beurteilen, wie seine Neigung zu idealistischen Vorstellungen und impulsiven Affekten seine Entscheidungen beeinflußt hat. Wenn Barry seine Fehler eher als Fingerzeig für positive Veränderungen betrachtete und weniger als schmerzlichen Anlaß zu Selbsthaß, dann würden sich auch sein Neid und seine Konkurrenzhaltung gegenüber den erfolgreicheren Berufskollegen verringern. Wenn er aufhörte, sich durch deren Erfolg ausschließlich an seine eigene Minderwertigkeit erinnert zu fühlen, könnten sie Barry während der entscheidenden Phase der Neugründung helfen.

Insbesondere fällt bei Barrys Erzählung auf, der sich bereits mit Anfang Dreißig als gescheitert betrachtet, daß ihn die geradezu obsessive Verherrlichung von Jugend und Macht, die die Gesellschaft in den siebziger und achtziger Jahren – die Zeit, als er seine Jugend und das junge Erwachsenenalter verbrachte – so außerordentlich stark beherrscht. Er wuchs unzweifelhaft in einer Zeit auf, die den frühen Erfolg als etwas ganz Normales betrachtete. Die kulturell herrschenden Botschaften, die Barrys Verhalten formten, drängen uns schon in sehr jungen Jahren zur Jagd nach Geld, Macht, Prestige und Ruhm – als sei es im Grunde eine Abnormität, wenn man nicht jedes Ziel, das man im Erwachsenenalter anstrebt, mit Mitte Dreißig erreicht hat.

Heute, in den ersten Jahren der neunziger Jahre, mehren sich die Anzeichen dafür, daß man zumindest einige dieser Werte einer erneuten Prüfung unterzieht. Zwei große Reportagen, die eine in der *New York Times*, die andere in der Zeitschrift *Time*, die auf großangelegten empirischen Erhebungen beruhen, deuten darauf hin, daß sich Personen im Alter zwischen siebzehn und vierundzwanzig Jahren dem gesellschaftlichen Druck, rasch zu Erfolg zu kommen, zu widersetzen versuchen. Diese Menschen lassen sich ganz bewußt Zeit und widmen sich entweder ganz der Karriere oder der Entwicklung einer dauerhaften Beziehung.

Manche ältere Beobachter, die diesen Wandel wahrnehmen, sehen allerdings mit Sorge, daß sich die neue Generation von jungen Erwachsenen möglicherweise auch dem Erwachsenwerden widersetzt und der Übernahme dessen entzieht, was seit jeher als die Verantwortung des Erwachsenen gilt. Andere sehen in diesem Verlangsamungsprozeß den positiven Versuch, ein besseres Gleichgewicht zwischen den Bedürfnissen des einzelnen und den Erwartungen der Gesellschaft herzustellen. So stellte die Volkswirtschaftlerin Martha Farnsworth Riche die Kritik in Frage, daß sich diese jungen Leute lediglich ziellos treiben ließen und jede bewußte Entscheidung im Leben ablehnten: »Sie fällen durchaus Entscheidungen«, entgegnete sie den Einwänden. »Doch angesichts der veränderten Welt ringsum können sie keine endgültigen Entscheidungen im selben Alter treffen wie die Menschen früher.«

Dieser Trend zur Verlangsamung erscheint uns tatsächlich ermutigend zu sein; denn er zeigt, daß die Menschen sich bemühen herauszufinden, wie es ihnen wirklich geht und was sie sich eigentlich wünschen, ehe sie eine Entscheidung fällen und zur Tat schreiten. So heißt es in der anderen Reportage, in *Time*, daß die Menschen »angestrengt überlegen, worauf es im Leben wirklich ankommt«. Das etwas verlangsamte Tempo scheint auch besser mit gegenwärtigen psychologischen Theorien über die Entwicklung im frühen Erwachsenenleben in Einklang zu stehen.

Unsere Gesellschaft scheint es zu bestreiten, und trotzdem vollzieht sich der Übergang zum Erwachsenenleben nicht über Nacht. Es handelt sich vielmehr um einen schrittweisen, äußerst komplizierten Vorgang. Daniel Levinson, der grundlegende Forschungsarbeit auf dem Gebiet der Entwicklung des Erwachsenen geleistet hat, glaubt, daß es etwa fünfzehn Jahre dauert, die Adoleszenz hinter sich zu lassen, eine Nische in der Erwachsenengesellschaft zu finden und sich der gefestigteren Lebensweise als Erwachsener zu verschreiben. Levinson zufolge tritt dieser Wandel erst im Alter um die Dreißig ein, häufig auch drei Jahre später.

Im Alter zwischen zwanzig und dreißig Jahren können wir unsere Entscheidungen – obgleich man sehr viele Entscheidungen zu fällen hat – nicht immer sorgfältig erwägen, weil wir unsere Erwachsenenidentität noch finden müssen und der Prozeß, diese zu erschaffen, noch nicht beendet ist.

Zwar mögen wir glauben, die Zwanzigerjahre seien die Zeit, um ein Reich zu gründen, doch in Wirklichkeit sind sie die Zeit, das Terrain zu testen, Optionen auszuprobieren und Lebensmöglichkeiten zu erkunden. Mehr noch: Wenn uns diese Entscheidungen mit dreißig nicht mehr befriedigend erscheinen, so ist der Wunsch nach neuen Möglichkeiten vielfach ganz natürlich. Sicherlich sollten wir versuchen, unser Lebensgefüge nicht durch abrupte, impulsive Veränderungen zu erschüttern; aber selbst wenn wir im großen Maßstab scheitern – es lindert die Reue, wenn man begreift, *daß Fehlschläge ein legitimer Bestandteil des Experimentierens in der ersten Phase des Erwachsenenlebens darstellen.*

Mit Ende Zwanzig unternehmen wir dann neue Anstrengungen, wahrhaft erwachsen zu werden. Wir erkennen, daß wir in den Zwanzigern wähnten, wir wüßten, was für uns richtig sei, doch unsere Vorstellungen vom »richtigen« Leben waren im großen Ausmaß von äußeren Kräften bestimmt: von den Erwartungen der Eltern, davon, was andere Autoritätsfiguren als wichtig erachteten, was die Gesellschaft sanktionierte und zu welchen Leistungen das eigene Idealbild uns antrieb.

Überdies hängen wir in den Zwanzigern häufig immer noch der pubertären Illusion an, fast alles im Leben erreichen zu können, wenn wir es uns nur fest vornehmen. Befreit von den Einschränkungen der Kindheit, am Beginn eines selbstbestimmten Lebens, sind wir besonders anfällig für das Versprechen der Gesellschaft, nichts könne sich unserem begierigen, hungrigen Zugriff entziehen. Kein Wunder, daß wir in den Dreißigern allmählich die Erfahrung intensiver Reue machen, die mit der Erkenntnis einhergeht, daß unsere Illusionen zu einigen Entscheidungen führten, welche in Wahrheit gar nicht die Ziele und Werte verkörperten, an die wir zutiefst glaubten.

Eine kürzlich vorgelegte Untersuchung über Frauen im Erwachsenenalter zeigte deutlich diesen Wahrnehmungsunterschied zwischen den Zwanzigern und Dreißigern. Frauen im Alter zwischen zwanzig und dreißig sahen die Welt viel optimistischer als die älteren Frauen, die bereits erlebt hatten, wie ihre Allmachtsphantasien unter den Erfahrungen des Lebens zergingen. Während die jüngeren Frauen die Meinung vertraten, Ehe, Beruf und Kinder ließen sich ohne Schwierigkeiten verbinden, erklärten die meisten Frauen, die bereits versucht hatten, diese Rollen miteinander zu verbinden, daß sie entweder in bezug auf die Kinder, die Ehe oder den Beruf Abstriche machen mußten.

Junge Männer und Frauen stehen heute vielfach vor den gleichen Herausforderungen – und Belastungen –, die sich aus den vielfältigen Wahlmöglichkeiten in unserer Zeit ergeben. Wie wir hinsichtlich der Unterschiede in der Kindheit sahen, scheinen die Erfahrungen der Frauen ganz besondere Formen der Reue zu erzeugen, und zwar vor allem, was den Ausgleich der privaten mit der beruflichen Rolle betrifft. Das Fortbestehen sozialer Ungleichheit verbittert auch viele Frauen über dreißig, die dann Reue empfinden und sich von der Vorstellung »man kann alles haben« doppelt betrogen fühlen.

Wie der Mann, so muß auch die Frau mit der unumgänglichen Erkenntnis fertig werden, daß das Leben in Wirklichkeit eine Reihe von Zugeständnissen und Kompromissen darstellt. Die Frauen entdeckten aber auch, daß sie – auch noch in den neunziger Jahren – sehr viel mehr zu verlieren haben als die Männer. Auch heute ist es für einen Mann sehr viel leichter, Familie und Erfolg im Beruf in Einklang zu bringen. Neunzig Prozent der männlichen leitenden Angestellten unter vierzig sind Väter, doch nur fünfunddreißig Prozent der Frauen in vergleichbaren Positionen unter vierzig gelingt es, Karriere und Kinder erfolgreich zu verbinden.

Wenn sie vor dem Dilemma Kinder kontra Karriere stehen, müssen sich Frauen, die dazu erzogen wurden, der Geborgenheit und dem Zusammensein mit anderen einen hohen Stellenwert im Leben beizumessen, der Auseinandersetzung »Ich-gegen-die anderen« stellen, was die Frage der konkurrierenden Karrierewünsche des Partners betrifft.

Sarah, Einkäuferin in einem Kaufhaus, 36 Jahre, hatte gerade eine Stellung im größten Kaufhaus ihrer Heimatstadt angenommen, als ihr Lebensgefährte Max das Angebot für einen prestigeträchtigen Ingenieursjob in Seattle erhielt. Zwar hatten sie ihre Heiratspläne aufgeschoben, doch Sarah glaubte, daß sich eines Tages etwas Dauerhaftes aus ihrer Beziehung entwickeln würde. »Trotzdem wäre es meines Erachtens nicht dazu gekommen, wenn ich mich geweigert hätte, mit Max nach Seattle zu gehen. Ich habe bezweifelt, daß ich zu dem Zeitpunkt eine so große räumliche Entfernung ertragen könnte.«

Trotz ihrer beträchtlichen Ängste und Zweifel, ob sie eine Sprosse auf der Karriereleiter hinabsteigen sollte, zog Sarah zusammen mit Max nach Seattle. Ein Jahr später waren sie verheiratet. Zudem hatte Sarah, als Max abermals versetzt wurde – ironischerweise in Sarahs Heimatstadt –, eine befriedigende Arbeit gefunden. Max erklärte sich bereit, zwischen seinem Arbeitsplatz und dem Zuhause zu pendeln, machte ihr aber unmißverständlich klar, daß sie zusammenziehen sollten. Sarah rief ihren ehemaligen Chef an. Zwar war sein zweites Angebot nicht ganz so gut wie das erste, aber er wollte sie dennoch wieder einstellen.

»So lebe ich nun«, sagt Sarah, »wieder in meiner Heimatstadt – mit Max, und habe einen Job, über den ich mich zwar nicht beklagen kann, der aber auch längst nicht so spannend oder vielversprechend ist wie der frühere. Als erstes stelle ich mir immer wieder vor, was ich durch den damaligen Umzug aufgegeben habe, dann, was ich verloren habe, als ich die Stelle kündigte, bei der ich in Seattle angefangen hatte, und schließlich, was ich dadurch verliere, daß ich mich nicht wirklich an den Job binde, da ich ja weiß, daß Max auch in den nächsten Jahren immer wieder versetzt werden wird. Aber es fällt mir ziemlich schwer, meine Verluste richtig einzuschätzen, denn die Beziehung zu Max wird tatsächlich immer besser.«

Insbesondere in dieser Lebensphase handelt Sarah klug, mit dem Bedauern wegen der zusammenhangslosen Laufbahn fertig zu werden, indem sie sich auf den Gewinn – eine gefestigte Ehe –

konzentriert statt auf ihre beruflichen Verluste. Man schätzt, daß sich von den Frauen, die in den achtziger Jahren geheiratet haben, die Hälfte bis zu zwei Drittel wieder scheiden lassen. Der Konflikt Beruf oder Familie ist zwar nicht der Schurke in der Geschichte der Ehe von heute, sicherlich trägt er aber zu den Spannungen in den Ehen bei. Weil Sarah eine gute Beziehung mit Max am Herzen liegt, bedeutet es eine echte Wahl, daß sie der Ehe derzeit einen höheren Rang beimißt als dem Beruf.

Manche Frau hätte in Sarahs Situation wohl wütend reagiert. Doch Sarah hat ihre Prioritäten so gesetzt, daß sie mit ihren Entscheidungen gut leben kann – zumal sie vorhat, ihre Verluste zu einem späteren Zeitpunkt wieder auszugleichen. Max hat ihr versprochen, sich in einer bestimmten Phase seiner Karriere für ihre Opfer erkenntlich zu zeigen und ihre beruflichen Wünsche über seine Interessen zu stellen.

»Ich muß mir immer wieder in Erinnerung rufen, daß ich – unter den Umständen, einen Mann zu lieben, dessen Arbeitsplatz von seiner Mobilität abhängt – in vielerlei Hinsicht das Beste von beidem habe. Es ist nicht alles, was ich mir gewünscht habe, doch einstweilen reicht es mir.« Sarah läßt erkennen, daß *das Einordnen unserer Werte eine Möglichkeit darstellt, das Ideal mit praktischen Erwägungen auszubalancieren, so daß wir uns mit etwas abfinden, das dem Ideal zwar nicht ganz entspricht, uns aber nicht allzu große Reue empfinden läßt.*

Ob Mann oder Frau, ob erfolgreich oder noch im Streben nach Erfolg – wenn wir die Dreißig überschritten haben, fragen wir uns allmählich, was wir tun oder warum wir etwas tun. Wir werden nachdenklicher und überlegen, welches weitreichende Ziel wir vielleicht aufgegeben haben, um die Person zu sein, zu der wir geworden sind. Wenden wir uns noch einmal Georgia O'Keeffe zu, der mit neunundzwanzig Jahren klar wurde, daß immer noch andere Stimmen als ihre eigene ihre Wahlen entscheidend beeinflußten.

»Kindheit und Jugend verliefen bei mir eigentlich ganz normal, aber eines Tages... sagte ich mir, ich darf nicht leben, wo ich will, darf nicht hingehen, wohin ich will, darf nicht tun, was ich will, darf nicht sagen, was ich will. Die Kunsthochschule und all das, was andere Maler mich gelehrt haben, halten mich sogar davon ab, so zu malen, wie ich möchte. Es wäre doch sehr töricht gewesen, nicht wenigstens so zu malen, wie ich wollte, und zu sagen, was ich mit dem Malen erreichen wollte, denn das Malen war das einzige, das nur mich etwas anging.«

Georgia O'Keeffes »Erleuchtung« im Alter von neunundzwanzig Jahren dokumentiert die Art Konflikt, den wir häufig erleben, wenn mit zunehmendem Alter unsere innere Stimme immer unüberhörbarer wird. Langsam beginnen wir den Ort, an den uns die Wahlen geführt haben, die wir zwischen dem zwanzigsten und dreißigsten Lebensjahr getroffen oder vernachlässigt haben, neu zu beurteilen. So äußerten die jungen Frauen und Männer uns gegenüber immer wieder, daß sie sich wünschten, sie hätten die früheren Ambitionen: Malen, Theater spielen, Schreiben oder Tanzen weiterverfolgt.

Anita ist Mathematiklehrerin und Ende Dreißig. »In meinem Beruf bekomme ich eine Menge positive Rückmeldungen, nicht nur von den Kollegen, sondern auch – was noch schöner ist – von den Schülern. Dennoch mildert das kaum die Reue, die noch immer in mir steckt, daß ich meine Gesangsausbildung abgebrochen habe. Ich habe die Oper leidenschaftlich geliebt«, sagt sie weiter, »und ich habe wirklich ziemlich viel Talent. Einige sehr gute Gesangslehrer haben mich aufrichtig zum Weitermachen ermuntert. Doch je älter ich wurde, desto weniger begeistert waren meine Eltern über mein Interesse an der Musik. Ich sollte meine Begabung für Mathematik und die Naturwissenschaften dazu verwenden, einen festen Beruf zu ergreifen – etwa als Lehrerin. Nach dem Abschluß der High-School ließ ich mich dazu überreden, auf ein College mit einem hervorragenden Angebot in Mathematik und den naturwissenschaftlichen Fächern zu gehen; allerdings hatte es in den Geisteswissenschaften, und insbesondere, was die Gesangsausbildung betrifft, kaum etwas zu bieten. Meine Eltern meinten, ich würde bestimmt ein privates Gesangsstudio in der Nähe finden, wo ich meine Stimme weiter ausbilden könnte.

Nun, meine Eltern hatten sich geirrt. Ich fand kein Studio außerhalb des College, das mein Talent wirklich hätte fördern können. Außerdem mußte ich mich unheimlich anstrengen, um die Leistungen zu erbringen, die mir in Mathematik als Hauptfach abverlangt wurden. Also habe ich das Musikstudium ganz aufgegeben. Obwohl ich es hätte besser wissen müssen, habe ich mir eingeredet, ich könne den Gesangsunterricht später ja wiederaufnehmen. Aber später mußte ich mich der Tatsache stellen, daß klassischer Gesang etwas anderes ist, als einen Roman zu schreiben, an dem man nach einer Unterbrechungsphase weiterarbeiten kann: Man muß ständig üben und seine Gesangstechnik verbessern.«

Anita räumt zwar ein, daß sie als professionelle Opernsängerin wohl keinen Erfolg gehabt hätte, da in diesem Berufszweig eine enorm große Konkurrenz herrscht. Die Intensität ihrer Reue kommt jedoch daher, daß sie gar nicht erst probiert hat, diese Laufbahn einzuschlagen. Mehr noch: Anita sagt, und eine unüberhörbare Traurigkeit liegt in ihrer Stimme: »Ich kann mich nicht einmal mehr freuen, im Zuschauerraum zu sitzen und einer Oper zu lauschen. Zeit meines Lebens war die Oper das hundert Prozent sichere Gegenmittel, wenn ich aus irgendeinem Grund verzweifelt war. Wenn ich vor einer Opernaufführung oder zu Beginn eines Liederabends Platz genommen hatte, waren alle meine Probleme wie weggeblasen. Jetzt ist mir das Hobby, das mir am meisten Freude bereitet, verleidet, weil ich das entsetzliche Gefühl habe, ich hätte etwas verloren und mir sei etwas genommen worden.«

In Wahrheit hat natürlich niemand anders Anita diese Freude »genommen« als sie selbst. Wenn sie ganz ehrlich ihre radikale Zurückweisung der Musik untersuchte, würde sie wohl feststellen, daß Eitelkeit und Neid eine Rolle spielten bei ihrer Unfähigkeit, mit dem Gesangsunterricht auch dann fortzufahren, wenn sie kein Star werden würde. So schmerzlich diese Erkenntnis auch sein mag, sie könnte Anita zu der Erkenntnis verhelfen, daß diese verpaßte Chance wohl immer Reue in ihr auslösen wird, ihre gegenwärtige Einstellung allerdings auch zu deren Fortbestehen beiträgt. Wenn sie ihre starre Einstellung ändern könnte, wonach Musik in ihrem Leben nur dann eine Rolle spielen dürfe, wenn sie auf der Bühne steht, könnte sie unter Umständen auch das Wohlbehagen wiedergewinnen, das sie stets empfand, wenn sie Teil einer aktiv teilnehmenden Zuhörerschaft war.

Die Reue darüber, den klar vorgezeichneten Weg gewählt zu haben, statt den viel unsichereren Weg, gilt seit jeher als Teil der künstlerischen Existenz. Der Maler Robert Henri hat seine Studenten immer wieder aufgefordert, sich frühzeitig zu entscheiden, was ihnen persönlich wichtig ist, die eigenen Werte zu klären und den Weg zu gehen, der möglicherweise zu kreativer Erfüllung führt. »Ich an eurer Stelle«, erklärte er den Studenten, »würde eine kurze, mutige Laufbahn vorziehen... gegenüber einer, die durch das Ausweichen davor verlängert würde. Was spielt es denn für eine Rolle, wenn man beim Engagement für eine Sache, an die man wirklich glaubt, für die man kämpft und für die man keine ängstlichen Zugeständnisse macht, scheitert. Ein solches Versagen ist ein Erfolg. Denn immerhin ist man sich treu geblieben.«

Was Henri sagt, ist zwar wichtig, will man bittere Fehlschläge vermeiden. Doch ebenso bedeutsam ist, daß wir unser Talent realistisch beurteilen und auch realistisch einschätzen, wie viele Opfer wir für das Erreichen unserer Ziele zu bringen bereit sind. So haben Studenten Joseph Campbell häufig gefragt, ob sie es wagen sollten, die unsichere Laufbahn als Maler oder Schriftsteller einzuschlagen. Campbell ist zwar berühmt für seinen Rat: »Folge dem, was dich glücklich macht«, doch seine Antwort lautete: Überlegt, ob ihr die Einsamkeit und die Enttäuschungen ertragen könnt, die vielleicht vor euch liegen. Nur wenn die Studenten meinten, sie wären imstande, ihren Träumen zu folgen, ohne in absehbarer Zeit mit künstlerischem Erfolg zu rechnen, ermunterte er sie zum Weitermachen.

Hat man beschlossen, einen Traum zu verwirklichen oder – was noch wichtiger sein kann – ihn aufzugeben, dann sollte man auch erwägen, wie man ihn von neuem in sein Leben integrieren kann. So könnte Anita beispielsweise, statt passiv dem verlorenen Traum, Opernsängerin zu werden, nachzutrauern, nicht nur eine treue Opernbesucherin bleiben, sondern sich auch zu einer guten Amateursängerin ausbilden lassen oder sogar auf halbprofessioneller Basis Gesangsunterricht geben.

Stehen wir an der Schwelle zu den Dreißigern, stellen wir manchmal eine aus der Kindheit stammende Auffassung in Frage, die irgendeine frühere Wahl, die wir inzwischen bereuen, beeinflußt hat. Diese psychisch unreife Vorstellung besteht in dem Glauben, erklärt der Psychiater Roger Gould, es werde immer einen Menschen geben, an den wir uns anlehnen können und der uns vor Fehlschlägen bewahrt. Hat uns dieses Gefühl beeinflußt, als wir damals eine wichtige Beziehung eingingen, dann haben wir möglicherweise weniger nach einem gleichberechtigten Partner, sondern nach einem Menschen gesucht, der uns umsorgt.

Viele Menschen, die mit Anfang Zwanzig heiraten, suchen in Wahrheit eine/n »verkappte/n« Mutter oder Vater. Darum empfinden sie fünf oder zehn Jahre später, im fortgeschrittenen Erwachsenenalter, tiefe Reue hinsichtlich ihrer Ehe. Sie haben dann das beunruhigende Gefühl, daß sie sich besser hätten kennenlernen sollen, ehe sie eine ernsthafte, langfristige Bindung eingingen. Gold schreibt, daß der Eindruck: »Ich wollte, ich hätte mich akzeptiert, wie ich nun einmal bin«, im Alter zwischen 28 und 32 Jahren in die Höhe schnellt, während die Zahl derer, die sagen: »Für mich war die Ehe etwas Gutes«, rapide sinkt.

Philip ist 34. Er hat Jane zu Beginn des Medizinstudiums geheiratet. Inzwischen ist er ein erfolgreicher Arzt auf seinem Spezialgebiet. Trotzdem stellt er nicht nur die Qualität seiner Ehe in Frage, sondern überlegt auch, warum er sie überhaupt eingegangen ist.

»Ich bin so undankbar«, sagt er sichtlich frustriert. »Aber glauben Sie nicht, ich würde nicht die vielen Statistiken über Ärzte kennen, die ihre Frauen sitzenlassen, die ihnen das Studium finanziert haben. Na ja, wenigstens deswegen muß ich keine Schuldgefühle haben. Den Löwenanteil haben meine Eltern aufgebracht, außerdem bekam ich ein ziemlich hohes Stipendium.

Ich habe aber überhaupt keine Freude mehr an unserer Ehe... Es ist, als ob meine Frau nicht mit *mir* spricht... sondern nur noch mit Janes immer gleichem Ehemann. Jane ist eine fabelhafte, fürsorgliche Frau, aber ich habe das Gefühl, daß ich diese Art der Beziehung nicht mehr brauche. Trotzdem ist es offenbar die einzige Form, in der sie sich wohl fühlt.

Sicher, was ich da sage, klingt schrecklich, doch heute ist mir klar: Als wir heirateten, hatte ich vor der praktischen Ausbildung im Krankenhaus einen Riesenbammel, und da habe ich mir selbst Auftrieb gegeben, indem ich etwas wirklich ›Erwachsenes‹ tat, nämlich zu heiraten. (Natürlich habe ich mir dann eine Frau mit mütterlichen Eigenschaften gesucht, bei der ich mich ganz sicher fühlen konnte, während ich so tat, als wäre ich erwachsen.)

Inzwischen fühle ich mich so selbständig, wie ich es meiner Frau damals nur vorspielte, und ich habe auch viel mehr Selbstbewußtsein. Deshalb bereue ich es bitterlich, daß ich mir so viele

Möglichkeiten verschlossen habe, ehe ich wirklich wußte, wer ich eigentlich bin – oder wenigstens, wer ich im Begriff war zu werden.«

In vielerlei Hinsicht hat Philip das Gefühl zusammenzubrechen, und das ist in der Tat genau das, was im Augenblick geschieht. Philips altes Selbst löst sich auf und schafft Platz für das neue, ausgeprägtere Erwachsenen-Selbst. Die vorübergehende seelische Erschütterung, die mit diesem Wandel einhergeht, kann große Verunsicherung auslösen. Die großen Fragen, vor denen Philip in dieser Zeit des Übergangs steht, drehen sich darum, ob seine Ehe diese neue Lebensvorstellung in sich aufnehmen kann und ob er den Versuch wagen will, herauszufinden, ob die Ehe dies überhaupt zu leisten vermag.

Derlei Entscheidungen sind besonders heute schwierig zu fällen. Wie in anderen Lebensbereichen, so gibt es auch ganz unterschiedliche moralische Leitlinien, was das Aufrechterhalten einer unbefriedigenden Beziehung betrifft – zumal einer Verbindung, die man zu einer Zeit einging, der man im wahrsten Sinne des Wortes entwachsen ist. Anders als in früheren Zeiten, als wir der Bindung einen höheren Rang zusprachen als der freien Wahl, selbstloses Verhalten höher als Selbsterfüllung und das gesellschaftliche Wohl höher als das Vergnügen des einzelnen einschätzten, sind wir heute eher geneigt, unsere Bedürfnisse über die eines Menschen zu stellen, den wir immer noch lieben und schätzen.

Dennoch trifft zu, was Erik Erikson und andere geschrieben haben: *Die Fähigkeit, die eigene Identität und das eigene Selbstgefühl zu bewahren, wenn wir mit einem anderen Menschen eine intime Beziehung eingehen, ist im jungen Erwachsenenalter das grundlegende Problem.* Zudem handelt es sich hierbei um die besondere Herausforderung der heutigen Liebesverhältnisse und Ehen. Philip beschloß, sich der Herausforderung und dem Konflikt zu stellen, indem er seine Frau überredete, mit ihm eine Therapie zu machen, und er sich selbst versprach, sich nicht mehr ständig mit dem »Fehler« zu befassen, zu früh geheiratet zu haben. Außerdem hat er akzeptiert, daß seine Bedürfnisse sich mit Recht gewandelt haben. Wenn die Ehe nach einem angemessenen Zeitraum nicht lebendiger wird, will er um die Scheidung bitten. »Natürlich habe ich deswegen Schuldgefühle, aber ich sage mir, daß Selbstaufopferung keine besonders produktive Form der Bewältigung meiner Schuldgefühle darstellt.«

Im Gegensatz zu denjenigen, die es bereuen, in jungen Jahren geheiratet zu haben, stellen manche – oft zum eigenen Erstaunen – mit Bedauern fest, daß sie mit Anfang Dreißig immer noch alleinstehend sind. »Im vorigen Sommer war ich fast jedes zweite Wochenende zu einer Hochzeit eingeladen«, sagt James. »Ich werde in diesem Jahr fünfunddreißig, und allmählich bedauere ich, noch immer keine Familie gegründet zu haben. Ich muß allerdings zugeben«, fügt er ein wenig beschämt hinzu, »daß ich mein Junggesellenleben in vollen Zügen genossen habe. Es mag oberflächlich klingen, aber mir gefielen diese Zufallsbekanntschaften und daß es dabei um unkomplizierte Freuden ging.«

James' Eingeständnis ist kaum verwunderlich. Die Gesellschaft legt großen Wert auf persönliche Freiheit und ermuntert ihre Mitglieder offensichtlich dazu, die Gründung einer Familie immer wieder aufzuschieben. Hätte James seine Wahl jedoch aus einer etwas weniger engen Perspektive betrachtet, hätte er die »unkomplizierten Freuden« vielleicht anders beurteilt. Diesen breiteren Blickwinkel hat der in Harvard lehrende Philosoph Robert Nozick als die »Zoom-Fähigkeit des menschlichen Bewußtseins« bezeichnet.

So wie man das Zoomobjektiv an einem Fotoapparat vor- und zurückschiebt, um den Abbildungsgegenstand aus unterschiedlich weiten Blickwinkeln einzufangen, so kann man auch die eigene Lebenslandschaft mit einer Aufmerksamkeit betrachten, die »sich vom Gesamteindruck zu den Einzelheiten bewegt, von der Bestätigung hin zu Dingen, die nicht hineinpassen, von der Oberfläche zu dem, was im Hintergrund liegt, vom unmittelbar Gegebenen zur langfristigen Perspektive«. Zwar mag die »Brennweite« unserer Aufmerksamkeit immer davon geprägt sein, wer wir sind, doch andererseits werden wir auch von dem geprägt, was wir wahrnehmen. Nozick schreibt: »Langfristig betrachtet prägt einen Menschen das, worauf seine Aufmerksamkeit ständig gerichtet ist.«

James blieb in der Rolle des ungebundenen Junggesellen gefangen. Sein »Fokus« galt ausschließlich dem erregenden Augenblick, der wenig fordernden Beziehung, dem promiskuitiven

Leben ohne Bindung. Folglich schenkte er seinem Selbst-Bild zuviel Beachtung und vernachlässigte das Aufdecken tiefreichender und möglicherweise lohnender Vorstellungen darüber, was er sein könnte – zum Beispiel ein liebevoller Ehemann und Vater.

Das Gefühl, man habe vielleicht zu lange mit einer Entscheidung gewartet, kann sich auch auf unser Berufsleben ausdehnen. Auch hier zeigt sich das Paradox des modernen Lebens, aus dem sich eine Vielzahl von Reuegefühlen erklären lassen. Einerseits werden wir ermuntert, wie Erwachsene zu leben, ehe wir vom psychischen Reifegrad her dazu in der Lage sind; andererseits soll man sich für so frei und ungebunden halten wie ein Kind. Martin, 36, hat eine ganze Reihe von mehr *oder* weniger erfolgreichen Versuchen unternommen, in ganz unterschiedlichen Berufen Fuß zu fassen. Als begabter Graphiker hatte er keine Lust, in einer großen »Establishment«-Werbeagentur tätig zu sein. Statt dessen entschied er sich, freiberuflich zu arbeiten – im Auftrag von Kunden, die mehr Kreativität als Geld besaßen. Er genoß seine Freiheit als alleinstehender junger Mann, und obgleich es nicht ganz leicht war, kam er doch mit gelegentlicher Hilfe seitens der Eltern finanziell über die Runden.

»Dann lernte ich Barbara kennen«, erklärt Martin. »Sie war Lehrschwester. Die Tätigkeit macht ihr große Freude, und sie hat auch eine große Begabung dafür. Aber natürlich ist das kein Beruf, mit dem sich viel Geld verdienen läßt. Wir wollten heiraten – sie ist in meinem Alter und möchte nicht mehr lange mit dem Kinderkriegen warten –, und auf einmal war ich bereit oder zumindest willens, eine etwas traditionellere Laufbahn einzuschlagen. Nur gab es da ein Problem: Als ich mich auf dem Arbeitsmarkt umsah, wurden mir lediglich Anfänger-Stellen angeboten, für die ich total überqualifiziert war.«

Daß Martin sich so wenig um seine Karriere gekümmert hatte – was ihn in den Zwanzigern durchaus zufrieden stellte –, läßt ihn heute, weit in den Dreißigern, nicht wieder los. »Ich bereue zwar nicht, daß ich in diesen Jahren keinerlei Kompromisse eingegangen bin«, sagt er, »aber eins bedaure ich doch – nämlich nicht mehr Geld verdient und mir keine gesicherte berufliche Position erarbeitet zu haben.«

Die früheren Selbstzweifel, die Martin wegen der beruflichen Leistung empfand, haben sich in Wut und Selbstherabsetzung verkehrt. Er hätte gern einen Ausgleich zwischen persönlicher Freiheit und beruflicher Notwendigkeit herbeigeführt und seine Anlagen und Fähigkeiten umsichtiger eingesetzt. In den Zwanzigern wollte Martin verständlicherweise mit einer flexibleren Karriere experimentieren. Dadurch aber, daß er seinem Beruf nicht tatkräftiger Gestalt verlieh und das Experimentieren nicht mit Planen ausbalancierte, wählte er eine im Grunde passive, kindliche Herangehensweise an das Berufsleben. Er klammerte sich an die unreife Phantasievorstellung, irgendwann werde schon etwas geschehen oder ein »verkappter« Elternteil des Weges kommen und seine diversen Berufserfahrungen zu etwas Handfestem zusammenfassen.

Die Trennung von der Vorstellung, die Eltern könnten uns retten, steht in einem weiteren engen Zusammenhang mit den Aufgaben im frühen Erwachsenenalter. Denn in dieser Zeit sind wir bemüht, etwas mehr psychischen Abstand zu unseren Eltern zu gewinnen. Wir versuchen, selbständig und kompetent zu werden – und uns so zu fühlen –, damit wir einen unabhängigen Platz in der Gesellschaft einnehmen können. Haben wir dann diesen Platz als Erwachsene eingenommen, reizt es uns häufig, die Kindheitsbeziehungen mit neuer Offenheit und neuem Mut anzugehen.

Die fünfunzwanzig Jahre alte Betsy ist die Tochter eines berühmten Schriftstellers. Vor kurzem ist er gestorben. In einem Scheidungsverfahren, das große Publizität erlangte, wurde dem Vater das Sorgerecht für Betsy und ihre Schwester zugesprochen. Die beiden Mädchen waren drei beziehungsweise fünf Jahre alt. »Nach der Scheidung durften wir unsere Mutter nicht mehr besuchen, und Vater erzählte uns ständig, wie egoistisch und wild unsere Mutter immer gewesen sei. In vielerlei Hinsicht war er ein treusorgender Vater. Aber heute ist mir klar, daß ich mich seiner Weltsicht völlig angepaßt und ihn zum stark beachteten Mittelpunkt meines Lebens gemacht habe.

Nach seinem Tod blätterten meine Schwester und ich in seinen Papieren und stießen dabei auf einige unglaublich arrogante Tagebucheintragungen. Diese machten ganz deutlich: Indem er auf dem Sorgerecht bestand, wollte er nicht das Beste für uns, sondern unsere Mutter dafür bestrafen, daß sie ihn verlassen hatte. Nachdem ich das herausgefunden hatte, hatte ich den großen Wunsch, meine Mutter aufzusuchen, und inzwischen versuchen wir, die verlorene Zeit wieder aufzuholen. Ich bin dankbar für diese zweite Chance. Das selbstsüchtige Verhalten meines Vaters macht mich unheimlich wütend. Es mag furchtbar klingen – aber am meisten bedauere ich es, daß er nie erfahren wird, wie zornig ich bin, und er im Glauben starb, daß ich ihn immer noch verehre.«

Zu akzeptieren, daß der Vater wahrhaft selbstsüchtig gehandelt hat, und die Phantasie aufzugeben, er sei vollkommen, sind zwei wichtige Schritte, damit Betsy das entwickeln kann, was Daniel Levinson als »Erwachsenen-Bewußtsein« bezeichnet. Sobald Betsy in der Lage ist, ihren Vater in seiner ganzen Kompliziertheit wahrzunehmen, dürfte sie diesem erstrebenswerten Gemütszustand noch näher kommen. In den Dreißigern wird sie den Vater vielleicht nicht ganz so schwarzweiß malen und das Bild des rachsüchtigen, ichbezogenen Mannes mit dem des treusorgenden, aufmerksamen Vaters verbinden können.

Allgemein gefaßt: *Das Hauptproblem im frühen Erwachsenenalter besteht darin, aus einer verwirrenden Vielfalt von Möglichkeiten und individuellen Wünschen eine gute Wahl zu treffen.* Um diese Aufgabe erfolgreicher bewältigen zu können, kann man sich der höchst wirkungsvollen Technik der Entscheidungsfindung bedienen. Wenn man vor einer wichtigen Entscheidung steht, muß man die möglichen Verluste mit dem erwarteten Gewinn abwägen. Dabei praktizieren wir im Grunde etwas, was die Psychologen Irving Janis und Martin Mann »antizipatorische Reue« genannt haben – das heißt, das Vorwegnehmen der in jeder möglichen Wahl eingeschlossenen Verluste.

Häufig vollzieht sich dieser innere Vorgang ganz automatisch, während wir die möglichen Auswirkungen einer wichtigen Entscheidung in Gedanken durchgehen. Wenn wir diese grundlegende Technik *bewußt* anwenden, können wir die möglichen, mit einer bestimmten Handlung verbundenen Gewinne und Verluste objektiv einschätzen. Zudem werden wir dann – was vielleicht noch wichtiger ist – beurteilen können, was wir von dem Resultat halten.

Im Zuge des Durchprobierens der unterschiedlichen Szenarien, die sich möglicherweise aus unserer Wahl ergeben, lassen sich einige Kernthemen klären, die bei unserer Reaktion eine Rolle spielen. *Die möglichen Gewinne und Verluste lassen sich in zwei Gruppen möglicher Auswirkungen einteilen:*

Erstens: Was kann ich durch diese Wahl gewinnen
oder verlieren?
Wird es mir nach dieser Entscheidung besser- oder schlechtergehen?

Zweitens: Was können uns nahestehende Personen durch unsere Handlungen gewinnen oder verlieren?
Werden wir dann für andere in einem besseren oder
in einem schlechteren Licht erscheinen?

Machen wir anhand der »antizipatorischen Reue« eine derartige »Bestandsaufnahme«, müssen wir einen günstigen Augenblick abwarten und uns die Frage stellen, welche geheimen Fallen sich hinter einer Wahlmöglichkeit verbergen, und mag sie noch so verführerisch erscheinen. Der Romancier Milan Kundera hat notiert: »Eine Frage ist wie ein Messer, sie durchschneidet den Bühnenvorhang und gibt den Blick frei auf das dahinter verborgene Geschehen.«

Auch Philip, der junge Mann, der über den Fortbestand seiner Ehe nachdachte, setzte diese Technik der antizipatorischen Reue ein: Er vergegenwärtigte sich die möglichen Folgen, wenn er den Versuch unternahm, seine Ehe mit neuer Lebendigkeit zu füllen oder sie rasch zu beenden, um so das Beste aus einem Neubeginn zu machen. Vielleicht erkennt er, daß er durch die sofortige Beendigung der Ehe zwar frei wäre, er jedoch eine Frau verlieren und verletzen würde, der er noch aufrichtig zugetan ist; er würde das Leben seiner Kinder in den folgenden Jahren in große Unordnung stürzen, vor allem, wenn die Beziehung zu den Kindern sich verschlechtert, so daß er es später vielleicht bereut, so ichbezogen gehandelt zu haben; und schließlich würde er sich mit Sicherheit die Kritik von Freunden und Familienangehörigen zuziehen, weil er sich gegenüber dem Opfer, das seine Frau gebracht hatte, so undankbar erwies. Der Entschluß, vor einer möglichen Scheidung eine Eheberatung aufzusuchen, ergab sich aus dem Wunsch, sich der Richtlinien der antizipatorischen Reue zu bedienen, um eine wichtige Entscheidung umsichtiger treffen zu können.

Allzuoft verwenden wir diese Technik aber eher unbewußt, da wir meinen, wir hätten alle möglichen Konsequenzen unseres Entschlusses bedacht, wir in Wahrheit aber lediglich eine voreilige Entscheidung fällen.

Tony, 48, blickt mit wachsender Reue auf eine Entscheidung zurück, die er im Alter von achtunddreißig Jahren traf. Damals hatte seine Frau in rascher Folge und per Kaiserschnitt zwei Kinder zur Welt gebracht. »Nach der Geburt des zweiten Kindes waren wir beide der Meinung, daß zwei gesunde Sprößlinge genug seien.

Aufgrund der Kaiserschnittoperationen kamen Kathy und ich überein, sie solle sich keiner erneuten Operation unterziehen und auch nicht ihre Eileiter unterbrechen lassen. Zudem ödeten uns die Mittel zur Empfängnisverhütung an, die ja auch nicht hundertprozentig zuverlässig sind. Deshalb hielten wir es für die vernünftigste Lösung, daß ich eine Vasektomie vornehmen ließ.

Da es in meiner Familie noch nie eine Scheidung gegeben hatte, kam mir überhaupt nicht der Gedanke, meine Ehe könnte vorzeitig enden. Wie hätte ich ahnen können, daß wir acht Jahre später geschieden sein und die Kinder fünfhundert Kilometer entfernt bei meiner Ex-Frau leben würden?« Kopfschüttelnd sagt Tony: »Ehrlich gesagt, kann ich's immer noch nicht fassen.«

Vor kurzem lernte Tony eine Frau kennen, von der er glaubt, daß er sie in naher Zukunft heiraten möchte. Aber sie hat noch kein Kind geboren. Da sie in den Dreißigern ist, wünscht sie sich bald ein Kind. Tony möchte die Vasektomie durch einen Eingriff rückgängig machen. Betrübt meint er: »Aber selbst wenn sie mir versichert, mich zu heiraten, ob wir nun Kinder haben können oder nicht – ich mache mir doch Sorgen, was passiert, wenn sich an der Vasektomie nichts mehr ändern läßt.«

Da die Vasektomie nun fast zehn Jahre zurückliegt (was Tonys Chancen zur Wiedererlangung seiner Fruchtbarkeit stark gefährdet), sind seine Ängste durchaus begründet und vertiefen die Reue über die damals recht impulsiv getroffene Wahl.

»Damals meinte ich, daß ich die Vasektomie später vielleicht einmal bereuen könnte, doch oberflächlich betrachtet und für die damalige Zeit schien mir die Entscheidung richtig. Nur habe ich die langfristigen Folgen nicht ernsthaft bedacht. Dann hätte ich mich nämlich vielleicht mit der unbequemen Geburtenkontrolle und der reduzierten Spontaneität in unserem Sexualleben abgefunden, statt eine derart drastische Maßnahme zu ergreifen. Ich kannte keine Männer, die schon eine Vasektomie hatten machen lassen, und deshalb konnte ich im Grunde nur mit meiner Frau und dem Urologen über diese Entscheidung sprechen, die sie beide ziemlich vernünftig fanden.«

Womöglich hätte es Tony genützt, wenn er sich stärker bemüht hätte, objektiven Rat einzuholen und sein Dilemma erst mit anderen zu besprechen, bevor er eine Entscheidung traf. Es ist immer ein wichtiger Schritt beim Vorwegnehmen der Folgen unserer Entscheidungen, in aller Ruhe Informationen einzuholen und sich beraten zu lassen; besonders wichtig ist dies aber dann, wenn die Risiken nicht unmittelbar erkennbar sind. Mit Hilfe von Freunden, Familienangehörigen und Kollegen, die wir schätzen, oder wenn es diese nicht gibt, vielleicht einem Therapeuten oder psychologischen Berater, läßt sich unser Blick erweitern, so daß wir ein vollständigeres Bild über die verborgenen Risiken und Nachteile einer Entscheidung erhalten, die wir unseres Erachtens unbedingt treffen sollten.

So hilfreich es sein mag, auf diese Weise in die Zukunft zu blicken, so erkennbar birgt dieser Entscheidungsfindungsprozeß auch Gefahren. Die eine Extremhaltung wäre, daß wir Dinge immer wieder aufschieben und uns endlos mit den möglichen Verlusten befassen – nicht nur aus Angst, die falsche »Wahl« zu treffen, sondern überhaupt einen Schritt zu wagen. (Wie T. S. Eliots J. Alfred Prufrock verharren wir dann in Reglosigkeit, schieben den Entschluß wiederum auf: »Und fürwahr, es ist noch Zeit, / sich zu fragen: ›Wag ich's?‹ und: ›Wag ich's?‹ / Zeit, umzukehren...« Das andere Extrem bestünde in der Versuchung, die durch die antizipatorische Reue heraufbeschworenen Ängste durch einen impulsiven Entschluß zu ersticken.

Sorgfältig angewandt kann die antizipatorische Reue, von Ausnahmen abgesehen, in allen Lebensphasen hilfreich sein. Es handelt sich aber um ein besonders sinnvolles Hilfsmittel im frühen Erwachsenenalter, weil wir dann Entscheidungen treffen müssen, die sich dauerhaft auf unser Leben auswirken, obgleich unsere Werte und Prioritäten noch ungefestigt sind. Durch diesen Prozeß erkennen wir eher unser reifes Selbst, und zwar auch dann, wenn es uns höchst unbeständig und schwer faßbar vorkommt.

»Wer bist denn du?« fragte die Raupe.

Einigermaßen schüchtern erwiderte Alice: »Augenblicklich weiß ich – weiß ich es selber nicht genau, mein Herr – das heißt, ich weiß wohl, wer ich *war*, als ich heute morgen aufstand, aber wenn nicht alles trügt, bin ich seitdem mehrmals verwandelt worden.«

Gäbe es in unserem Buch einen vollkommenen Augenblick
Könnten wir in diesem Augenblick leben,
dann könnten wir das Buch des Lebens noch einmal beginnen,
als hätten wir es nicht geschrieben,
als kämen wir darin gar nicht vor.

MARK STRAND
The Story of Our Lives

7. Reue in der Lebensmitte

Wenn es ein zentrales Merkmal gibt, das die Reue in den Jahren zwischen vierzig und sechzig (den mittleren Kapiteln im Buch unseres Lebens) in sich vereinigt, so ist es die »Neubewertung« der Träume und Ziele, mit denen unser Leben begann, sowie der Handlungen, die wir im Streben danach vollzogen (oder nicht vollzogen).

Was habe ich bislang mit meinem Leben angefangen, und warum habe ich bestimmte Dinge getan? Was bekomme ich von meiner Frau, meinem Mann, meinen Kindern, meinen Freunden, meiner Arbeit, mir selbst? Was gebe ich den Menschen, denen ich zugetan bin? Habe ich meine Anlagen und Fähigkeiten gut genutzt? Habe ich noch die Zeit, diese auszubauen oder besser zu nutzen? Habe ich noch dieselben Träume, oder haben sie sich gewandelt? Haben sie sich geändert, weil ich wirklich das Interesse daran verlor oder weil ich Angst hatte vor dem Eingeständnis, daß ich sie immer noch verwirklichen möchte?

Diese Einschätzung unseres Lebens in der Lebensmitte verstärkt zwangsläufig das Bewußtsein, daß die Jugendzeit nun hinter uns liegt. Außerdem kann das Gefühl, etwas verloren zu haben, andere Verluste ins Bewußtsein heben, vor allem die bittersüßen Erinnerungen an eine zurückliegende Liebe. Das Thema der unvergeßlichen Begegnung mit dem Erwachen der ersten Leidenschaft hat Generationen von Dichtern in Bann geschlagen. So schreibt Lord Byron:

If I should meet thee
After long years
How should I greet thee? –
With silence and tears.

[Wenn ich dich träfe / nach langen Jahren / Wie würde ich dich empfangen? – / Mit Schweigen und Tränen.]

Auch in dem Gedicht des verstorbenen Poetus laureatus Galway Kinnell geht es um das Thema der Erinnerung:

In a tiny room
overlooking a bridge and a dark river
a dim
past-light
hovers over a narrow bed
where a girl and a boy give themselves
into time, and memory, which affirms time,
lights their moment
all the way to the end of memory.*

Die wehmütige Sehnsucht nach einer Liebe, die uns entglitt, kann sich auch in einem recht erfüllten Leben ausbreiten. Denn mehr als in irgendeinem anderen Lebensbereich ist man in der Liebe geneigt, Beziehungen, die sich nie ganz entfaltet haben, nachzutrauern und sie häufig auch zu idealisieren.

»Immer, wenn ich jemanden Französisch sprechen höre, muß ich an meine erste Liebschaft denken; es war in Paris, als ich im ersten Semester studierte«, sagt Nancy, eine erfolgreiche Lektorin. »Er war Franzose, Architekturstudent. Als mein erstes Semester beendet war, beschwor er mich, in Frankreich zu bleiben. Ich hätte das sehr gern getan, hatte aber Angst vor der Antwort meiner Eltern und davor, mein Studium zu unterbrechen. Es ist nun

* [In einem winzigen Zimmer, mit Blick auf eine Brücke und einen dunklen Fluß, schwebt ein fahles Licht über einem schmalen Bett, auf dem ein Mädchen und ein Junge sich der Zeit hingeben, dann erhellen Erinnerungen, die den Lauf der Zeit bekräftigen, diesen Augenblick bis zum Ende aller Erinnerungen.]

zwanzig Jahre her, daß ich Claude kennenlernte. Ich halte meine Ehe für mehr als erfolgreich, und trotzdem kann ich mir keinen französischen Film ansehen, ohne feuchte Augen zu bekommen.

Manchmal finde ich es völlig verrückt, daß mir der romantische Zauber von Paris im Regen fehlt und ich wieder am Abend in einem Café sitzen und Wein direkt vom Winzer trinken möchte. Es ist eine heftige Leidenschaft, von der mir aber klar ist, daß sich keine dauerhafte Beziehung darauf gründen läßt und daß meine Gefühle in erster Linie dem Reiz des Anfangs entspringen. Aber manchmal, wenn ich das Gefühl habe, eine ›mittelalterliche‹ Frau zu sein, stelle ich mir schon vor, dieses herrliche Gefühl des rauschhaften Erwachens der Liebe aufs neue zu erleben.«

In der Tat finden viele Frauen und Männer in der Lebensmitte eine neue Liebe – manchmal sogar ihre erste Liebe. Dennoch glauben wir häufig, daß intensive Liebesgefühle – neben einer ganzen Reihe anderer Erfahrungen – jetzt, da wir nicht mehr jung sind, nicht mehr möglich sind. Im Rahmen seiner Forschungen über die psychische Entwicklung von Erwachsenen hat der Psychiater Roger Gould herausgefunden, daß sich bei Erwachsenen nach Erreichen der Fünfzig häufig deutliche Zweifel hinsichtlich einer einst unerschütterlichen Überzeugung melden – nämlich, daß noch viel Zeit bleibt, die Dinge zu tun, die man tun möchte. Sobald wir das Leben nicht nach den Jahren einteilen, die wir schon gelebt haben, sondern danach, wie viele Jahre uns noch bleiben, überlegen wir, ob wir noch die Zeit haben, Neues zu erlernen oder zumindest einige lange aufgeschobene Wünsche oder Phantasien zu verwirklichen.

Zudem empfinden wir jetzt mit aller Schärfe, welche Wahlmöglichkeiten uns im mittleren Lebensalter überhaupt noch offenstehen. Zieht man in der Lebensmitte eine Möglichkeit der anderen vor, handelt man in den Worten der Soziologin Alice Rossi nach einer anderen »Zeit-Rechnung«: Wenn ich X tue, werde ich dann je Y tun können? Uns ist bewußt, daß die Option, die wir für eine andere aufgeben, vielleicht für immer verloren ist. Jede getroffene oder zurückgewiesene Wahl trägt nun das höchst beunruhigende Gewicht, es könnte die »letzte Chance« gewesen sein.

In ihrem Roman *Die Wellen* schildert Virginia Woolf dieses schmerzliche Bewußtsein in der Lebensmitte: »Wenn ich abends einschlafe, durchfährt es mich manchmal schmerzhaft, daß ich nie sehen werde, wie Wilde in Tahiti beim Schein einer lodernden Pechpfanne Fische speeren oder ein Löwe durch den Dschungel springt oder ein nackter Mann rohes Fleisch ißt. Und ich werde auch nicht Russisch lernen oder die heiligen Bücher des Veda lesen. [...] doch, wie ich glaube, ist die Wahrheit nähergekommen.«

Wahrscheinlich will Virginia Woolf damit sagen: Sosehr wir die Zeit-Rechnung in der Lebensmitte auch vermeiden wollen, die Konfrontation damit bildet den zentralen Aspekt unserer persönlichen Entwicklung sowie der Fähigkeit, mit den tiefsten Wahrheiten unseres Lebens fertig zu werden. Wozu auch gehört, daß wir etwas zutiefst bereuen. Anders als die Person, die wir in den vorherigen Kapiteln im Lebensbuch darstellten, sind wir zunehmend in der Lage, uns bewußt zu sehen, den Blick nach innen zu richten und zu überlegen, was uns im Leben wirklich wichtig ist. Wir haben in der Lebensmitte kurz innegehalten und können nun die alles entscheidende Versöhnung zwischen dem, was ist, was war, was hätte sein können und was vielleicht noch sein kann, herbeiführen.

Die Herausforderung und das Kennzeichen der Lebensmitte bestehen darin, daß wir den Sinn und die Wahrheit unseres Lebens finden müssen.

Früher betrachtete man die Kindheit und das Alter als die einzigen Lebensphasen, in denen sich ein Mensch auf bedeutsame Weise ändert. In der Kindheit wandelt sich alles zum Positiven: Wir wachsen, reifen und ziehen hinaus ins Leben. Im Alter lassen die Kräfte nach, und der Lebenshorizont verengt sich. Zwischen diesen beiden Zeiten großen Wandels war man lediglich ein Erwachsener: ein/e psychisch stabile/r, voll entwickelte/r Mann oder Frau, der/die die bestehenden gesellschaftlichen Werte – Bindung an die Familie und die Gemeinschaft – akzeptiert und die dem überlieferten Verhaltenskodex entsprechende Rolle klaglos spielt. In der Regel bestand kaum die Neigung zu fragen, ob uns die Erwachsenenrolle persönliche Befriedigung und Erfüllung verschaffte.

Im Gegensatz zu diesem begrenzten – obschon weniger beunruhigenden – Drehbuch erkennt man heute, daß die Lebensmitte eine Zeit darstellt, in der Veränderungen viel stärker an der Tagesordnung sind als stabile Verhältnisse. Es ist auch die Zeit, in der wir immer wieder Fragen nach der Erfüllung und dem Sinn im Leben stellen. Da wir nun die Wahlen und Erfahrungen erkennen können, die uns an diesen Punkt führten, erlangen wir ein tieferes Verständnis für die häufig zitierte Verszeile Andrew Marvells: »Hätten wir doch genug Welt und Zeit.« Und so geloben wir, von der noch vor uns liegenden, kostbaren Zeit den besten Gebrauch zu machen.

Wenn wir uns ehrlich der Vergangenheit stellen und aus unseren Fehlern lernen, dann läßt sich die Reue durchaus für konstruktive Veränderungen in der Zukunft einsetzen: So können wir frühere Entscheidungen überdenken, neue Schritte unternehmen, womöglich korrigieren und – vielleicht die konstruktivste Reaktion von allen – Frieden schließen mit den unumkehrbaren Entscheidungen und verpaßten Gelegenheiten im Leben.

Die Reue in der Lebensmitte berührt jeden Aspekt unserer Lebenserfahrung. *Die Reue in der Lebensmitte konzentriert sich häufig auf Fragen der Ausbildung und des Berufs.* Das ist auch gar nicht erstaunlich, wenn man bedenkt, welch großen Wert unsere Gesellschaft auf beruflichen Erfolg legt. In den Zwanzigern und Dreißigern hegen wir großartige Träume, in einer Vielzahl von Lebensbereichen Bedeutendes zu leisten. Entscheidet man sich für den richtigen Bereich, wird man sicherlich ein Leben voller Erfolge führen. Da wir nur selten darüber nachdenken, daß uns die Zeit davonläuft, zeigen wir einen unbekümmerten Mangel an Sorge darüber, Wahlmöglichkeiten ausgelassen zu haben. Schließlich kann man es später ja noch mal probieren.

In den Dreißigern nähern wir uns dem Zeitpunkt, da wir unsere Träume modifizieren, doch haben wir immer noch das Gefühl, daß uns viele Gelegenheiten und Möglichkeiten offenstehen. Jetzt aber sind wir in den Vierzigern und Fünfzigern und sehnen uns danach, das frühere Gefühl, unbeschränkt Zeit zu haben, wiederzuerlangen. Steht man vor der Wahrheit der Lebensmitte, daß sich einige der Wahlmöglichkeiten vielleicht nicht mehr verwirklichen lassen, so kann uns das Enttäuschungen im Beruf besonders schmerzlich ins Bewußtsein rufen und das Gefühl wecken, unsere Ausbildung nicht ernsthaft genug betrieben zu haben.

Als wichtigste Reue in der Lebensmitte empfinden viele Menschen, daß sie sich in der Schule nicht mehr angestrengt haben, um im Beruf mehr Möglichkeiten zu haben. Interessanterweise fühlen nicht nur Menschen dieses Bedauern, deren berufliches Fortkommen durch einen Mangel an guter Ausbildung eingeschränkt wurde. Vielmehr plagt sie auch Männer und Frauen, die die besten Colleges besucht haben und im späteren Leben großen Erfolg hatten.

»Wenn ich mir diese jungen Leute und ihre Aufsätze ansehe, die in den großen wissenschaftlichen Zeitschriften veröffentlicht werden, kaum daß sie die Dreißig überschritten haben, dann verblasse ich geradezu vor Neid«, sagt Dennis, 48 Jahre alt und Geschäftsführer einer großen pharmazeutischen Firma. »Wahrscheinlich verdiene ich in einem Jahr mehr als die in zehn Jahren reiner Forschung. Trotzdem wünschte ich, ich hätte mich auf dem College und an der Universität mehr zusammengerissen. Ich habe es zu Geld, Macht und Ansehen gebracht, aber die meiste Zeit langweile ich mich zu Tode. Wenn ich wirklich versucht hätte, mich im Studium mehr anzustrengen – mich eher als Forscher statt als jemanden zu sehen, der mit Hilfe seiner naturwissenschaftlichen Ausbildung eine Menge Geld verdient –, dann hätte ich später bestimmt etwas mehr Begeisterungsfähigkeit entwikkelt, so ähnlich wie diese Leute sie in ihrer Arbeit erleben.«

Heute kann man mehr denn je diese Reue kompensieren. Dennis könnte sich ohne Schwierigkeiten in die Gruppe der älteren Studenten einreihen, die wieder zur Universität gehen, deren Zahl in den USA nie höher war als heute. Ob er an die Universität zurückkehrt, um in einem geisteswissenschaftlichen Fach zu promovieren, damit er später einmal lehren und forschen kann, oder ob er Seminare in den Naturwissenschaften belegt, um seine Kenntnisse auf den neuesten Stand zu bringen und seine alte Lernbegeisterung neu zu entfachen – er müßte nicht den Eindruck haben, daß jegliche Form geistiger Anregung ein für allemal verloren wäre.

Es gibt einige besonders wichtige Gründe, warum es viele Menschen in der Lebensmitte dazu drängt, sich fortzubilden. Dazu zählt, daß uns zu diesem Zeitpunkt im Leben die Tätigkeit, die wir längst beherrschen, langweilt oder wir enttäuscht sind, weil wir eine andere Laufbahn, die wir lieber eingeschlagen hätten, nicht verfolgt haben. Teilweise liegt die Ursache für dieses Empfinden darin, daß in diesen Jahren unser *Berufs*leben seinen Zenit überschritten hat. Nach Ansicht des Soziologen David Karp haben viele Menschen, die in den Vierzigern und Fünfzigern im Beruf alles erreicht haben, »den Eindruck, den Höhepunkt im Leben überschritten zu haben. Nun wissen sie, wie das restliche Berufsleben aussehen wird.«

Menschen, die Sicherheit eher langweilig als beruhigend finden, quält auf einmal das Gefühl der Dringlichkeit bezüglich der Probleme der Lebensmitte, die sich um Leistung und Zufriedenheit am Arbeitsplatz drehen. Manch einer ist zu zielorientiert, um die Verluste auf dem Weg nach oben zu bemerken, und erkennt zu seiner Beunruhigung, daß der Erfolg ihn keineswegs für eine als sinnlos empfundene Arbeit entschädigt. Andere, die mit ihrer Arbeit einigermaßen zufrieden sind, verspüren vielleicht den Drang, einen Teil von sich auszubilden, den sie bisher vernachlässigt haben. Zwar verändern sich immer mehr Menschen in der Lebensmitte beruflich, doch viele Frauen und Männer meinen, so Roger Gould, »daß es zu spät ist, größere Veränderungen in meinem Berufsleben durchzuführen«.

»Mit 45 Jahren begann ich aufgrund meiner beruflichen Tätigkeit unter Depressionen zu leiden«, sagt der jetzt 53jährige Bryant, nachdem er uns sein Leben als High-School-Lehrer für gesellschaftswissenschaftliche Fächer geschildert hat. »Anfangs hat mir die Arbeit ziemlich gut gefallen, doch als ich dann vierzig wurde, ging es mir allmählich immer schlechter. Ich kämpfte mit der Entscheidung, ob ich beruflich einen anderen Weg einschlagen sollte – etwa einen Magisterabschluß in Psychologie zu machen, weil meine Kinder Spaß an Gesprächen mit mir haben. Aber ich konnte einfach nicht die Angst überwinden, meinen sicheren Arbeitsplatz aufzugeben.

Die Jahre zwischen fünfundvierzig und fünfzig waren die Hölle. Ich war wütend auf mich und so ziemlich auf alle Menschen... Wie meine Frau diese ständigen negativen Bemerkungen über meine Arbeit ertragen hat, ist mir noch heute ein Rätsel. Mit fünfzig habe ich dann die Entscheidung getroffen, mit 55 in den Vorruhestand zu gehen.«

Dieser Entschluß war, wie Bryant feststellte, ein wichtiger Durchbruch, was den Umgang mit seinen Reuegefühlen betraf. »Ich war ziemlich erstaunt – auf einmal konnte ich neue Energie in die Arbeit investieren und kreativer mit meinen Kindern umgehen, und zu meiner Überraschung reagierten sie positiv. Es freut mich, daß ich meine Laufbahn auf diese Weise beende, statt mit Groll. Heute weiß ich, daß der Entschluß, vorzeitig in den Ruhestand zu treten, mir das Gefühl gab, mein Leben wieder in den Griff zu bekommen. Ich war so wütend auf mich, weil ich nicht den Mut aufbrachte, mit dem Unterrichten aufzuhören. Daß ich bereit war, auf die Rentenzahlungen zu verzichten, in deren Genuß ich gekommen wäre, wenn ich bis zum Pensionsalter gewartet hätte, gab mir das Gefühl, zumindest ein bißchen Mut zu beweisen, so daß ich auch mit der selbstquälerischen Litanei des ›Hättest du doch bloß!‹ aufhören konnte.«

T. S. Eliots J. Alfred Prufrock kommen in der Lebensmitte folgende Gedanken:

> In der Tat ist noch viel Zeit
> Zu fragen »Hat es Zweck?« und »Hat es Zweck?«

Bryants Reue darüber, was ihm in den Vierzigern als Feigheit erschien, ist zweifellos dadurch gemildert worden, daß er in den Fünfzigern etwas wagte. »Hätte ich in der Zeit zwischen dreißig und vierzig nicht soviel bedauert, hätte ich vielleicht auch nicht den Mut aufgebracht, mich weiterzuentwickeln.« Im Augenblick erkundet Bryant die unterschiedlichsten Ideen, wie er sein Leben nach der Pensionierung gestalten kann. »Vielleicht lasse ich mich zum psychologischen Berater fortbilden, trete dem Peace Corps bei oder mache Sozialarbeit in einem Heim für Jugendliche, die von zu Hause weggelaufen sind. Das ist alles unheimlich spannend.« Zögernd fügt er an: »Das heißt aber nicht, daß ich es nicht immer noch zutiefst bereue, so lange Lehrer geblieben zu sein. Mein Rat an Leute in den Vierzigern, die mit ihrer Arbeit unzufrieden sind – egal, was für einen Beruf sie haben –, lautet: Gib ihn auf, solange es noch geht, unternimm etwas anderes, wenn du es wirklich mußt, selbst wenn dies bedeutet, ein Wagnis einzugehen und weniger zu verdienen. Sonst riskierst du etwas viel Gefährlicheres... du wirst wütend auf dich und hast das Gefühl, dein Leben vergeudet zu haben.«

Männer und Frauen in der Lebensmitte, die – so wie Bryant – im Beruf unzufrieden sind, an dem sie keine Freude mehr haben, können aus der großen Zahl von Fortbildungsangeboten Nutzen ziehen, die den Einstieg in den zweiten Beruf sehr erleichtern. Ein besonders konstruktiver Gebrauch der Reue würde darin bestehen, aggressiv danach zu forschen, wie man sich auf einen anspruchsvolleren Beruf vorbereitet und zugleich realistisch untersucht, wie sich diese Veränderungen auf unser Leben auswirken könnten. Ist das Rad der Veränderung in Gang gekommen, sollten wir allerdings nachsichtig mit den Ängsten umgehen, die uns in dem unbefriedigenden, aber sicheren Status quo festhalten wollen. Wenn wir begreifen, daß die Angst vor Veränderung seit Urzeiten besteht, kann uns ein weiterer Ratschlag des Malers Robert Henri Mut machen: »Lasse dich davon, daß die Dinge nicht für dich geschaffen wurden, daß die Verhältnisse nicht so sind, wie sie sein sollten, niemals aufhalten. Du mußt trotzdem weitermachen. Alles hängt von jenen ab, die trotzdem weitermachen.«

Anders als Bryant, der viele Jahre unterrichtete, ehe er einräumte, daß er seine Berufswahl bereute, wußte Gwen, ebenfalls Lehrerin, fast auf Anhieb, daß die Schulbürokratie jegliche Hoffnung im Keim ersticken würde, im Lehrerberuf Erfüllung zu finden. Auch Gwen nutzte jedoch den breiteren Blickwinkel der Lebensmitte, mit ihrem Beruf Frieden zu schließen.

»An schlechten Tagen überlege ich immer noch, warum ich eigentlich Lehrerin geworden bin, und schelte mich, dabeigeblieben zu sein. Aber nun bin ich in den Vierzigern und muß mir eingestehen: Hätte ich den Beruf wirklich wechseln wollen, hätte ich es schon längst getan. Offenbar hat er mir etwas gegeben. Heute versuche ich, dieses Gefühl zuzulassen und mein Augenmerk darauf zu richten, die Reue in dieser Hinsicht aufzugeben.«

Es lassen sich fast immer neue Wege finden, die unseren Beruf bereichern können. In der Lebensmitte schulden wir es uns, die Haltung des Selbstmitleids und der Passivität aufzugeben, die Initiative zu ergreifen und unsere Arbeit mit neuer Tatkraft anzupacken. »Ich stelle mich heute mehr den intellektuellen Herausforderungen in meinem Beruf, statt ständig an dessen Beschränkungen herumzunörgeln«, sagt Gwen. »Ich prüfe Lehrbücher, arbeite an der Entwicklung von Lehrplänen mit und erarbeite Sonderprogramme für besonders begabte Schüler.«

Gwen hat auch deshalb eine positivere Einstellung zu dem immer noch etwas unbefriedigenden Beruf gewonnen, weil sie die

Prioritäten in ihrem Leben realistisch einschätzt. »Der große Sprung kam, als ich aufhörte, mich zu bedauern – als ich dachte, daß es nichts macht, wenn ich den Beruf nicht zu meinem Lebensinhalt mache. Meine privaten Beziehungen und meine Freizeitaktivitäten, beispielsweise das Reisen, sind mir immer sehr wichtig gewesen, und das Unterrichten ließ mir die Freiheit, in beides viel Zeit zu investieren. Zwar würde ich gern meine Arbeit aufregender finden, doch kann ich ihren Stellenwert in meinem Leben durchaus würdigen.«

In der Lebensmitte lösen wir uns auch leichter von einigen Reuegefühlen, weil wir sie in einen größeren gedanklichen Rahmen stellen können. Außerdem sind wir eher imstande, an einer Sache festzuhalten, wenn die Reue unser Leben weiter verdüstert. So fing Robert Frost tatsächlich das Dilemma ein, das darin besteht, sich im frühen Erwachsenenleben entscheiden zu müssen: »Zwei Wege trennten sich und führten in den herbstlich gelben Wald / doch leider konnte ich nicht beide gehen.« Und Dante zieht das Fazit der Lebensmitte, wenn er in seinem Epos »Die Göttliche Komödie« schreibt: Grad in der Mitte unserer Lebensreise / Befand ich mich in einem dunklen Walde, / Weil ich den rechten Weg verloren hatte. / Wie er gewesen, wäre schwer zu sagen, / Der wilde Wald, der harte und gedrängte... /

Reuegefühle verdüstern die Zeit der Lebensmitte dann am stärksten, wenn wir uns nach wie vor irritiert fragen, welche Ziele sich jetzt noch verwirklichen lassen. Manchmal glauben wir, es ließe sich nichts mehr ändern oder nur auf schmerzliche, langsame Weise. Bringen wir aber den Mut auf, uns zu prüfen, und sind wir bereit, uns den Tatsachen zu stellen und das Unumkehrbare zu akzeptieren, lassen sich auch noch in der Lebensmitte bedeutende, verblüffende Veränderungen herbeiführen.

Haben wir die Vierzig überschritten, haben wir sicherlich eines gelernt: Es gibt im Leben neben Zeiten der Freude auch solche des Leids und der Enttäuschungen. Das Bemühen, diese unvermeidbaren Gefühle anzunehmen und ins Leben zu integrieren, kann die Selbstvorwürfe bezüglich zurückliegender Entscheidungen mildern. *Zudem kann ein ehrliches, aber auch vorurteilsfreies Nachdenken über die Vergangenheit dazu beitragen, daß wir erneut eine aktive Rolle beim Aufbau einer Zukunft übernehmen, die dem Leben einen größeren Sinn verleiht.*

Die Sozialpsychologinnen Bernice Neugarten und Nancy Datan haben eine große Gruppe von Menschen in der Lebensmitte befragt. Sie waren außerordentlich »beeindruckt, daß das Nachdenken eine auffällige Eigenschaft im seelischen Leben der Personen mittleren Alters ist: das Sich-Rechenschaft-Ablegen, die verstärkte Innenschau, das bewußte Verarbeiten neuer Informationen im Lichte dessen, was man bereits gelernt hat, und die Anwendung der eigenen Fähigkeiten zum Erreichen der ersehnten Ziele... Diese Menschen haben den Eindruck, daß sie ihre soziale Umgebung wirksam steuern können... und daß sie viele Regeln und Normen selbst aufstellen.«

»Hin und wieder frage ich mich: ›Habe ich das Richtige getan – und war es eigentlich *so* schlimm?‹ Und dann antworte ich: ›Ja, ich hab's getan – und es war so schlimm!‹« erzählt Cynthia und lächelt. Cynthia, eine gravitätisch wirkende sechsundvierzigjährige Frau, ist Professorin an einem kleinen College mit ausschließlich geisteswissenschaftlichen Studiengängen. Erst vor kurzem hat sie sich nach zweiundzwanzigjähriger kinderloser Ehe von ihrem Mann getrennt, der in ihren Worten an »unheilbarer Untreue« litt.

Trotz einer kurzen Psychotherapie und einer vorübergehenden Trennung zu Beginn der Ehe hatte sie weiter eine Beziehung geduldet, die ihr wenig Freude bereitete und ihr Selbstwertgefühl untergrub. Cynthia wollte immer Kinder haben. Ihre größte Reue ist aber, daß sie diesen Kinderwunsch nicht nachdrücklicher verfolgt hat. »Mein Mann wollte keine Kinder. Als mir dann klar wurde, daß es schwierig werden würde, noch ein Kind zu bekommen, habe ich die Zeit einfach verstreichen lassen, statt medizinische Schritte einzuleiten, um das Problem zu beheben. Als ich die Vierzig überschritten und erkannt hatte, daß die Zeit das Problem gelöst hatte, hat das allerdings meinen Groll nur verstärkt – von meinem Ekel über meine Passivität ganz zu schweigen.

Nachdem ich nun meine Vergangenheit immer wieder durchgegangen bin, habe ich mir fast vergeben, daß auch *ich* eine Rolle bei unserer Kinderlosigkeit gespielt habe. Hätte ich nämlich doch Kinder bekommen, hätte ich vermutlich meine Karriere nicht so zielstrebig verfolgen können und auch nicht den Mut aufgebracht, eine Ehe zu verlassen, die auch dem Kind nicht wirklich etwas gegeben hätte.«

Cynthia erklärt, daß ein Schritt nach oben auf der Karriereleiter ihr das Selbstbewußtsein und das Gefühl gegeben habe, allein für sich sorgen zu können. »Ich habe es riskiert, Neuland zu betreten – mich scheiden zu lassen, um aus einer schlimmen Lage herauszukommen. Aber zweifellos hätte ich mich lieber in jüngeren Jahren scheiden lassen. Trotzdem ist die Scheidung, wie sich herausstellt, das aufregendste Abenteuer meines Lebens. Nachdem ich mich so lange derart passiv und abgeklärt benommen habe, habe ich heute mein Leben tatsächlich besser im Griff.«

Bernice Baumgarten und Nancy Datan nennen diese Art stolzer, autonomer Gefühlsreaktionen »die Leitprozesse der Persönlichkeit in der Lebensmitte«. Denn mit ihrer Hilfe machen wir die verstärkte oder auch völlig neue Wahrnehmung, daß wir für unsere Erfahrungen die Verantwortung übernehmen müssen.

Indem man bewußt daran arbeitet, das Selbst-Bild, wir seien hilflos und abhängig, zu überwinden, kann das Gefühl entstehen, daß man sein Leben besser beherrscht. So können wir im täglichen Leben üben, auch in geringfügigen Situationen selbstbewußt aufzutreten, beispielsweise in einem Geschäft verdorbene Ware zurückgeben; zu protestieren, wenn wir auf einer Nachbarschaftsversammlung unterbrochen werden, obwohl wir gerade reden; oder von einem Familienangehörigen oder Kollegen Respekt zu verlangen. Jeder Schlag gegen die nachgebende Mauer der passiven Abhängigkeit stärkt unseren Mut, sobald wir es riskieren, uns autonom zu verhalten.

Wenn wir unsere Machtlosigkeitsgefühle loslassen, finden wir Möglichkeiten des Selbstausdrucks und der Befähigung, die wir nie für möglich gehalten hätten und von denen wir zweifellos nicht glaubten, sie würden sich in der Lebensmitte *eröffnen*. »Vor einigen Monaten bin ich in der Zeitung auf eine Anzeige für Segelunterricht gestoßen«, berichtet Cynthia mit breitem, ansteckendem Lächeln. »Ich war immer ziemlich sportlich gewesen, hatte aber noch nie gesegelt. Trotzdem zwang mich irgend etwas, mich zu dem Kurs anzumelden. Ich fand es himmlisch und habe mich mit zwei Frauen aus dem Kurs angefreundet. Wie das Leben so spielt, beschloß die Kursleiterin, nach Kalifornien umzuziehen und ihr Segelboot zu verkaufen. Also haben wir drei Frauen unser Geld zusammengeworfen und das Boot gekauft. Wann immer sich uns die Möglichkeit bietet, fahren wir aufs Meer. Segeln ist eine geistige und körperliche Flucht, aber mir gefällt eben die Vorstellung, daß ich das Boot und die Elemente beherrsche... so etwas hätte mich früher total eingeschüchtert.«

Anders als Cynthia gelingt es vielen Frauen nicht, das anerzogene Gefühl der Abhängigkeit zu überwinden; sie bleiben an Beziehungen gefesselt, die bestenfalls nicht lohnend, oft aber ernstlich schädigend sind. Jahre vergehen, ohne daß die Frauen das Selbstvertrauen entwickeln, das Gefühl der Unzulänglichkeit in Frage zu stellen und zu riskieren, sich dem Unbekannten zu stellen. In der Lebensmitte sehen die Frauen sich dann dazu gezwungen.

Sheila ist eine Frau, die noch immer in ihren Hilflosigkeitsgefühlen gefangen ist. Sie strengt sich allerdings an, ihnen zu entkommen. Sie sagt, sie sei eher aus Passivität und Angst in der Ehe geblieben, als daß sie eine regelrechte Wahl getroffen hätte. Dieses Eingeständnis hat ihre Reue noch außerordentlich vergrößert. *Am häufigsten bereuen wir jene Wahlen, die wir aus Angst und Unsicherheit treffen. Denn in Wahrheit handelt es sich überhaupt nicht um eine Wahl, sondern lediglich um den verzweifelten Versuch, Sicherheit zu finden.*

»Eigentlich ist mein Mann ein guter Kerl«, sagt Sheila, »aber er reagiert total unsensibel auf meine Bedürfnisse. Als ich die Kinder großzog – wobei er mir kaum geholfen hat –, konnte ich meine Unzufriedenheit noch bezwingen. Doch seit wir zwei allein miteinander sind, kommt der Groll einfach immer wieder hoch.

Am meisten werfe ich mir vor, daß ich mich damals zu sehr untergeordnet habe. Wenn ich selbstbewußter gewesen wäre, hätte er sich vielleicht anders verhalten. In der ersten Zeit führten wir eine gute Ehe. Heute bemühe ich mich verzweifelt, mein Leben zu ändern, aber beide Wege der Veränderung machen mir angst: entweder den Versuch zu unternehmen, die Ehe zu kitten, oder den Mut aufzubringen, mich scheiden zu lassen. Besonders große Angst jagt mir ein, daß ich inzwischen enorm gekränkt und wütend darüber bin, daß sich in mir in den letzten zweiundzwanzig Jahren soviel Reuegefühle angesammelt haben. Ob ich mich scheiden lasse oder bei meinem Mann bleibe – wie kann ich bloß den ganzen aufgestauten Schmerz vergessen?«

Sheila sollte aber, um nach vorne schauen zu können, ihren seelischen Schmerz gar nicht »vergessen«, sondern ihn als Teil ihres Lebens akzeptieren. Denn nur wenn sie damit beginnt, kann sie ihre Verbitterung in den Griff bekommen, die ihr Leben langsam zu zerstören droht. *Es ist besser, den Schmerz der Reue zu akzeptieren, als etwas zu »vergessen«, denn akzeptieren heißt, man hat ein seelisches Problem gelöst, statt den unkonstruktiven Versuch zu machen, etwas zu verleugnen.*

Sheila muß sich der Tatsache stellen, daß viele Erinnerungen an die Ehe – egal, was sie im restlichen Leben anstrebt – schmerzlich bleiben werden. Selbst wenn sie versuchte, ihre Ehe neu aufzubauen, die Jahre der verlorenen Intimität werden nicht zurückkehren.

Wir können die Vergangenheit nicht neu schreiben, sondern lediglich versuchen, unsere Einstellung und unser Gefühl ihr gegenüber zu kontrollieren. Das Annehmen unserer Fehleinschätzungen und falschen Entscheidungen führt nicht zwangsläufig dazu, daß die damaligen Handlungen in einem günstigeren Licht erscheinen. Doch im Laufe der Zeit können wir ein höheres Maß an Mitgefühl für das Verhalten aufbringen, das wir bereuen.

Mitgefühl mit sich selbst dürfte Sheila die Möglichkeit eröffnen, ihrem Ehemann zu verzeihen – auch wenn sie oft Gefühle der Bitterkeit und des Verlustes haben wird. Hat man uns weh getan, schwören sich viele von uns, »zu vergessen, aber nie zu vergeben«. Tatsächlich lassen sich nur mit der entgegengesetzten Vorstellung geschädigte Beziehungen reparieren. So könnte Sheila durch den Entschluß, ihrem Ehemann zu vergeben, ihren Zorn aufgeben, der ihr persönliches Wachstum und die Chance zu konstruktiven Veränderungen hemmt. Zu verzeihen, selbst wenn man an den schmerzlichen Lektionen festhält, ist kein Akt der Unterwerfung. Vielmehr gilt, was die Philosophin Hannah Arendt schrieb: »Vergebung ist der Schlüssel zur Freiheit und zu neuem Handeln.«

Eine weitere wesentliche Reue in der Lebensmitte entsteht durch die fast obsessive Beschäftigung unserer Gesellschaft mit Schönheit und Jugend. Oftmals reagieren wir erschrocken auf die ersten Anzeichen einer verschlechterten Gesundheit – etwa, daß man sich morgens nicht mehr ganz so behende aus dem Bett schwingt oder plötzlich eine Lesebrille benötigt, nachdem man immer beste Augen gehabt hat.

Joseph Campbell erklärt, wie er durch das Studium alter Mythen darauf stieß, daß »das Problem der Lebensmitte, wenn der Körper seinen Höhepunkt erreicht hat und unsere Kräfte allmählich nachlassen, darin besteht, sich nicht mehr mit dem Körper zu identifizieren... sondern mit dem Bewußtsein, dem es als Träger dient«. Die Psychologin Bernice Neugarten fand heraus, daß sich in der Lebensmitte unsere Aufmerksamkeit und unsere Werte verschieben. An erster Stelle rangiere dann nicht mehr das Körperliche, sondern ein »Gefühl für das Innen«, wobei unser »intellektuelles und geistiges Leben und nicht mehr körperliche Attribute und Fähigkeiten im Vordergrund stehen«.

Das sind zwar wichtige, psychologisch zutreffende Erkenntnisse, doch wir alle wissen, daß die heutigen Wertvorstellungen etwas ganz anderes verkünden: Man sei nur soviel wert wie der eigene muskulöse Körper und das faltenlose Gesicht. Egal, ob man den vierzigsten oder den fünfzigsten Geburtstag hinter sich hat. Gleichgültig, was man im Leben erreicht oder welche intellektuellen Leistungen man vollbracht hat. Wie man aussieht – soll heißen, wie jung man aussieht –, daran bemißt sich nicht selten unser Selbstwertgefühl.

»Im Fitness-Club treffe ich viele Frauen mit einer tollen Figur, einige von ihnen sind nur etwas jünger als ich, aber viele sind es eben doch, und dann finde ich es lächerlich zu glauben, ich werde je wieder einen Freund finden, wenn ich Paul verlasse«, sagt Sheila. Und ein Rechtsanwalt, Ken, unterhält etliche Beziehungen mit hübschen »Mädchen«, die halb so alt sind wie er. (Wie vorauszusehen war, lernte er seine neue Freundin im Fitness-Club kennen, wo er jeden Abend in der Woche ausgiebig trainiert.) Offenbar glaubt er, durch die Beziehungen zu diesen jungen Frauen das Vergehen der Zeit aufhalten zu können. In Wahrheit verstärkt sich die normale Traurigkeit, die man wegen des Alterungsprozesses fühlt, wenn wir uns nach wie vor überwiegend danach beurteilen, ob es uns gelingt, jugendlich auszusehen.

Von der persönlichen Entwicklung her gesehen sind wir in der Lebensmitte bereit, uns der eigenen Sterblichkeit zu stellen – und auch der Sterblichkeit der Menschen, die wir lieben. Wir sind bereit, das kindliche Bedürfnis nach Sicherheit und die Suche nach den von Roger Gould so bezeichneten »magischen Lösungen« des Älterwerdens und des Todes aufzugeben. Zwar können eine verstärkte Pflege des Körpers und das Ausnutzen der Möglichkeiten der Schönheitschirurgie vernünftige Wege darstellen, besser auszusehen und sich wohler zu fühlen. Doch sollte man bedenken, ob beides nicht nur dazu dient, die Realität und damit – unweigerlich – den eigenen Alterungsprozeß zu leugnen.

Tatsächlich ist die Lebensmitte die Zeit, da wir – wenn wir uns darum bemühen – erstaunliche Entschädigungen für das Vergehen der Jugend finden können.

Oft machen die Selbstzweifel der Jugend einer Haltung Platz, die den Meinungen anderer und dem Wunsch, ihre Zustimmung zu erhalten, viel weniger Raum gibt. Wir kennen unsere Stärken und akzeptieren sehr viel gelassener unsere Grenzen. Wir wissen, was uns zufrieden macht, und haben weniger Angst, darum zu bitten oder es sogar einzufordern, beispielsweise darauf zu bestehen, daß uns der Partner mit Respekt behandelt oder der Chef uns nicht beleidigt.

In der Lebensmitte werden wir nicht nur viel weniger von Impulsen getrieben, wir sind auch viel eher in der Lage, den Impulsen zu folgen, in denen unser authentisches Selbst zum Ausdruck kommt. So sagt der Psychiater Roger Gould treffend: *In den späten Vierziger- und Fünfzigerjahren finden wir einen Ort in der Welt, der schließlich von den eigenen Werten und Zielen definiert wird, statt von denen, die andere Menschen vertreten.*

*

»Je älter man wird, desto weniger bedauert man anscheinend«, sagt Jay. »Die Prioritäten ändern sich, und manche Dinge sind nicht mehr so wichtig wie früher – zum Beispiel die Meinungen anderer Leute.«

»Stimmt, als ich jünger war, bin ich immer neugierig darauf gewesen, wie andere Leute lebten«, fügt sein Lebenspartner Simon freundlich lachend hinzu. »Aber seit ich das weiß, interessiert es mich nicht mehr besonders. Ich habe gefunden, was für mich richtig ist.«

Jay, 51, und Simon, 53, sind ein homosexuelles Paar. Sie leben seit über zehn Jahren zusammen. Beide haben gegen ihre sexuelle Neigung angekämpft und unter ähnlich frustrierenden Umständen eine traditionelle Ehe aufrechterhalten, obwohl sie nicht heterosexuell veranlagt sind.

Für Jay bedeutete die Entscheidung in der Lebensmitte, sich scheiden zu lassen, daß er seine Kinder nicht mehr sah, da seine Frau das volle Sorgerecht erhielt und dann prompt in einen weit entfernten Teil des Landes umzog. Wie es scheint, wird Jay mit diesen zweifellos schmerzlichen Konsequenzen seiner Handlungsweise gut fertig.

»Zwar bereue ich zutiefst, meine Kinder in diesen Jahren nicht gesehen und einen Teil ihrer Kindheit verpaßt zu haben. Aber jetzt, da sie so alt sind, daß sie mich eigenständig beurteilen können, haben sie wieder Kontakt mit mir aufgenommen, obwohl ihre Mutter immer wieder versucht, sie von mir fernzuhalten.

Als ich meine Kinder verließ, tat ich das, weil ich auf die Vierzig zuging. Außerdem mußte ich mir überlegen, was ich mehr bereuen würde, wenn sie erwachsen sein würden... entweder konnte ich ein Leben fortsetzen, in dem ich mich völlig verleugnete, oder mir eingestehen, daß ich schwul bin, und es riskieren, daß die Kinder mich nicht mehr achten und völlig aus meinem Leben verschwinden würden. Vielleicht habe ich selbstsüchtig gehandelt, als ich den Entschluß faßte, mich von der Familie zu trennen, während ich noch die Chance hatte, eine befriedigende Partnerschaft mit jemandem anzuknüpfen, den ich für den Rest meines Lebens lieben kann. Trotzdem kam ich zu der Überzeugung, daß es mich sehr verbittert hätte, wenn ich die Ehe fortgeführt hätte. Außerdem wäre ich den Kindern ohnehin kein guter Vater gewesen.«

Dennoch seien, wie Jay einräumt, im ersten Jahr, ehe er Simon kennenlernte, »Wogen des Selbsthasses über mich hereingebrochen. Doch offen gestanden: Je älter ich werde, desto weniger bereue ich meine Handlungsweise. Ich habe die Kinder immer ausreichend finanziell versorgt und muß mir in dieser Hinsicht keine Vorwürfe machen. Und wer weiß? Vielleicht kann ich deshalb auch leichter akzeptieren, daß ich tatsächlich *selbstsüchtig* gewesen bin. Möglicherweise bin ich gar nicht so ein Vater, der sich für die Familie aufopfert, wie ich mir einreden wollte.« Nachdenklich meint er zum Schluß: »Zwar wünsche ich mir natürlich immer noch, daß die Trennung den Menschen, die ich aufrichtig liebe, weniger Schmerz verursacht hätte. Doch im Grunde meines Herzens ist mir bewußt, daß ich damals, als ich mich endlich imstande fühlte, dieses Wagnis einzugehen, tat, was ich tun mußte.«

Jay brachte dann das Gespräch auf die Gründe, warum er so lange gewartet hatte, bis er sich zu seiner sexuellen Neigung bekannte. Seine Argumente spiegeln die Argumente vieler anderer Homosexueller, die ebenfalls ihre sexuelle Präferenz verheimlichen, bis sie in der Lebensmitte endlich den Mut dazu aufbringen:

»Natürlich bedauere ich, daß es so lange gedauert hat, bis ich offen über meine Sexualität sprechen konnte, aber damals konnte ich das eben noch nicht. Die Meinung anderer Menschen war mir zu wichtig. Meine Anschauungen darüber, was wichtig ist im Leben, haben sich vollkommen umgekehrt. Heute bin ich längst über vierzig und sage mir, daß nur *ich* wissen kann, was für mich richtig ist.«

Jays Freund, Simon, hat ebenfalls seine Kinder verlassen. Er akzeptiert ihren Groll; es ist der Preis, den er für das Recht zahlen muß, ein aufrichtiges Leben zu führen.

»Ich bereue zutiefst, daß mein Coming out ein derart großes Durcheinander ausgelöst hat. Die Kinder hatten sehr darunter zu leiden. Ich hätte auch gern nicht solange damit gezögert, denn damals waren sie noch klein und sich den Konsequenzen meiner Wahl weniger bewußt. Aber ich war eben noch nicht so weit, den Schritt zu wagen, bis ich schließlich an den Wendepunkt kam und mich der Lebensmitte näherte. Die Zeit, in der ich aufwuchs, mein sozialer Status, der Umstand, daß ich Rechtsanwalt war, auch meine Ängste im Hinblick darauf, was es für meine Eltern bedeuten würde, wenn ich meine Homosexualität anerkannte – das alles führte dazu, daß ich meine Homosexualität verbarg, bis ich schließlich bereit war, keinen Hehl mehr daraus zu machen.«

»Bereit sein« ist ein wesentlicher Faktor bei der Überwindung der Reue in der Lebensmitte. Ob nun dazugehört, seinen Arbeitsplatz zu kündigen, sich vom Ehepartner zu trennen, eine Beziehung einzugehen oder sich einzugestehen, daß man seine Sexualität unterdrückt hat – in der Lebensmitte können wir neue Erfahrungen machen, vor denen wir zehn Jahre zuvor wahrscheinlich noch ängstlich geflüchtet wären.

»Als mir klar wurde, daß ich in der Tat nicht früher bereit dazu war, habe ich auch nicht mehr der Zeit nachgeweint, die ich vor meinem Coming out vergeudet hatte«, sagt Simon. »Denn eins ist sicher: Wäre in der Welt alles zum besten bestellt, hätte ich meine sexuellen Bedürfnisse viel früher geäußert. In Wirklichkeit mußte ich aber diese Lebensphase durchlaufen – nicht nur um diese Erfahrung zu machen, sondern auch um zuzugeben, wie wichtig sie ist.«

Vorstellungen, die man in der Jugend darüber hat, wie ein gutes »erwachsenes« Leben auszusehen habe, bilden bei Simon und Jay einen unverzichtbaren Bestandteil der langen Jahre der Verleugnung und somit der Reue, wertvolle Zeit vergeudet zu haben. Wenn wir dann in den mittleren Jahren die Vergangenheit einer Prüfung unterziehen, entdecken wir, daß viele Wahlen von Illusionen und Annahmen geprägt waren, die wir nicht aufgeben konnten, auch wenn sie wenig mit unseren wahren Bedürfnissen und Sehnsüchten zu tun hatten.

Nach Ansicht des Psychiaters Daniel Levinson ist die Lebensmitte die Phase, da wir diese aus der Jugend stammenden Illusionen überwinden müssen. Außerdem sei es die Zeit, zu erkennen, daß viele unserer anerzogenen Überzeugungen einfach unzutreffend sind. Levinson nennt diesen Vorgang »De-Illusionierung« und unterscheidet ihn von der »Desillusionierung«, die dazu führt, daß wir unsere tiefsten Überzeugungen verlieren und eine zynische Lebenseinstellung entwickeln. »De-Illusionierung« führe dagegen zu Gefühlen der Erleichterung und der Enttäuschung, zu persönlicher Freiheit und dem Gefühl, etwas verloren zu haben. Hegen wir weiter die alten Illusionen hinsichtlich dessen, was uns glücklich macht, fügt er hinzu, so werden wir unglücklich. Wenn man aber die eigenen Ziele verfehlt, »dann wird das Leben ein völliges Versagen darstellen und keinen Wert haben«.

Ein weiterer wesentlicher Ursprung der Reue in der Lebensmitte hängt mit unserem Erfolg bzw. Mißerfolg als Eltern zusammen. Der Psychiater Roger Gould bestätigt: Haben wir die Vierzig überschritten, »dann kommt es zu einem drastischen Anstieg der quälenden Reue über die ›Fehler‹, die man in der Kindererziehung gemacht hat«. Die Elternschaft führt zu großen seelischen Belastungen. Wenn wir dann von der höheren Warte der Lebensmitte aus erkennen, daß wir unser Leben besser beherrschen und ein höheres Maß an Selbsterkenntnis gewonnen haben, kann der Eindruck entstehen, wir seien allzu beschützend oder übermäßig kritisch gewesen, allzu intensiv mit der Karriere oder unseren persönlichen Bedürfnissen beschäftigt, allzu fordernd oder unversöhnlich. Und manchmal wünschen wir uns verzweifelt, die Chance zu bekommen, unser Verhalten zu ändern und den angerichteten Schaden wiedergutzumachen.

Tatsächlich zeigt sich dies in dem heute so vertrauten Bild des Mannes in den mittleren Jahren, der sichtlich hingerissen sein Baby im Kinderwagen vor sich herschiebt, die junge neue Frau an seiner Seite. Es ist wie geschaffen für den erfolgreichen Mann, der es bedauert, an seinen ersten Kindern keine Freude gehabt zu haben. Ob wir nun eine Familie gründen oder nicht, wir können die Reue wegen der mißlungenen Erziehung lindern, indem wir unseren erwachsenen Kindern bessere Eltern sind. Das kann in der Form geschehen, daß wir offen sind für ihre Kritik – sowohl der vergangenen als auch der gegenwärtigen – und daran arbeiten, bestimmte Einstellungen zu modifizieren, die sich weiter störend auf unser Verhältnis zu ihnen auswirken.

Für manche Eltern rühren Enttäuschungen und Selbstvorwürfe daher, daß sich manche Hoffnungen – auch die, man habe die Kinder richtig erzogen – nicht erfüllt haben. Rabbi Harlan stellt uns die Frage: »Welcher Vater oder welche Mutter meint denn schon, wenn er sein / ihr Kind betrachtet und etwas erblickt, was ihm / ihr nicht gefällt, daß er / sie versagt hat?«

»Mein Sohn hatte in Harvard im Fach Klassische Philologie promoviert und sich im Anschluß daran halbherzig um eine Stellung als Lehrer bemüht«, sagt Lucy und schüttelt den Kopf. »Jetzt wohnt er zu Hause. Er arbeitet als Kellner und verdient gerade genug, um das Geld für die täglichen Ausgaben aufbringen zu können – aber auf die Idee, daß er uns Miete zahlen könnte, kommt er gar nicht. Offenbar hat er es überhaupt nicht eilig, das Nest zu verlassen oder genauere berufliche Pläne zu schmieden. Ich habe immer davon geträumt, daß ich stolz auf die Erfolge meiner erwachsenen Kinder sein werde... Es ist eine bittere Enttäuschung, und ich muß mir wohl selber die Schuld an der Vergeudung von soviel Potential geben. Ich entsinne mich, daß ich kaum Verständnis für seine Probleme aufbrachte, als er noch klein war. Heute erkenne ich, ich habe viele Fehler gemacht, was seine Lebensvorstellungen und seine Handlungsmotive betrifft.« Andere Eltern haben Schwierigkeiten, die Trauer über den Verlust des elterlichen Einflusses zu bewältigen, der sich einstellt, sobald die Kinder erwachsen und aus dem Haus gegangen sind. »Meine

Tochter führt eine furchtbare Ehe«, sagt ein Vater mittleren Alters, »die nur in Kummer und Leid enden kann, aber mir sind die Hände gebunden. Ich habe versucht, meiner Tochter die Ehe mit diesem Widerling auszureden, aber sie hat sich nicht beirren lassen. Jetzt bezahlt sie einen schrecklich hohen Preis, und ich komme mir entsetzlich hilflos vor. Immer wieder sage ich mir, ich müßte doch ihren Schmerz lindern können. Gleichzeitig wünschte ich, ich könnte zumindest den Schmerz loslassen, der mich bei jedem Gedanken an sie überfällt.«

Natürlich sind elterliche Selbstvorwürfe keine Lösung für die Probleme erwachsener Kinder. Wir müssen die erweiterte Perspektive in der Lebensmitte nutzen; müssen akzeptieren, was sich an den Kindern nicht ändern läßt, und uns vergeben, was wir als Eltern vielleicht falsch gemacht haben. Außerdem sollten wir uns sagen, daß Kinder ein angeborenes Selbstgefühl besitzen, das ihr Leben unabhängig von uns bestimmt und auf das wir keinen Einfluß haben.

Auch für das in der Lebensmitte stehende Kind ist es wichtig, die psychologische Dynamik innerhalb der Familie zu akzeptieren. Wenn wir das Leben unserer alternden Eltern betrachten oder ihren Tod betrauern, neigen wir womöglich dazu, uns zu verwünschen, weil wir kein besserer Sohn bzw. keine bessere Tochter gewesen sind, wir sie nicht häufiger besucht oder in Zeiten der Krankheit tatkräftiger für sie gesorgt haben. Wir können jedoch nie ganz und gar das Kind oder der Elternteil sein, der wir gerne wären – und wenn aus keinem anderen Grund als dem, daß an der Geschichte des Familienlebens im Laufe der Generationen viele Autoren mitgeschrieben haben. Der Psychiater Theodore Isaac Rubin faßt es treffend zusammen: »Wir sind alle die Opfer von Opfern, und diese Tatsache müssen wir annehmen, wenn wir ein realistisches Mitgefühl mit uns selbst, *unseren* Eltern und unseren Kindern entwickeln wollen.«

Einige der Reuegefühle, die wir als Eltern und Erwachsene haben – auch darüber, keine Kinder gezeugt zu haben –, lassen sich in der Lebensmitte mildern, wenn wir das *Potential zur Generativität* ausschöpfen. Erik Erikson schildert in seiner glänzenden Studie über Gandhi, wie der indische Führer »für sich und für viele andere neue Wahlen und eine neue Fürsorglichkeit« hervorbrachte.

Erikson zufolge wird die Lebensmitte in erster Linie durch die Reaktion bestimmt, die er als »Generativität« bezeichnete: Das heißt: Je weniger ich-bezogen wir sind, desto stärker zielen unsere neuen Wahlen und die neue Fürsorglichkeit darauf ab, den zukünftigen Generationen eine bessere Welt zu hinterlassen.

Um ein Gespür für diese Generativität zu erlangen, sagt Erikson, »muß der Mann bzw. die Frau für sich selbst bestimmt haben, um was und für wen er/sie sich kümmern will, was er/sie gern unternimmt und wie er/sie für das Begonnene und Geschaffene Vorsorge treffen will«. Indem wir aus einer umfassenden Vision vom Leben und einer reichhaltigen Erfahrung schöpfen, können wir unser persönliches Erbe an die Welt verfeinern. Vielleicht helfen wir dann als Mentor jüngeren Menschen und Kollegen und teilen mit ihnen bereitwillig Talente, Interessen oder Fähigkeiten, die wir früher aufgrund unseres Konkurrenzdenkens für uns behalten hätten. Oder wir nutzen eine Begabung und nehmen an einem Fortbildungskurs teil, machen Sozialarbeit oder engagieren uns für gesellschaftliche Veränderungen.

Bisweilen reagieren Männer in der Lebensmitte nicht nur ziemlich überrascht auf die eigenen Impulse der Generativität, sondern auch auf das plötzliche Verlangen nach Emotionalität und Intimität. Tatsächlich kommt in dieser Zeit eine Art Yin-Yang-Prozeß in Gang, wobei die Männer ihre weibliche Seite und Frauen ihre männliche Seite entdecken und diese Anteile in sich zu einem neuen, bereichernden Ganzen zusammenfügen.

»Ich habe einen recht jähen Wandel in mir festgestellt hinsichtlich meiner Vorstellungen über Familie und Freundschaften«, sagt Cliff, ein außerordentlich erfolgreicher Manager. »Ich bedauere sehr, wie trist mein Gefühlsleben in all den Jahren gewesen ist. Ich habe meine Söhne immer dazu gedrängt, zielstrebig auf eine Karriere im Wirtschaftsleben hinzuarbeiten, aber nun rate ich ihnen, das Ganze lockerer anzugehen und auch andere Aspekte des Lebens wahrzunehmen. Heute schärfe ich ihnen ein, sich im Berufsleben genau umzuschauen. Denn ich habe gelernt, daß man schließlich das bekommt, worauf man seine meisten Energien konzentriert. Ich erreichte einen Punkt, wo ich jede Besprechung leiten und jedes Geschäftsproblem lösen konnte, aber absolut unfähig war, das kleine bißchen Innenleben, mit dem ich in Verbindung war, anderen mitzuteilen.«

Umgekehrt finden Frauen im mittleren Lebensalter, die ihre männliche Seite entwickeln, zahlreiche Anregungen in der erneuten Beschäftigung mit sich selbst. Nach Ansicht von Freuds Enkeltochter Sophie Freud Lowenstein treten viele Frauen, einschließlich sie selbst, deshalb in der Lebensmitte mutiger, selbstbewußter und aggressiver auf, weil sie endlich die Lehren, die sie als kleine Mädchen gelernt hatten, aufgegeben haben – nämlich das Bedürfnis, die traditionelle Rolle der Ernährerin und Versorgerin zu übernehmen, sowie die Wertvorstellung, eine enge persönliche Bindung sei unbedingt notwendig im Leben.

Dr. Lowenstein sagt, sie habe erst in der Lebensmitte das Gefühl der Individualität gewonnen, nachdem sie sich vom »artigsten kleinen Mädchen in Wien« über eine treusorgende Ehefrau und »perfekte« Mutter bis hin zu einer sozial engagierten Frau entwickelt habe. An diesem Punkt in ihrer Lebensgeschichte habe sie eine Tätigkeit als College-Professorin aufgenommen, wobei sie zuvor die Schuld überwinden mußte, die sie wegen ihrer »selbstsüchtigen Wahl« empfand, sich fortzubilden und eine neue berufliche Karriere anzustreben. Das Unterrichten sei eine Arbeit, die sie wahrhaft erfüllte und mit der sie ihre Generativität auf neue und schöpferische Weise auszudrücken vermochte.

Wenn eine Frau in der Lebensmitte sich leidenschaftlich für ihr berufliches Fortkommen interessiert, führt das manchmal zu Schwierigkeiten in der Ehe. Wird eine Frau erst im Alter von vierzig Jahren berufstätig, kann es durchaus geschehen, daß sie und der inzwischen weniger ehrgeizige Ehemann zehn Jahre später einen »toten Punkt« erreichen. »Die Männer entwickeln die Mentalität, etwas sei nun zu Ende gegangen«, erklärt Dr. David Karp, »und rechnen sich aus, wie viele Jahre sie noch arbeiten müssen. Die Frauen im gleichen Alter hingegen überlegen, wie sie sich einen Namen machen können.«

Zum Glück tragen die Kreativität und die Großzügigkeit im mittleren Lebensalter dazu bei, diese Unterschiede auszugleichen. Wenn wir – und unsere Angehörigen – dem belastenden Streben nach Perfektion entgehen, lassen sich Bedürfnisse und unterschiedliche Meinungen mit weniger hitzigen Argumenten und weit weniger Konkurrenzgeist aushandeln. Wir können die Fähigkeit wiedererlangen, in unseren Urteilen darüber, was richtig und was falsch ist, Grautöne ausmachen.

Der englische Schriftsteller G. K. Chesterton meint, daß sich dieses Vermögen in dieser Lebensphase deshalb einstellt, weil wir in der Jugend noch über keinen großen Erfahrungsschatz verfügten. Im Jugendalter, so Chesterton, sind wir voller Energie und Ungestüm und betrachten jede vorübergehende Katastrophe als »Ende der Welt«. Deshalb lasse sich die Trauer über das Ende der Jugend beträchtlich mildern, wenn man die Kraft versteht, die darin liegt, »trotz aller Widrigkeiten nicht die Hoffnung zu verlieren, weil man weiß, daß die Seele alle Abenteuer überlebt und daß dem Menschen in der Lebensmitte große Inspiration widerfährt«.

»Als ich mit Julia über das Älterwerden sprach, sind wir zum Schluß immer übereingekommen, daß man zum Alter Stellung beziehen muß. Man muß sich schon lange vorher darauf vorbereiten und ein Bild von sich entwickeln, mit dem sich leben läßt.«

GAIL GODWIN
Eine Familie des Südens

8. Jenseits der Reue: Das späte Erwachsenenalter

Es ist nie zu spät, ein schöpferisches Leben zu führen. Michelangelo, der im Alter von fast neunzig Jahren starb, malte fast bis zum letzten Atemzug. Verdi schuf *Falstaff* mit achtzig Jahren. In der Zeit zwischen dem achtundsiebzigsten Lebensjahr und seinem Tod mit vierundachtzig Jahren komponierte Richard Strauss zehn Konzerte und diverse Sonaten und Lieder. Der Musikforscher Mosco Carner schreibt über diese Spätwerke des klassisch-romantischen Komponisten, daß sie eine neue »klassische Tendenz zeigten..., außerordentlich bereichert von den künstlerischen und menschlichen Erfahrungen eines ganzen Lebens und milde und heiter gestimmt waren«. Ähnliches läßt sich über Brahms sagen. Zwar hatte er stets vielschichtige Kompositionen geschaffen, sein allerletztes Werk aber, die Elf Choralvorspiele, ragen nach Ansicht der meisten Kritiker aus dem Gesamtwerk heraus, weil in ihnen eine vertiefte innere Ruhe und Innenschau zum Ausdruck kommt.

Auch Erik Erikson betont, wie wichtig es ist, im Alter die Kreativität zu fördern. So stellte er fest, daß viele ältere Menschen »ihr tiefes Bedauern darüber ausdrückten, Aktivitäten wie etwa Malen, Singen, Musizieren und Fotografieren aufgegeben zu haben«.

Obwohl bei vielen Menschen die Jugend die Zeit der höchsten Entfaltung ihrer Anlagen darstellt, gibt es im Alter ein nachweisbares »Wiedererwachen der Kreativität«. So weist Harvey

Lehman in einer Studie mit dem Titel »Age and Achievement« darauf hin, daß die wichtigsten Gemälde im Louvre von Malern in den Dreißigern stammen – und in den Siebzigern. Seine Untersuchung von Gedichten ergab einen hohen Grad der Meisterschaft unter Dichtern im Alter zwischen fünfundzwanzig und neunundzwanzig und ein weiteres Hoch, als sie über achtzig Jahre alt waren.

Der Psychiater Anthony Storr erinnert uns daran, daß diese verschiedenen Phasen der Kreativität seit jeher zur Existenz des Künstlers gehört haben – vorausgesetzt natürlich, der Künstler erreicht ein hohes Alter. »Wenn geniale Männer und Frauen lange genug leben«, schreibt Storr, »dann wird der Wandel in ihrem Stil so deutlich, daß man ihr Werk üblicherweise in verschiedene Phasen unterteilt... in eine ›frühe‹, eine ›mittlere‹ und eine ›späte‹ Phase.« Nach Storrs Forschungen besteht ein besonderes Merkmal der Spätphase in dem Streben, die menschlichen Verhältnisse zu verstehen, nicht nach öffentlicher Anerkennung. Daher führe diese Geistesverfassung in der dritten Phase auch zu Werken, die völlig unkonventionell sind und Elemente in sich verbinden, die bis dahin als gänzlich unvereinbar galten.

Auch Philosophen sind offenbar außergewöhlich produktiv in den Dreißigerjahren, doch selbst noch im Alter von weit über achtzig Jahren schufen sie Werke voller Gedankenreichtum. Frederick Franck, ein Maler, der zunächst Medizin und Zahnmedizin studierte und beide Berufe auch ausübte, wandte sich in der Lebensmitte seiner wahren Leidenschaft zu: der Philosophie, mit der er sich noch im Alter von fast achtzig Jahren intensiv beschäftigt. Leidenschaftlich vertritt er die Auffassung, es sei für ein erfülltes Alter absolut notwendig, sich aktiv mit dem Leben auseinanderzusetzen, zu lernen und nach Selbstausdruck zu streben. »Vieles geht zwar nicht mehr so leicht von der Hand wie früher, aber ich bin nicht erschöpft. Besser gesagt: Wenn ich des Schreibens müde bin, male ich. Und wenn ich des Malens überdrüssig bin, spiele ich Klavier.«

»Ich erinnere mich an meine Jugend und an dieses Gefühl, das nie wiederkommen wird – daß alles ewig währt, das Meer, die Erde und alle Menschen.« In Joseph Conrads Erinnerung an das Unsterblichkeitsgefühl des Jugendlichen zeigt sich der scharfe Kontrast zum intensiven Bewußtsein des älteren Menschen, daß unser Dasein, im Gegensatz zum Meer und zur Erde, vergänglich ist.

Heute steigt die Lebenserwartung immer weiter. Doch wenn wir erst einmal den sechzigsten Geburtstag gefeiert haben, räumen wir dem Ausdruck *für immer* einen viel niedrigeren Rang ein – ganz gleich, wie sorgfältig wir unseren alternden Körper pflegen. Daß der Tod keine abstrakte oder romantische Vorstellung darstellt, schmälert unsere Freuden an schlechten Tagen und kann in unruhigen Nächten unser Zimmer mit Visionen trauriger, längst vergangener Begebenheiten erfüllen.

Um dieses neue Bewußtsein zu bewältigen, haben sich Menschen immer wieder bemüht, ein spirituelles Bewußtsein zu entwickeln. Viele von uns haben sich von der religiösen Erziehung während der Jugend abgewandt, doch im Alter können wir ganz bewußt versuchen, in unserer spirituellen Entwicklung neue Nahrung für die Seele zu finden.

»Ich war eine kreuzbrave, gute junge Katholikin«, sagt Annette, siebenundsechzig Jahre alt.

»In meiner Ehe, und als die Kinder noch klein waren, versuchte ich, an einer Art religiösem Leben festzuhalten, obwohl mich ständig Glaubenszweifel plagten. Ich sorgte zwar dafür, daß die Kinder an der Firmung teilnahmen, doch als ich die Vierzig überschritten hatte und meine Ehe zerbrach, wurden mir das Abendmahl und die anderen Zeremonien immer fremder. Zwar empfand ich immer noch eine besondere Verbindung zu Gott, aber selbst dieses Gefühl ließ nach einiger Zeit nach. Schließlich wurde ich eine von diesen ›vom Glauben abgefallenen Katholiken‹, von denen man heute ständig hört. Inzwischen hat sich die Sache jedoch wieder etwas in mir verschoben. Mit zunehmendem Alter ist mir klargeworden, daß ich nach einem religiösen Bewußtsein suchte, um meine Zweifel über den Sinn des Lebens zu besänftigen. Ich bin zwar immer noch kein streng religiöser Mensch, besuche aber oft den Gottesdienst und finde Trost in der Wiederentdeckung meines Glaubens.«

Alter und Tod sind beliebte Themen sowohl der säkularen als auch der religiösen Literatur. Dennoch gibt es in unserer Zeit, die von zahlreichen Wahlmöglichkeiten und dem Gefühl der Reue geprägt ist, wohl kein bedeutsameres Thema als die Frage, die in Jack

Londons Gelöbnis zum Ausdruck kommt: »Ich gelobe, meine Tage nicht damit zu vergeuden, sie zu verlängern. Vielmehr werde ich meine Zeit nutzen.«

Fest steht: *Der Schlüssel, um das Beste aus dieser letzten Lebensphase zu machen, besteht darin, die im Leben angesammelte Reue zu überwinden.* Das bedeutet jedoch nicht, daß man diese Gefühle verleugnen soll, sondern man sollte sie vielmehr ins Gesamtbild unseres Lebens einfügen. Wenn wir die Fehler akzeptieren können, die wir in früheren Entwicklungsphasen gemacht haben – nicht die Energie der Jugend genutzt zu haben, um einige der Dinge zu tun, die wir wirklich wünschten, eine Chance verstreichen ließen, ehe sie vorüberging, nicht das Beste aus einer Beziehung gemacht zu haben –, dann werden wir weniger darunter leiden, was Erikson als das Verzweiflungspotential des Alters bezeichnet.

»Im Alter«, erklärt Erikson, »wenn es zu spät ist, etwas wiederzuerlangen, kann die Bewältigung längst vergangener ›Missetaten‹ auf höchst schmerzliche Weise zu dem lauernden, wenn nicht gar alles durchdringenden Gefühl der Verzweiflung beitragen.« Das Alter gibt Anlaß zu beurteilen, was wir haben, darüber nachzudenken, was nicht mehr ist, und zu akzeptieren oder darüber nachzugrübeln, was nie gewesen ist. Wenn sich in eine derartige Einschätzung unseres Lebens Verzweiflung einnistet, kann unser Bemühen, die Vergangenheit ein für allemal zu bewältigen, das ins Leben holen, was Erikson die »alles durchdringende Triade: Schuld, Gewissensnot und Reue« nennt. Im Alter verbinden sich diese drei Gefühle, weil wir nun versuchen, die ungelösten Fragen der Vergangenheit zu lösen. Mit dem Wissen, daß uns nur noch wenig Zeit bleibt, um frühere Fehler zu korrigieren, vertieft sich die Reue darüber, daß man sein einmaliges Leben nicht besser genutzt hat. Verzweiflung ist zwar ein natürlicher Bestandteil dieser Lebensphase, doch läßt sich dieses Gefühl in Schach halten.

Anerkennt man den Einfluß von Vergangenheit, Gegenwart und Zukunft, so kann dies zu einer erfolgreichen Integration all unserer Erfahrungen, einschließlich der reuevollen, in unser Leben als alter Mensch führen. Mitgefühl mit sich selbst und Selbst-Annahme können das Wohlbefinden hervorrufen, daß unser Leben einen Sinn hatte und auch weiter haben wird. Zwar dürfte der Wunsch fortbestehen, es bliebe uns mehr Zeit, doch in dieser

»endgültigen Konsolidierung des Lebens [verliert] der Tod seinen Stachel«, schreibt Erikson.

Daß man im Alter Frieden mit dem bisherigen Leben schließen möchte, ist ganz normal. Der Altersforscher Robert Butler deutet diesen Prozeß, bei dem wir nachdenklich zurückblicken und den er als »life-review« [Lebens-Rückblick] bezeichnet, als notwendigen Teil der Entwicklung zum Erwachsenen, da wir im späten Erwachsenenalter ein gewisses Maß an innerem Frieden erlangen. Er glaubt sogar, daß ein erfolgreicher Lebens-Rückblick zu größerem inneren Frieden und einem ausgeprägteren Selbstgefühl führt, als wir es je erlebt haben.

Dieses Bemühen, Frieden mit sich zu schließen, fängt der Schriftsteller Saul Bellow sehr anschaulich in seinem Roman *Herzog* ein. Die Titelfigur wird plötzlich »von der Notwendigkeit gepackt, zu erläutern, auszufechten, zu rechtfertigen, ins rechte Licht zu rücken, zu klären, gutzumachen«. Herzogs Lebens-Rückblick ist keinesfalls beruhigend. Er zieht ein ziemlich beunruhigendes Resümee:

> Wenn er sein gesamtes Leben überdachte, stellte er fest, daß er alles falsch gelenkt hatte – alles. [...] Er fuhr fort, auf dem Bauch liegend Bilanz zu ziehen. War er ein kluger Mann oder ein Idiot? [...] Er mochte irgendwann einmal die Anlagen gehabt haben, eine kluge Persönlichkeit zu werden, und die Halsabschneider hatten ihn ausgeraubt. [...] Er mußte sich jetzt zugeben, daß er auch kein sehr großartiger Professor war. [...] Er hatte mit seiner Doktorarbeit einen glänzenden Anlauf genommen. [...] Aber der Rest seiner ehrgeizigen Projekte war, eines nach dem anderen, verdorrt. [Er] gab zu, ein schlechter Ehemann gewesen zu sein – zweimal. [...] Seinem Sohn und seiner Tochter war er ein zwar liebevoller, aber schlechter Vater. Seinen eigenen Eltern hatte er sich als undankbares Kind erwiesen. Seinem Land ein gleichgültiger Staatsbürger. Seinen Brüdern und seiner Schwester zärtlich ergeben, aber entrückt. Seinen Freunden ein Egoist. In der Liebe träge. In der Klugheit dumm. Mit der Macht passiv. Mit der eigenen Seele ausweichend.

Für Robert McNamara, den amerikanischen Verteidigungsminister in den ersten Jahren des Vietnam-Krieges, war der Lebens-Rückblick von beunruhigender, vielschichtiger Art. Was er damals tat, betraf nicht nur das eigene Leben, sondern darüber hinaus die Geschichte einer ganzen Nation. Einem Reporter des Nachrichtenmagazins *Time* gegenüber äußerte er, heute wisse er, »daß Fehleinschätzungen und Fehlinformationen zu Fehlurteilen darüber führen, worin die Interessen eines Landes bestehen und was sich erreichen läßt«. Im Rückblick erkenne er, daß sich der Krieg nicht so hätte ausweiten müssen, wie es schließlich geschah. Die Zahl der Kriegsopfer, so McNamara weiter, die geistigen wie die körperlichen, hätten sich enorm verringern lassen.

McNamara stellte sich auch der Frage, ob der Tod seiner Ehefrau von dem Krieg und der Rolle, die er darin spielte, beeinflußt worden sei. »Schließlich waren wir bei Anlässen zusammen, da die Leute äußerten, ich hätte Blut an den Händen.«

Im Laufe des Nachdenkens über sein privates Leben kam McNamara zu der Überzeugung, daß er sein inneres Selbst vor anderen Menschen – höchstwahrscheinlich sogar vor seinen Kindern – verborgen habe. »Und lassen Sie mich gleich hinzufügen: Das ist eine Schwäche. Wenn andere Menschen nicht wissen, was man empfindet, dann bedeutet das, man hat sich nicht wahrhaft mitgeteilt... Es ist eine Schwäche von mir, das weiß ich.«

Robert Butler erläutert, daß häufig auch Menschen ihr Leben Revue passieren lassen, denen aufgrund eines Unfalls oder einer Krankheit ein vorzeitiger Tod drohte. So erkrankte 1991 ein anderer Politiker, Lee Atwater, der Vorsitzende des Nationalen Komitees der Republikanischen Partei während des Präsidentschaftswahlkampfes im Jahre 1988, im Alter von neununddreißig Jahren an einem bösartigen Gehirntumor. Da er nicht mehr lange zu leben hatte, verspürte Atwater das Bedürfnis, sein Leben noch einmal zu bewerten und das, was er beruflich und persönlich bereute, in einer großen Zeitschrift zu bekennen.

Atwater schildert in dem betreffenden Artikel in der Zeitschrift *Life*, er habe in vielen Nächten gegen die Angst angekämpft, »nie wieder aufzuwachen«, und entschuldigt sich für die »schlicht und einfach grausamen« Bemerkungen über Michael Dukakis, den demokratischen Gegenkandidaten zu George Bush.

»Im Wahlkampf gegen Dukakis schlug ich einmal vor, ... ›er solle doch Willie Horton zu seinem Vizepräsidentschaftskandidaten machen.‹« (Der farbige Horton hatte eine Weiße vergewaltigt und deren Ehemann während eines Hafturlaubs, den ihm das Gefängnis Massachusetts gewährt hatte, ermordet. Atwaters Strategie bestand in der Unterstellung, Dukakis vertrete viel zu liberale Ansichten und könne deshalb die amerikanischen Bürger nicht vor Gewalttätern schützen.)

Atwater ließ sein Leben weiter an sich vorüberziehen und gestand noch andere Dinge ein, die er bereute. So erinnerte er sich, daß er den Vorsitzenden des Nationalen Komitees der Demokratischen Partei nach dem Wahlsieg der Republikaner abscheulich behandelt habe.

»Wenn ich Ron Brown zufällig traf, habe ich ihn kurz begrüßt und dann sofort an einen meiner Berater verwiesen... Seit ich krank bin, hat sich Ron mir gegenüber sehr freundlich verhalten... und daraus habe ich gelernt, daß Politik und zwischenmenschliche Beziehungen zwei ganz verschiedene Dinge sind. Vielleicht habe ich eine andere politische Botschaft als Ron Brown, das hält mich aber nicht davon ab, ihn zu mögen.«

Die Kolumnistin der *New York Times* schreibt über die schmerzliche Lehre, die sich aus diesen öffentlichen Bekenntnissen ziehen läßt: »Es handelte sich um Gefühle der Reue zweier Männer, die der eine im Alter eingestand, der andere, als er im Sterben lag... Diese Reue war so zersetzend wie Lee Atwaters Krankheit und so traurig wie Robert McNamaras Blick und galt dem, was sie in der Öffentlichkeit getan hatten bzw. dem, was sie im Privatleben darstellen. Aber diese beiden Dinge lassen sich nicht trennen.«

Auch unsere Lebensgeschichte entfaltet sich mit zunehmendem Alter – obgleich weniger dramatisch und mit weniger weitreichenden Folgen. Wir werden dann Zeuge unseres Lebens: Wir beobachten und denken über die Bedeutung verschiedener Erfahrungen nach, schätzen Menschen und Ereignisse neu ein, ziehen ein Resümee, was wir getan, was wir nicht getan haben, was wir wünschten, wir hätten es getan, oder von dem wir wünschten, wir hätten es nicht aus niederträchtigen oder falschen Beweggründen getan.

Robert Butler weist darauf hin, daß jüngere Menschen der älteren Person helfen können, die mit dem Alter einhergehenden Herausforderungen zu bewältigen, indem sie Raum schaffen für Erinnerungen, ohne ungeduldig zu werden oder sie als seniles Geplapper zu mißdeuten. Es kann in der Tat bereichernd sein für den Zuhörer, an einem Prozeß teilzuhaben, dem wir alle eines Tages in uns selbst begegnen werden.

Verständlicherweise wünscht man sich im Alter, man bekäme eine zweite Chance – und wird dann von der Traurigkeit überwältigt, daß diese Hoffnung trügt – und man hätte Entscheidungen getroffen, die das spätere Leben bereichert hätten. Wenn unser Lebens-Rückblick aber gut verläuft, erscheint die Landschaft des Alters in hellerem Licht. Möglicherweise erkennen wir sogar, daß unsere verstärkte Fähigkeit zur Selbsterkenntnis unserem Leben neue Bedeutung verleiht.

Wenn wir die vergangenen Erlebnisse noch einmal an uns vorbeiziehen lassen, haben wir den Eindruck, als läsen wir einen alten Brief oder ein altes Tagebuch. Auf einmal sehen wir uns als junge Leute, die ihren Gefühlen Luft machten, die unbedingt zum Ausdruck kommen mußten, im Laufe der Zeit aber wieder verlorengingen. Nicht nur sind wir plötzlich in der Lage, uns an diese Gefühle zu erinnern. Aufgrund der größeren Weisheit des Alters bringen wir auch größeres Verständnis auf für den jungen Mann bzw. die junge Frau, der bzw. die so traurig, abwehrend, zornig oder nachgiebig gewesen war. Und weil wir dieses Verständnis aufbringen, können wir uns mit den törichten oder gar zerstörerischen Wahlen versöhnen, die möglicherweise von unseren Gefühlen beeinflußt wurden. Im Chinesischen gibt es eine Redensart, die diesen hohen Grad der Versöhnung mit sich selbst zum Ausdruck bringt und die soviel bedeutet wie: »Nun ist es zu spät, die Sache zu bereuen.« Die größte Verheißung, die in tiefergehenden Einsichten und einem vertieften Mitgefühl im Alter liegt, lautet: *In dieser letzten Lebensphase können wir endlich die Reue hinter uns lassen.*

Das Alter wird aber nur dann eine Zeit der Gelassenheit und des inneren Friedens sein, wenn wir schon zu einem früheren Zeitpunkt auf diesen Zustand hingearbeitet haben. Häufig widerstrebt es uns, in die Zukunft zu schauen und uns versuchsweise vorzustellen, wie unser Leben im Alter wohl aussehen wird. So wies

B. F. Skinner darauf hin: »Wir alle möchten lange leben, aber niemand möchte alt sein ... oder sich gar vorstellen, wie es ist, alt zu sein.«

Eines läßt sich immer wieder beobachten: Wenn überhaupt Planungen für die Zeit des Alters stattfinden, so sollen sie meistens dafür sorgen, daß wir körperlich gesund und finanziell abgesichert sind. Wir joggen und treiben Sport, geben das Trinken und Rauchen auf. Wir gehen zum Anlageberater und achten peinlich genau darauf, daß die Firma die Gelder für die Betriebsrente richtig verwaltet. Sollen doch die anderen eines vorzeitigen Todes sterben oder im Alter Geldsorgen haben, weil sie keine wirksame Vorsorge getroffen haben – wir selbst wollen uns in dieser Hinsicht nichts vorzuwerfen haben.

Aber treffen wir auch Wahlen, durch die wir Freude an den Jahren finden, die wir mit so großem Sinn fürs Praktische geplant haben? In erster Linie heißt das, soviel Vergnügen wie möglich am Leben zu haben, solange wir noch jung sind. Viele ältere Menschen, mit denen wir sprachen, sagten, sie wären rückblickend gern in der Lage gewesen, die schönen Augenblicke im Leben mehr zu genießen.

Es habe da oft das vage, aber hartnäckige Gefühl gegeben, daß sie – noch – kein Recht hätten, Freude und Vergnügen den Vorrang vor Pflicht und Verantwortung einzuräumen. In den Jahren, da wir unsere Karriere planen und für die Familie sorgen, können uns selbst kleine Belohnungen leichtsinnig, selbstsüchtig und zeitaufwendig erscheinen. *Später*, so sagen wir uns allen Ernstes, wenn wir in Rente gegangen sind oder zumindest, wenn wir viele der Verantwortungen abgegeben haben, wird die Zeit sein, die Früchte der lebenslangen Arbeit zu ernten und zu genießen.

»Mein Mann und ich waren beide voll berufstätig und hatten vier Kinder. Außerdem lebte noch Bobs Mutter in ihren letzten zehn Lebensjahren bei uns«, sagt Edith, zweiundsiebzig Jahre alt. »Abends sind wir todmüde ins Bett gefallen und haben uns vor dem Einschlafen ausgemalt, was wir alles unternehmen wollen, wenn wir schließlich die Zeit und das nötige Geld hätten, so richtig auszuspannen und nur für uns dazusein. Daß wir dann vielleicht nicht mehr soviel Zeit haben würden, ist uns gar nicht in den Sinn gekommen.

Vor drei Jahren starb Bobs Mutter, und unsere Kinder schienen endlich auf eigenen Beinen zu stehen. Da haben wir uns gesagt: Wenn Bob siebzig wird, hören wir beide auf zu arbeiten. Das haben wir dann auch getan«, sagt Edith entschlossen und lächelt ein wenig versonnen. »Unser erster größerer Urlaub war himmlisch. Wir konnten es gar nicht fassen, wie schön dieses Gefühl der Freiheit, der Spontaneität ist: daß man nicht an jemand anderen denken muß, bevor man eine Entscheidung trifft.

Ein halbes Jahr später erlag Bob einem Schlaganfall. Dieses ganze Aufsparen für die Zukunft – was hat es eigentlich gebracht? Gewiß, finanziell bin ich gut abgesichert, aber inzwischen bin ich eine alte, alleinlebende Frau. Hätten wir uns doch nur früher gestattet, unser Leben gemeinsam zu genießen!«

Selbstverständlich müssen wir untersuchen – ehe wir im hohen Alter sind –, ob wir womöglich unverwandt nach vorne schauen und dabei die Gegenwart aus dem Blick verlieren. Um zu vermeiden, daß uns die Reue über gescheiterte Beziehungen plagt – einschließlich der Beziehung zu unserem tiefsten Selbst –, müssen wir im Jetzt leben, wann immer und wo immer dieses Jetzt stattfinden mag. Wir müssen ein Leben anstreben, dessen Qualität nicht nur auf möglichen zukünftigen Belohnungen beruht.

»Es war eine furchtbare Idee, das Leben aufhalten zu wollen, um es in Zukunft besser zu haben«, fährt Edith leise fort. »Ich tröste mich mit dem Wissen, daß wir insgesamt kein unglückliches Leben hatten. Dabei bereue ich gar nicht so sehr, mich für andere aufgeopfert zu haben, auch wenn andere Leute sicher denken, einiges war nun wirklich des Guten zuviel. Bob und ich haben nur einfach zu lange gewartet, ehe wir einige für uns wichtige Dinge unternommen haben.

Natürlich haben wir auch die Rolle unterschätzt, die Gesundheit und Schicksal im Alter spielen. Bob legte immer so großen Wert darauf, vernünftig zu leben – wohl weil er glaubte, ewig zu leben. Aber selbst wenn er älter geworden wäre«, schließt Edith nachdenklich, »wir haben doch damit gerechnet, daß wir noch viel vom Leben haben würden. Könnte ich alles noch einmal machen, würde ich darauf bestehen, daß wir ein abwechslungsreiches Leben führen.«

Etwas könnte vielleicht Ediths Trauer darüber, kein erfüllteres Leben mit dem Ehemann gelebt zu haben, lindern: Sie könnte einen engeren Kontakt zu ihren Kindern herstellen, die sich der

Lebensmitte nähern. Denn in dieser Lebensphase lassen sich einige der mit der Elternschaft verbundenen Enttäuschungen zerstreuen, indem die Familie auf neue, befriedigendere Art zusammenkommt.

»Die beste Zeit, um an seinem Kind Freude zu haben, ist das Jetzt – ganz gleich, wie alt man ist«, sagt Mort, vierundsiebzig, und lächelt. Er blätterte in einem Fotoalbum und erinnert sich voll Freude an den letzten Urlaub. Sie spricht aus jedem Foto. »Ich mußte dafür sorgen, daß sich jemand um meine ältere Schwester in Irland kümmert«, berichtet er, »und da beschloß ich, meinen Sohn – er war zu dem Zeitpunkt knapp vierzig – zu fragen, ob er nicht mitkommen wolle, damit er ein Gefühl für seine Herkunft bekäme. Als er jung war, haben wir nie etwas gemeinsam unternommen. Ich hatte viel zu tun, und er war beschäftigt mit *seinem* Leben. Schon damals war er ganz verrückt aufs Fotografieren. Er war aufrichtig erstaunt, als ich ihm meine Idee vortrug... Er dachte wohl, ich mache Witze; dann aber freute er sich darauf, in Irland fotografieren zu können, weil er beruflich ganz andere Fotos macht.

Er hat selbst genug Geld, aber ich bestand darauf, ihm die Reise zum vierzigsten Geburtstag zu schenken. Ich wollte ihm etwas schenken, das ihm vielleicht Freude machte und an das er sich nach meinem Tod erinnern konnte. Und die Reise *war* großartig. Zunächst waren wir etwas verlegen im Umgang miteinander, denn wir waren ja noch nie über längere Zeit so eng beieinander gewesen, aber mit der Zeit lief es immer besser. Ich wünschte, ich hätte derlei Dinge unternommen, als wir beide noch jünger waren – aber ›besser spät als nie‹. Unser Verhältnis ist heute, glaube ich, besser denn je.

Ich denke sehr oft an unsere Irlandreise und an die vielen gemeinsamen Erinnerungen. Wenn mein Sohn anruft oder mich besucht, kommt die Rede jedesmal wieder auf die Reise. Und er kommt oft zu Besuch«, sagt Mort stolz und erinnerte uns zum drittenmal daran, welch großen beruflichen Erfolg sein Sohn als Fotograf hat.

Offensichtlich freut es ihn, daß er seinem Sohn heute so nahesteht. Häufig gibt es auch ganz praktische Erwägungen, eine nahe Beziehung mit einem erwachsenen Kind aufrechtzuerhalten, die mit der Trauer zusammenhängt, die wir über den körperlichen Verfall im Alter empfinden.

Der Schriftsteller Malcolm Cowley hat gezeigt, daß ein gutes Verhältnis zu den erwachsenen Kindern den Eltern hilft, das verlustreiche Älterwerden zu meistern. »Akzeptieren – das muß die Richtschnur sein«, rät Cowley, was die Frage der zunehmenden Abhängigkeit im Alter angeht. »Man muß den jungen Leuten erlauben, sich an ihren starken Armen und an ihrer... Hilfsbereitschaft zu erfreuen.«

Viele ältere Väter und Mütter können sich nur schwer damit abfinden, daß sich hinsichtlich einiger Versorgungsaspekte die Beziehung zu den Kindern ändert. Es kommt ihnen »verkehrt« vor, Hilfe und Zuwendung zu empfangen. In Wirklichkeit ist diese Umkehrung in vielerlei Hinsicht die natürliche Entwicklung der Eltern-Kind-Beziehung, und wir sollten durchaus Trost und Stolz daraus gewinnen, ein Kind zu haben, das aufrichtig an unserem Wohl interessiert ist. Wenn wir nicht befangen reagieren, weil wir ein wenig von der eigenen Kraft eingebüßt haben, erfüllt es uns vielleicht mit aufrichtiger Freude, daß uns die starken Arme der erwachsenen Söhne, Töchter, sogar der Schwiegersöhne und -töchter geistig und körperlich stützen.

Wie Morts Geschichte beweist, ist es nie zu spät, die Verbindung zwischen unseren Kindern und uns selbst zu vertiefen. Doch selbst wenn wir dies problematisch finden, kann die Großelternschaft eine Möglichkeit darstellen, die elterlichen Reuegefühle auf ganz besonders konstruktive Art zu überwinden. So heißt es in einer Studie, die Joan und Erik Erikson gemeinsam mit Janet Kivnick verfaßt haben: »Die Freude, die Großeltern an den Leistungen und der Entfaltung ihrer Enkel haben, kann sehr viel dazu beitragen, die zurückliegenden Konflikte hinsichtlich der Fürsorge und der Elternschaft gegenüber den eigenen Kindern zu lösen.« Außerdem, so die Autoren, biete die Großelternschaft »eine zweite Chance zur Entwicklung der Generativität«.

Oft kann auch ein Enkelkind eine Brücke schlagen und die Beziehung zu einem erwachsenen Sohn oder einer erwachsenen Tochter verbessern. Zum Teil erklärt dies, warum es für viele Menschen – nicht selten zu ihrem eigenen Erstaunen – eine so intensive Erfahrung bedeutet, Großmutter oder Großvater zu werden. »Ich habe das Gefühl, daß mir die Enkelkinder eine zweite Chance bieten, mich als Mutter zu beweisen«, sagt Lois, achtundsechzig. »Ich bin ihnen gegenüber viel weniger zwiespältig als gegenüber meinen eigenen Kindern und erlebe viel weniger Konflikte. Ich bin auch viel eher in der Lage, einfach *anwesend* zu sein... und mich an ihrem Heranwachsen und ihren Leistungen zu erfreuen. Bestimmt waren meine Kinder überrascht, was für eine gute Großmutter aus mir geworden ist; es hat ihnen wohl auch geholfen, einige Fehler, die ich gemacht habe, als sie jung waren, nachsichtiger zu beurteilen.«

Tatsächlich hatte Lois aufgrund des verstärkten guten Willens, eine gute Großmutter zu sein, den Mut – und die Großzügigkeit –, ihre Tochter einzuladen, damit sie gemeinsam herausfinden konnten, was sie im Leben bereuten.

»Eines Nachmittags, als ich den Wutausbruch meiner zehnjährigen Enkeltochter erfolgreich abgelenkt hatte, blickte ich hoch und sah, daß meine Tochter mich wehmütig musterte«, erinnert sich Lois. »Mir war durchaus bewußt, was ihr durch den Kopf ging... wie oft ich sie bestraft habe, wenn sie als Kind mir gegenüber wütend wurde. Also hat mir eine innere Stimme gesagt, ich müsse mit ihr darüber sprechen... und ihr zu erklären versuchen, warum ich damals so fordernd gewesen war – nämlich vor allem deshalb, weil ich mich als Mutter so unfähig fühlte.

Es war ungeheuer befreiend, als ich mir eingestand, wieviel ich an meinem damaligen Verhalten als Mutter bereue« sagt Lois, und plötzlich steigen ihr Tränen in die Augen. »Das Gefühl hat mir große Angst gemacht und war sehr schmerzlich. Aber dann habe ich meine Tochter ermuntert, mir zu erzählen, wie sie in ihrer Kindheit und Jugend unsere Beziehung erlebt hatte und an was sie sich noch erinnern konnte. Heute glaubt sie ganz aufrichtig, daß ich mir trotz aller Verbitterung, die sie mir gegenüber bekannte, gewünscht hätte, es wäre anders gekommen und ich hätte einige der seelischen Verletzungen verhindert. Noch wichtiger ist aber, und das meine ich mit ›zweiter Chance‹: Inzwischen weiß meine Tochter, daß meine Liebe zu ihr zum Ausdruck kommt, wenn ich mich um ihr Kind kümmere.«

Insbesondere in unserer Zeit können Kinder bedeutende Vorteile aus einer engen Verbindung mit den Großeltern ziehen. Psychotherapeuten kennen zur Genüge Patienten, für die die Liebe und die Annahme, die ihnen die Großeltern schenkten, eine lebensrettende Oase in einer trostlosen, ja von Mißbrauch gekennzeichneten Kindheit bildete. Außerdem können heute, da

Scheidungen an der Tagesordnung sind, die Großeltern den Enkeln in Zeiten großer Konflikte zwischen den Eltern eine wichtige Zuflucht bieten. Und schließlich können wir unseren Kindern, wenn sie eine Ehe hinter sich haben, näherkommen, indem wir aktiv die Art Hilfe gewähren, die erforderlich ist, um ihnen das Leben als Alleinerziehende zu erleichtern.

Ob unsere Kinder die Fehler, die wir in der Kindererziehung gemacht haben, vergeben oder nicht, wir *können* doch anfangen, uns selber zu verzeihen. *Mehr noch: Sich selbst zu vergeben, ist vielleicht die letzte und wichtigste Herausforderung im Leben.*

Zu dem, was wir uns am schwersten im Leben verzeihen, zählt das leichtfertige Verspielen der körperlichen Gesundheit. Lungenkrebs und Lungenemphysem, die Quittung für jahrelanges Rauchen, sowie Herzinfarkt als Folge lebenslangen übermäßigen Essens und Trinkens können im Alter ein emotional, psychisch und körperlich belastendes Leben ohne Trost zur Folge haben. Damit wir in den letzten Jahren nicht unnötig leiden, gilt es, diese selbstzerstörerischen Verhaltensweisen so früh wie möglich zu ändern.

So wie ein schlechter Allgemeinzustand unser Glück im Alter schmälert, so fördern – umgekehrt – Zufriedenheit und Selbstannahme die körperliche Gesundheit und das seelische Wohlbefinden. Es gibt immer eine faszinierende, subjektive Komponente bei der Einschätzung des eigenen Wohlbefindens: Wenn uns etwas gut gelingt oder wir uns besonders geliebt fühlen, können wir unsere Schmerzen und Beschwerden weitaus leichter ertragen. Nie gilt dieser Grundsatz stärker als im Alter.

Im Rahmen einer großangelegten Untersuchung zum Thema, was Menschen eigentlich glücklich macht, fand der Psychologe Michael Argyle heraus, daß ein enger Zusammenhang zwischen Gesundheit und innerer Zufriedenheit besteht. »Manche Menschen klagen über starke Beschwerden ..., für die der Arzt aber keine Ursachen finden kann. Andere machen sich weniger Sorgen über ihren Gesundheitszustand als der Arzt ... und von den Menschen, die genauso gesund sind, wie ihnen der Arzt bescheinigt, haben jene, die unglücklich oder nervös sind, das Gefühl, daß sie in schlechterer körperlicher Verfassung sind.«

Argyle beobachtete, daß ein Hauptfaktor bei Menschen, die glücklich und folglich körperlich gesünder sind, ihre Fähigkeit war, etwas, das sie störte, zu ändern – oder, umgekehrt, sich verstärkt um die Anpassung an Umstände zu bemühen, die sich nicht ändern ließen. »Wenn ich an meiner Werkbank stehe, vergesse ich alle meine Wehwehchen«, erzählte Michael, einundachtzig, glücklich. »Ich habe mich wirklich dagegen gesträubt, in diese Altenwohnanlage zu ziehen ... es war, als ob man endgültig zum alten Eisen gehörte. Aber dann begriff ich, daß ich angesichts meines Gesundheitszustandes, der sich gewiß nicht bessern würde, keine andere Wahl hatte, als in eine Umgebung zu ziehen, die mir Geborgenheit bietet. Hier kümmert man sich um mich.

Dann habe ich beschlossen, etwas wirklich Neues anzufangen: Ich wollte mein Leben ein wenig aufregender gestalten und mir nicht bloß die Zeit vertreiben. Und es *hat* funktioniert. Inzwischen tischlere ich Bücherregale oder Beistelltische im Auftrag von anderen Bewohnern, und vielleicht gebe ich sogar einer kleinen Gruppe Unterricht. Das ist ein tolles Gefühl. Meine körperlichen Kräfte mögen nachgelassen haben, aber mein Geist ist noch immer jung und stark.«

Samuel Beckett hat einmal gesagt: Wenn wir älter werden, müssen wir bereit sein, »es noch mal zu versuchen, noch mal zu scheitern, besser zu scheitern«. Im Alter zeigt sich auch das interessante Phänomen, daß wir nicht nur »besser scheitern« – wir also mehr Mitgefühl für unsere Fehler aufbringen –, sondern daß es uns manchmal sogar besser erscheint, bei etwas gescheitert zu sein.

Maryann, sechsundsechzig, eine energische Managerin, erzählt, daß sie im Alter viel weniger bereut als in ihrer Jugend. »Die Art, Dinge zu betrachten, hat sich geändert – was einem in früheren Jahren wichtig vorkam, ist es im Alter nicht unbedingt mehr. Es kann sogar geschehen, daß sich die früheren Reuegefühle in Luft auflösen, und manche erweisen sich sogar als Vorteil.«

Aufmerksam hören wir zu, als Maryann berichtet: »Mit Mitte Dreißig hatte ich ein Verhältnis mit einem verheirateten Mann; ich wurde schwanger. Zwar wollte ich keine Abtreibung, aber er gab mir zu verstehen: Wenn ich das Kind austrage, wolle er nichts mehr mit mir zu tun haben. Ich kam mir vor wie eine Vollidiotin und Versagerin, aber weil ich schon so alt war, trug ich das Kind aus. Ich wußte ja nicht, ob sich mir noch einmal die Chance bieten würde, auf normale Weise ein Kind zu bekommen.

Ein uneheliches Kind zu haben hatte in der damaligen Zeit zur Folge, daß sich mein Leben ziemlich außerhalb der herkömmlichen Bahnen abspielte. Das hatte mir natürlich gar nicht vorgeschwebt. Jahrelang hat mich die Situation schwer belastet: Ich bedauerte, daß ich meiner Tochter kein ›normales‹ Leben bieten konnte. Doch im Laufe der Jahre hat sich nicht nur eine wunderbare, starke Bindung entwickelt, sondern zu verschiedenen Zeiten in meinem Leben unterhielt ich lange und sehr schöne Beziehungen zu zwei Männern, die ich aus verschiedenen Gründen bewußt nicht geheiratet habe. Ich kam mir stark genug und selbständig vor, daß ich nicht glaubte, heiraten zu müssen – es sei denn, ich wollte mit dem Mann für den Rest meines Lebens zusammenbleiben.

Im Rückblick habe ich den Eindruck, daß meine Tochter und ich von etwas profitiert haben, was ich damals als ungeheuer törichte Wahl ansah. Meine Tochter ist sehr selbständig – da kommt sie nach mir, wie ich mir immer wieder gern sage –, und ich finde, dieses Gefühl ist ein guter Ausgleich für die Geborgenheit, die sie vielleicht in einer konventionellen Erziehung gefunden hätte.«

Marvin hat ähnliche Schlüsse aus seinen Reueerfahrungen gezogen. Im Alter von fünfzig Jahren entschloß er sich, eine einflußreiche und hochdotierte Stellung zu kündigen, weil ihm eine Investmentfirma eine sehr abwechslungsreiche Tätigkeit anbot. »Das ist jetzt vierzehn Jahre her. Ich war noch nicht lange bei der neuen Firma und hatte mein imposantes Büro noch gar nicht richtig genossen – ganz zu schweigen von dem übertrieben hohen Gehalt –, als das Unternehmen aufgrund mehrerer leichtsinniger Investitionen in Schwierigkeiten geriet: Die Folge war, daß ich zusammen mit vierzig weiteren Mitarbeitern entlassen wurde. Selbst das hat mich nicht besonders aufgeregt – ich war ziemlich selbstbewußt und sicher, daß ich bei meinem beruflichen Werdegang keinerlei Probleme haben würde, einen ebenso guten Job zu finden.

Zu meinem Verdruß und zu meinem Erstaunen gab es allerdings keine vergleichbar guten Stellen. Damit ich meine Familie ernähren konnte, nahm ich schließlich die Stelle im Entwicklungsbüro dieses kleinen College an. Hier arbeite ich noch heute. Sogar nach den vielen Jahren und mehreren Gehaltserhöhungen verdiene ich heute nur ein Drittel dessen, was ich vor fünfzehn Jahren bekam.«

Zwischen fünfzig und sechzig, erzählt uns Marvin, habe er geradezu zwanghaft den Schritt bereut, der angeblich seinen »Abstieg«

eingeleitet hatte. »Ich hätte mich für meinen Leichtsinn selbst ohrfeigen können. Mein Selbstwertgefühl war auf dem absoluten Nullpunkt. Immer wenn ich in diesem kleinen Büro saß und kaum etwas passierte, hatte ich das Gefühl, mein Leben weggeworfen zu haben.

Im Laufe der Jahre verschlimmerte sich die Lage. Ich bekam solche Komplexe, daß ich mich kaum noch mit Freunden und Bekannten traf und anfing, wohl mangels besserer Möglichkeiten, mehr mit meiner Frau gemeinsam zu unternehmen. Wir reisten viel. Es war paradox... als ich das Geld hatte, erster Klasse zu reisen, haben wir kaum Urlaub gemacht. Doch in den Semesterferien hatte ich viel Zeit, und ich stellte fest, daß es mir Spaß machte, fremde Länder zu erkunden, auch wenn die Form des Reisens und die Hotels nicht vom Allerfeinsten waren.

Auch in vielen anderen Bereichen hat sich meine Einstellung geändert. Als es finanziell bergab ging, zogen meine Frau und ich aus unserem großen Haus in eine kleine Eigentumswohnung um. Zunächst empfand ich den Umzug als Demütigung. Aber als wir dann die ersten Reisen unternahmen, fanden wir es herrlich, einfach die Koffer zu packen und loszufahren, ohne große aufwendige Vorkehrungen zu treffen und zu überlegen, wer während unserer Abwesenheit auf das Haus und die teure Einrichtung aufpaßte.

Was ich damals am stärksten bedauerte«, schloß Marvin, wobei er seine Worte sehr genau wählte, »nämlich den zweifellos zerstörerischen Entschluß, eine gute Stelle zu kündigen, bereue ich jetzt, am Ende meines Berufslebens und fast am Ende meines Lebens, überhaupt nicht mehr. Im Grunde bin ich sogar dankbar dafür; denn so kam ich in relativ jungen Jahren aus einer Lage heraus, in der ich immer wieder großem Druck ausgesetzt war. Auch habe ich meine Frau neu kennengelernt. Heute sind wir uns sehr nah, was ich erstaunlich finde bei einem Paar, das schon so lange verheiratet ist, und diese Nähe hätten wir bestimmt nicht erreicht, wenn ich mein altes Leben weitergeführt hätte.

Die Arbeit ist zwar immer noch nicht sehr aufregend, aber das Gute daran ist die Pensionierung, vor der ich in Zeiten meines beruflichen Erfolgs immer Angst hatte. Heute kann ich kaum noch abwarten, bis es soweit ist. Vorausgesetzt, wir beide bleiben gesund, steht uns in vielerlei Hinsicht die beste Zeit noch bevor.«

An Marvins Äußerungen läßt sich ablesen, daß man sich auf den Ruhestand freuen und sich ihm anpassen kann. Für manche Menschen ist der erste Morgen, an dem sie aufwachen, ohne zu wissen, wo sie sich um neun Uhr befinden werden, der erste Tag, an dem sie sich wirklich alt fühlen. Zwar ist der Beruf häufig eine ständige Quelle des Ärgers und der Enttäuschungen, doch bedeutet es ein beträchtliches Maß an Verlust und Identität, wenn man nicht mehr berufstätig ist. Wir spüren das Nachlassen der körperlichen Kräfte, und manchmal trägt der Mangel an sinnvoller Beschäftigung erheblich zu unseren Ängsten und Reuegefühlen im Alter bei.

Der Autor Wallace Stegner stellt die nachdenkliche Frage, worin denn die rauhe und beängstigende Wirklichkeit nach der Pensionierung bestehe. »Das Zusammensein mit den Mitarbeitern und die Befriedigung durch gemeinschaftliche Arbeit erweisen sich als wertvoller, als wir es uns während der Berufstätigkeit vorgestellt haben. Der Angestellte im Ruhestand sehnt sich womöglich nach dem Gefühl der Macht und Nützlichkeit, das der Arbeitsplatz ihm einst vermittelte, und der ehemalige Briefträger erinnert sich voll Wehmut an seine gemütliche alte Runde. Kurzum: Mehr Menschen als es offen zugeben sehen in der Arbeit vermutlich das Gerüst, das ihr Erwachsenenleben zusammenhält.«

Was geschieht nun, wenn uns diese Struktur nicht mehr stützt? Man geht davon aus, daß ein Drittel der arbeitenden Bevölkerung das Ende der Berufstätigkeit als Krise erlebt. Viele Menschen sind desillusioniert, enttäuscht oder reagieren sogar mit Depressionen. Dies gilt um so mehr, wenn wir uns verwünschen, in den Beruf soviel Kraft gesteckt zu haben, daß kaum Zeit für unsere Interessen oder die Beziehungen zu anderen Menschen blieb. So brachte der Psychologe Albert Ellis, der Begründer der Rational-Emotiven-Therapie, im Alter von siebenundsechzig Jahren seine leidenschaftliche Überzeugung zum Ausdruck, daß ältere Menschen »ein vitales Interesse, in dem sie aufgehen«, haben sollten, eine Beschäftigung, ein Anliegen oder ein Hobby, in dem sie einen dauerhaften, ihr Leben beherrschenden Sinn finden. Ellis macht älteren Menschen Mut, sich dem Alter eher mit Vorfreude als mit Verzweiflung zu stellen. So, wie es einen Triumph bedeutet, ein erlesenes Mahl zu bereiten oder mit einem begrenzten Budget ein schönes Zuhause einzurichten, so sollte man auch »die Herausforderung, mit Einschränkungen zu leben«, genießen.

Was den Umgang mit den körperlichen und psychischen Verlusten des Alters betrifft, auf die wir keinen Einfluß haben, ist diese Botschaft in der Tat sehr eindrucksvoll. Denn Ellis behauptet damit, daß wir unsere Reaktion auf diese schmerzlichen Verluste beherrschen können und daß wir die Verantwortung dafür übernehmen müssen, sie in den Griff zu bekommen. Statt sich in Selbstmitleid darüber zu ergehen, was wir nicht mehr sind, oder darüber zu klagen, was wir nun nicht mehr können, sollten wir unser Interesse mit Begeisterung auf Bereiche lenken, die wir nicht nur aufs neue überprüfen, sondern in denen wir auch unsere neu erworbenen Fähigkeiten einsetzen können. Ellis sagt: »Man kann sich auf so vielfältige Weise Ablenkung verschaffen, daß es fast unverständlich ist, wenn jemand nichts findet, womit er sich intensiv beschäftigen kann.«

Versuche es noch mal. Scheitere noch mal. Scheitere besser.

Werfen wir einen letzten Blick auf Georgia O'Keeffes Leben: Als im hohen Alter ihre Sehkraft nachließ und sie nicht mehr malen konnte, begann sie unter der Anleitung von Juan Hamilton zu töpfern. Der sechzig Jahre jüngere Hamilton half ihr, in den taktilen Wahrnehmungen, dem Berühren der Gegenstände, dem Eindruck, wie sich der Lehm anfühlt, neue Freude zu finden. O'Keeffe stellte die Leinwand beiseite und nutzte so die Chance, ihre Kreativität auf neue, lebendige Weise einzusetzen.

Auch die mangelnden Möglichkeiten, seine Sexualität zu leben, empfindet der alte Mensch als körperlichen und seelischen Verlust. Sex und Sexualität wird in unserer Gesellschaft fast ausschließlich als Vorrecht der jungen Leute angesehen (mit Ausnahme des älteren Mannes, dem eine jüngere Frau neue Vitalität schenken soll). Doch auch in Zeiten, die weniger besessen von der Jagd nach Jugendlichkeit waren, haben die Menschen das Alter aufs engste mit einem Nachlassen der körperlichen Leidenschaft verknüpft. So sagt Hamlet zu seiner Mutter: »Nennt es nicht Liebe! Denn in Eurem Alter / Ist der Tumult im Blute zahm; es schleicht / Und wartet auf das Urteil...«

Nicht immer tragen im Alter kluge Urteile den Sieg über das sexuelle Verlangen davon. Sie sollten es auch gar nicht. So lernte Henry James, der bis ins hohe Alter seine Sexualität unterdrückte, spät im Leben einen jungen Bildhauer kennen, der die schlummernde Sinnlichkeit und den starken Wunsch nach körperlicher Liebe in dem Schriftsteller weckte. In einem Brief an Hugh Walpole bringt James zum Ausdruck, er habe das starke Gefühl, etwas vergeudet zu haben, weil er so lange mit der Anerkennung dieser Bedürfnisse gezögert habe. (Henry James' Biographie macht zudem deutlich, daß wir fast immer stärker bereuen, was wir nicht getan haben, als das, was wir tatsächlich getan haben.) »Zwar trauere ich keinem einzigen ›Exzeß‹ meiner … Jugend nach, doch bereue ich jetzt, im abgekühlten Klima meines Alters, bestimmte Gelegenheiten und Möglichkeiten nicht ergriffen zu haben.«

Henry James' Biograph Leon Edel zufolge haben diese neuen sexuellen und romantischen Gefühle nicht nur Henry James' letzten Lebensjahre verschönert, sondern auch sein Alterswerk bereichert. »Endlich hatte James begriffen, daß Kunst nicht gleich Kunst sein konnte … ohne die Liebe. James war zu seiner eigenen Sphinx geworden, und nun beantwortete er die selbstgestellten Rätsel.«

Natürlich erfordert es Mut in unserer vom Ideal der Jugendlichkeit besessenen Kultur, wenn ein älterer Mensch sich zu seinen sexuellen Wünschen bekennt: »Ich bin wohl keine typische ältere Dame von vierundsechzig Jahren«, sagt die attraktive und quicklebendige Hellen. »Ich finde es phantastisch, mit jüngeren Menschen zusammenzusein … Die Männer in meinem Alter sind entweder verheiratet, zu alt oder zu müde – sie haben keinen Funken Leben mehr in sich. Einem Mann sieht man es nach, wenn er sich zu jüngeren Frauen hingezogen fühlt. Aber eine ältere Frau zu sein heißt: Du sollst keine sexuellen Gefühle haben; zumindest darfst du dich nicht offen zu ihnen bekennen oder – was das schlimmste ist – sie ausleben!«

Helens anfänglicher Gefühlsausbruch ließ nach. Mit leiser Stimme sagt sie ernst: »Das bedeutet aber nicht, daß ich mit jedem jungen Mann sofort ins Bett gehe. Meistens genieße ich einfach das Flirten und Herumalbern, und den Männern scheint es auch Spaß zu machen. Ich habe viel Spaß mit einigen der jüngeren Männer im Büro und genieße es, nach Büroschluß mit ihnen noch etwas trinken zu gehen – und ja, hin und wieder wünschte ich auch, ich würde die Nacht mit einem Mann verbringen.

Ich bedauere, daß ich mich als junge Frau von strikten, religiös geprägten Anschauungen über die Sexualität so stark beherrschen ließ, daß ich schließlich ziemlich verklemmt wurde. Das heißt, ich machte nicht nur einen großen Bogen um den Sex, sondern konnte ihn auch dann nicht genießen, als er erlaubt war.

Ich hatte frisch von der High-School weg geheiratet; mein Mann war ein ziemlich langweiliger Liebhaber. Auch konnten wir nicht über unser Sexleben sprechen, so wie es die jungen Paare heute tun, von professioneller Hilfe ganz zu schweigen. Oft habe ich mich Tagträumen hingegeben und mir vorgestellt, ich hätte eine Affäre. Aber so etwas habe ich mich nie getraut, obwohl sich mir damals die Möglichkeit dazu bot; denn ich meinte, ich würde für alle Zeiten in der Hölle schmoren, wenn ich dieses wichtige Gebot verletze.

Heute habe ich nicht mehr so strenge Auffassungen hinsichtlich dessen, was Sünde ist. Und wenn Erinnerungen an Sex alles sind, was mir im Alter bleibt, dann wünschte ich, ich hätte viel früher etwas in dieser Hinsicht ausprobiert und dafür gesorgt, daß diese Erinnerungen etwas erregender sind.«

Simone de Beauvoir resümiert ihre Gedanken über die sexuellen Verluste der älteren Frau so: »Eine Siebzigjährige betrachtet niemand mehr als sexuelles Objekt. Es wäre ganz ungewöhnlich, wenn eine ältere Frau sowohl die Mittel als auch die Gelegenheit hätte, sich einen Partner zu suchen. Außerdem würden in der Regel Scham und die Angst davor, was die Leute sagen würden, sie davon abhalten.«

Heute bleiben immer mehr Männer und Frauen bis ins hohe Alter sexuell aktiv. Viele ältere Menschen sind durchaus in der Lage, neue Wege zu finden, mit denen sich alte Leidenschaften aufs neue entfachen lassen. So plädierte der Theologe Paul Tillich überzeugend für die Verwendung pornographischer Erzeugnisse im Alter. Wenn man ein wenig Erregung ins Leben bringen kann, so Tillich, indem man Abenteuerromane liest, man sich durch amüsante Filme oder Theaterstücke von seinem Kummer ablenkt – warum soll man sich dann nicht zu einem Zeitpunkt im Leben, da es an Erotik fehlt, von Erotika anregen lassen.

Wichtiger vielleicht als die Frage, ob wir weiterhin sexuell aktiv sind oder nicht, ist aber, ob wir auch noch im Alter von tiefer Zuneigung geprägte Freundschaften eingehen können. Die Jahre mögen den Verlust liebgewonnener Freunde mit sich bringen, aber eine uns stützende Freundschaft kann man jeden Augenblick mit Menschen genießen, die Albert Camus in einem verwandten Zusammenhang einmal als unsere »Schicksalsgefährten« bezeichnet hat.

Wenn wir Wehmut empfinden über das unvermeidliche Auseinanderklaffen zwischen dem Leben, das wir gelebt haben, und dem Leben, wie wir es uns vorgestellt haben, können wir anerkennen, daß unsere Erinnerungen – die schönen wie die weniger schönen – zum nicht geringen Teil die Atmosphäre der schließlich erreichten Zukunft bestimmen. Es liegt in der Tat eine große Befreiung darin, die früheren Illusionen über ein perfektes Leben, das nie zu Ende gehen wird, ohne Bedauern aufzugeben. Dann können wir uns auch damit abfinden, wie es Theodore Isaac Rubin ausdrückt, daß »man auch nur ein Mensch ist, aber wir Menschen leben nicht ewig und können nicht alles erreichen und erleben«.

Wenn wir das Alter als eine Zeit der Versöhnung mit alten Reuegefühlen empfinden und diese gleichsam als Kulisse zurücklassen, die nicht mehr den Text unseres Lebens stützen, können wir zulassen, daß das Stück langsam zu Ende geht, und den »Vorhang« mit Stolz und im Zustand des Seelenfriedens entgegennehmen.

Die Reue als Herausforderung

Was macht es schon, wieviel man hat?
Was man nicht hat, ist viel mehr.

SENECA

9. Reichtum, Ruhm, Macht... und Reue

»Ich bin also eine große Legende – warum bin ich dann aber so einsam?« hat Judy Garland einmal gefragt. »Wieso sitze ich dann aber zu Hause, starre stundenlang auf das verdammte Telefon – und denke, es ist kaputt. Manchmal rufe ich sogar das Amt an und frage das Fräulein, ob sie *sicher* ist, daß mein Anschluß nicht gestört ist.«

Oft glauben wir, daß Menschen, die Macht, Geld und Ruhm haben, über Reueanwandlungen, nichtssagende, langweilige Beziehungen, falsche Wahlen und unerfüllte Sehnsüchte erhaben sind. Doch spiegelt die Reue bedeutender Männer und Frauen häufig nicht nur unsere eigene wider, nein, manchmal leiden diese Menschen auch besonders starken seelischen Schmerz. Denn zu der Diskrepanz zwischen dem, was ist, und dem, was hätte sein können, kommt noch der Widerspruch, daß die Öffentlichkeit deren Leben neidisch betrachtet, sie selbst sich aber sehr unglücklich fühlen.

»Keiner nimmt mir ab, wenn ich sage, ich bin mit meinem Leben unzufrieden«, erzählt uns ein Geschäftsmann, der einen legendären Ruf genießt. »Und natürlich bringt auch keiner Verständnis für mich auf. Man hält mich für ungeheuer geldgierig und meint, daß ich nur immer noch mehr haben wolle oder daß nichts mich zufriedenstellen könne. Offenbar sind die Leute wütend auf mich, weil ich nicht das genieße, von dem sie offenbar annehmen, daß es ihr eigenes Leben sorgenfrei machen würde.«

Dieser Mann hat erkannt, daß das Bewußtsein, »es geschafft zu haben«, weder großes Selbstvertrauen noch ein ausgeprägtes Selbstwertgefühl garantiert, noch bestätigt es die getroffenen Entscheidungen, in deren Folge man solch exklusive Höhen erklommen hat. Selbst wenn wir Meister im Verleugnen sind, die meisten von uns spüren doch, daß sie im Laufe des Lebens einige höchst bedauerliche Kompromisse geschlossen haben, und empfinden deshalb schmerzliche Reuegefühle. Haben wir es zugelassen, Erfolg daran zu messen, was andere erreicht haben, stellt sich bisweilen das beängstigende Gefühl ein, sich selbst verraten zu haben.

Der Schauspieler Montgomery Clift, der seinen Beruf immer sehr ernst genommen hat, schildert seine Reaktion auf den plötzlich einsetzenden Starruhm: »Es gibt da ein Problem, das nichts mit der Schauspielerei zu tun hat. Es liegt in dem einen Wort – Star! Man wird zum öffentlichen Eigentum.« Als öffentliches Eigentum habe er Wahlen getroffen, die eher das Ziel hatten, das Interesse der Öffentlichkeit zu wecken, und weniger, sein Talent zu entwickeln; dies habe ihn veranlaßt, einen Freund zu warnen, der ebenfalls im Begriff war, ein Star zu werden: »Wenn du ein Ziel vor Augen hast – und alles tust, um dich weiterzuentwickeln –, dann bist du sicher. Aber wenn du dich für das hältst, was die Öffentlichkeit in dir erblickt, dann verlierst du allmählich den Mut, Risiken einzugehen und für alle sichtbar zu scheitern. Das ist die größte Falle. *Paß also auf!*«

Offenbar hat Montgomery Clift begriffen, daß man die Fehlschläge, die unser Streben nach Entfaltungsmöglichkeiten auslösen kann, weitaus weniger bereut als die Mißerfolge, die entstehen, wenn man auf Nummer Sicher geht. »Das Versagen und das damit verbundene Leid sind für den Künstler die wichtigste Quelle seiner schöpferischen Kraft.«

Sind unsere Zielvorstellungen nicht wirklich selbstdefiniert, sind sie oberflächlich oder zielen sie stärker darauf ab, Anerkennung zu bekommen, als darauf, Meisterschaft zu entwickeln, kann jegliches Versagen zu einem kräftezehrenden, uns verbitternden Schlag werden. Als das öffentliche Interesse an Montgomery Clift nachließ, war er bereits auf ihr Lob angewiesen, worauf er zunehmend depressiver und sein Verhalten immer selbstzerstörerischer wurde.

Friedrich Nietzsche hat einmal geschrieben, daß Verletzungen unsere Kräfte stärken und uns am Ende ungeheuer groß werden lassen. So schmerzlich eine Person der Öffentlichkeit ihr Scheitern auch empfinden mag, es kann auch eine enorm starke Kraft zu Veränderung bergen. Als Mario Cuomo 1977 die Kandidaten-Wahl innerhalb der demokratischen Partei zum Bürgermeisteramt von New York verlor, hatte er reichlich Anlaß, die von vielen Seiten als unklug angesehene Kandidatur zu bereuen. Sein Scheitern war demütigend und löste politische Klatschgeschichten aus über seine mangelnde Urteilsfähigkeit und seine vermeintliche Selbstüberschätzung. Sein Biograph Robert McElwaine schreibt jedoch, diese Niederlage habe in Cuomos Leben als positive Kraft gewirkt. Sie brachte »eine Ader der Bescheidenheit zum Vorschein, die vorher eher im Verborgenen lag. Ein Großteil seiner Arroganz verschwand völlig. Aus der Niederlage zog er wichtige Lehren, was im Falle seines Sieges wohl kaum geschehen wäre.«

Manche dieser Lehren ließen sich recht genau charakterisieren, berichtet McElwaine. Cuomo habe beispielsweise seinen Redestil vollständig umgestellt. »So gab er das aggressive Anwaltsgebaren auf, von dem er nun weiß, daß es in politischen Reden und Debatten nichts zu suchen hat.« Zwar habe sich Cuomo bislang dagegen entschieden, noch einmal ein politisches Amt anzustreben; doch strebe er immer noch die Kandidatur für das Präsidentenamt an, wobei er durchaus auf seine rednerischen Fähigkeiten baue.

Doch gibt es, abgesehen von der Reaktion auf den Verlust an Popularität, einige grundlegende Unterschiede zwischen den Lebensläufen von Mario Cuomo und Montgomery Clift. Im Gegensatz zu Clifts raschem Aufstieg bewegte sich Cuomos Laufbahn, wie so oft bei Männern und Frauen in Regierungsämtern, in einem relativ gemächlichen, gleichmäßigen Tempo die politische Karriereleiter hinauf. Ein Schritt führte zum nächsten; eine Entscheidung führt zur nächsten – egal, ob es sich dabei nun um eine kluge oder unkluge Entscheidung handelte.

Wie bereits gesehen, wird bei vielen Menschen im Kunstbetrieb – und heute auch in der Geschäftswelt – das Gefühl der Reue durch Erfolge gefördert, die sich zu abrupt einstellen und zu viele üppige Belohnungen einbringen, ehe man diese aufgrund seines psychischen Entwicklungsstandes bewältigen oder den Zusammenhang von Entscheidungen und Folgen erkennen kann.

In den achtziger Jahren wimmelte es an der Wall Street von jungen Millionären und sogar Milliardären, die einfallsreiche und in manchen Fällen ungesetzliche Wege ersannen, auf schnelle

Weise zu phantastischen Reichtümern zu gelangen. So schätzt man, daß Michal Milken, der wegen illegaler Finanzmanipulationen eine Geldstrafe von 650 Millionen Dollar zahlen mußte, nach ihrer Entrichtung noch einige hundert Millionen blieben.

Dennoch hatte Milken vor der Urteilsverkündung das Bedürfnis, seiner Reue über die verspätete Erkenntnis Ausdruck zu verleihen, daß sich der Makel der Habgier auf das Leben unschuldiger und unbeteiligter Menschen übertragen habe. Unter Tränen gestand er dem Gericht: »Es tut mir aufrichtig leid... Diese lange Zeit ist für meine Familie und meine Freunde sehr schmerzlich gewesen, nicht nur für mich. Mir ist klar, daß ich durch das, was ich getan habe, den mir am nächsten stehenden Menschen sehr weh getan habe.«

Hat man einen Bestseller, ob Roman oder Theaterstück, geschrieben, so ist das finanziell zwar nicht so lohnend wie Finanzspekulationen an der Börse; es gibt jedoch bedeutende Gefahren für einen Schriftsteller, der plötzlich – manchmal buchstäblich über Nacht – Berühmtheit erlangt.

Truman Capote war vierundzwanzig Jahre alt, als sein erster Roman unter großem Beifall der Kritik veröffentlicht wurde. Viele Jahre war er ein gefeierter Autor und Gesellschaftslöwe. Doch in vielerlei Hinsicht ging es in seinem Leben stetig bergab. Später dachte er über die Schwierigkeiten nach, die seine Schriftstellerei und sein ausschweifendes gesellschaftliches Leben erzeugt hatten: »Wohl tausendmal habe ich mich gefragt: Warum ist es eigentlich so gekommen? Was habe ich falsch gemacht? Der Grund liegt wohl darin, daß ich allzu jung berühmt wurde. Ich habe zu früh dem Erfolg nachgejagt.«

F. Scott Fitzgerald publizierte seinen ersten außerordentlich erfolgreichen Roman im Alter von vierundzwanzig Jahren. Mit den High-Life-Eskapaden, auf die er sich mit seiner Frau Zelda einließ, verkörperte das Paar den extravaganten Lebensstil der zwanziger Jahre. Als die Freuden und Belohnungen des Ruhms verblaßten, erinnerte sich Fitzgerald wehmütig an das Leben vor den gescheiterten Verheißungen: »Der erste ungestüme Wind des Erfolges und der köstliche Nebel, der einen einhüllt... es war eine kurze, für mich wertvolle Zeit... denn wenn sich der Nebel verzogen hat... stellt man fest, das Allerbeste ist vorüber.«

Er habe, schrieb Fitzgerald, das Auseinanderklaffen zwischen dem, was ihm der Erfolg eingebracht hatte, und dem, von dem er einst annahm, er würde es ihm einbringen, untersucht und erkannt, daß frühem Ruhm häufig »eine lang anhaltende Zeit der Verzweiflung und der Notwendigkeit, weiterzumachen«, folge. Nachdem er seinen kreativen Stillstand überwunden hatte, habe er gemerkt, daß er »nicht mehr die Verpflichtungen zu erfüllen vermochte, die das Leben mir beziehungsweise ich mir selbst auferlegt hatte«.

Je stärker Fitzgerald dem Alkohol verfiel, desto rascher verkam auch seine schriftstellerische Begabung. Er bereute es immer, daß er einen beträchtlichen Teil des Romans *Zärtlich ist die Nacht* unter Alkoholeinfluß schrieb, im Bewußtsein, daß er nüchtern ein sehr viel besseres Buch geschrieben hätte. Während er immer tiefer in selbstzerstörerische Nachgiebigkeit gegen sich selbst versank, verspürte er oft das Bedürfnis, seinem Lektor und Mentor, Maxwell Perkins, seine Reuegefühle zu beichten: »Erst in den letzten vier Monaten ist mir aufgegangen, daß es – nun ja, in den drei Jahren seit Beendigung von *Die Schönen und Verdammten* rasant mit mir bergab gegangen ist«, schrieb er in einem Brief. »[Ich habe] im Durchschnitt ungefähr hundert Wörter pro Tag [geschrieben]. Hätte ich diese Zeit mit Lesen oder Reisen oder irgend etwas verbracht – sogar damit, gesund zu bleiben –, wäre es etwas anderes; aber ich habe die Zeit nutzlos verstreichen lassen, habe mich weder gebildet noch nachgedacht, sondern sie bloß mit Trinken und allgemeiner Krawallmacherei zugebracht.«

Die Dramatikerin Lillian Hellman hat einmal gesagt: »Es ist ein Kennzeichen vieler berühmter Leute, daß sie sich nicht von der Stunde ihres größten Erfolges trennen können.«

Aufgrund der Sensibilität, die einen großen Teil seiner Werke auszeichnet, war Fitzgerald in der Lage, diesen wehmutsvollen Kampf vorauszusehen. »Ich erinnere mich«, schrieb er an Perkins, »wie ich eines Nachmittags in einem Taxi zwischen sehr hohen Gebäuden unter einem malven- und rosafarbenen Himmel entlangfuhr; ich fing an zu weinen, weil ich alles hatte, was ich mir wünschte, und ahnte, daß ich nie wieder so glücklich sein werde.« Jahre später, als sein literarischer Ruhm langsam verblaßte, sehnte er sich in der Tat danach, »wieder so überschwenglich bewundert zu werden wie damals«.

Auch um Zeldas wiederholte Aufenthalte in Nervenkliniken zu finanzieren, ging Fitzgerald als Drehbuchautor nach Hollywood. Er fand die Tätigkeit entwürdigend, obwohl sie sehr lukrativ war, und bereute immer zutiefst, das Schreiben von Romanen aufgeben zu haben. Der Autor Budd Schulberg, mit dem Fitzgerald während der Jahre in Hollywood befreundet war, sah Fitzgerald als Teil der »amerikanischen Tragödie; er war ein ernsthafter Künstler, dem es darauf ankam, eine möglichst große Leserschaft zu erreichen, ein Schriftsteller, der einen ständigen Strom von Gold benötigte«. Fitzgeralds Existenz in Hollywood zeige einen Mann, der »beständig in der Vergangenheit lebte«, womit seine Existenz fast eine Art Symbol für die Reue darstelle.

Heute leben wir mehr denn je in einer Kultur, in der das Sich-gehen-Lassen mit dem Wunsch konkurriert, ein erfülltes Leben zu führen, und deswegen ist Fitzgeralds Leben so lehrreich. Aber auch aus Zeldas Leben läßt sich einiges lernen; denn sie war eine Frau, der es mißlang, ihre jugendlichen Phantasien, sie sei außergewöhnlich begabt, aufzugeben.

Als Zelda Fitzgerald sich der Lebensmitte näherte, klammerte sie sich weiterhin an den allerdings inkonsequent verfolgten Jugendtraum, als Primaballerina Erfolg zu haben; sie ging nach Italien, um dort Ballettanz zu erlernen. Als das verzweifelte Bemühen, ihre Fähigkeiten in einer kleinen Ballett-Companie zu vervollkommnen, sie fast erschöpft hatte, teilte man ihr mit, sie werde es nie bis zur ersten Tänzerin bringen, obgleich sie viel Talent habe und sich durchaus mit anderen Tänzerinnen messen könne.

Zwar hatte sie eine beeindruckende Leistung vollbracht – sie hatte sich einen Platz in einer professionellen Truppe erkämpft, und das in einem Alter, da die meisten Tänzer und Tänzerinnen ihren Zenit überschritten haben. Dennoch war sie derart am Boden zerstört, daß sie den Ballettanz ganz aufgab. Sie war unfähig oder auch nicht willens, den Jugendtraum auf eine Weise zu modifizieren, daß er ihr auch noch in der Lebensmitte Freude machen würde. Deshalb blieb sie bis ans Ende ihres zunehmend unglücklichen Lebens in unkonstruktiver Reue gefangen.

Dylan Thomas war erst zwanzig, als sein erstes Buch herauskam. Danach begab er sich auf den vielleicht verschlungensten Pfad der Selbstzerstörung in den Annalen der Literaturgeschichte.

Bereits in jungen Jahren glaubte Thomas, sein schriftstellerisches Talent sei aufgebraucht. Sein Freund, der Schriftsteller und Kritiker John Malcolm Brinnin, sagt: »Ich wußte so gut wie er, daß sein Unglücklichsein in der Überzeugung gründete, seine schöpferische Kraft habe nachgelassen und er würde keine großen Werke mehr schreiben können... Als er an diesem Punkt angekommen war, verfügte er daher über keine Quelle der Kreativität mehr, um seine literarische Stellung festigen zu können. Die Folge war, daß er seinen Erfolg als betrügerisch ansah und sich selbst als Hochstapler.«

Das Gefühl, hochzustapeln, ist in der heutigen Gesellschaft eine verbreitete Erscheinung. Der Psychologe Lawrence Shames zitiert wissenschaftliche Untersuchungen über das »Hochstapler-Phänomen«, wonach bis zu 40 Prozent außerordentlich erfolgreicher Männer und Frauen insgeheim »wußten«, daß sie ihren Erfolg »vortäuschten«. Ganz gleich, was für berufliche Höhen sie erklommen hatten und wie selbstbewußt sie auf das Erreichte blickten, sie kamen sich »wie Bluffer vor, die höchst anfällig waren für Bloßstellung und Schande... Das Selbstwertgefühl dieser Menschen war dermaßen zerbrechlich... daß der geringste Anlaß – eine Frage, auf die sie keine Antwort hatten, ein geringfügiger Fauxpas während einer Besprechung – sie in große Ängste und Depressionen stürzte.«

Wenn man sich wie *Supermann* bzw. *Superfrau* gebärdet und seine ungeheure Entscheidungsfreudigkeit unter Beweis stellen muß, wenn man von seiner Entwicklung her noch nicht ganz erwachsen ist oder zuwenig Lebenserfahrung besitzt, dann kann das auch den Lohn des einflußreichsten Postens in einer großen Firma oder einer kreativen Leistung schmälern, weil wir den Eindruck gewinnen, daß wir das Erreichte im Grunde nicht verdienen oder es nicht werden bewahren können.

Der Sport ist ein Gebiet, in der Jugend und Erfolg naturgemäß aufs engste verknüpft sind. Sportler haben jung zu sein und müssen nichts weiter als ihre körperliche Geschicklichkeit unter Beweis stellen. Dennoch haben sie oft Schwierigkeiten, im Anschluß an den frühen Ruhm ein sinnerfülltes Erwachsenenleben zu führen.

Eine Gestalt, die in der amerikanischen Literatur häufig vorkommt, ist der Basketball- oder Football-Star. Zu diesem Typus zählt auch der Protagonist in Irwin Shaws Kurzgeschichte »The Eighty-Mile Run«, der sich verzweifelt an die Rolle klammert, die ihm der zu frühe Erfolg auferlegt. Er bleibt viel zu lang im aktiven Sportgeschehen – bis er schließlich, bisweilen auf demütigende Weise, aus der Arena fortgeschickt wird, weil er für alle sichtbar den Ansprüchen seines Sports nicht mehr genügt. Als er schließlich seine Karriere beendet, wird sein gegenwärtiges Erleben von den Erinnerungen überschattet, und die Realität verblaßt im Vergleich mit dem, was er einst im Leben darstellte.

Wem es gelingt, aus dem sportlichen Geschehen mit Anstand und mit einem Minimum an Reue auszuscheiden, der hat erkannt, daß der Jubel, der ihm in den Ohren klang, nicht ewig währen kann.

Kareem Abdul-Jabbar gab noch am selben Tag ein Interview, als er sich aus dem aktiven Basketballsport zurückzog. Im leeren Stadion lehnte er sich in einem Sitz zurück, den sonst ein lauthals rufender Fan einnahm, und blickte hinunter auf den Schauplatz seiner Triumphe. Auch wenn dieses Bild ein großes Potential barg, mit Wehmut zurückzuschauen, habe der Basketballheld, wie der Reporter fand, doch »heiter und gelassen« gewirkt.

Der 42jährige Kareem beendete seine Basketballkarriere, nachdem er zwanzig Jahre in der nationalen Basketball-Liga gespielt hatte. Diesen Rekord hat kein anderer Spieler in der Geschichte des professionellen Basketballs erreicht. Es ist aber auch ein Rekord, der das behagliche Gefühl auslöst, einen Jugendtraum erfüllt zu haben. »Ich bedaure nichts«, sagte Kareem bestimmt. »Ich hatte eine phantastische Karriere... sie hätte nicht besser sein können. Ich erinnere mich, wie ich in New York aufwuchs und hoffte, eine Saison lang in der Liga mit all den bedeutenden Spielern spielen zu können. Schließlich war ich länger dabei als alle anderen.« Er habe nicht nur große Genugtuung durch die Erfüllung seines Jugendtraumes gefunden, sondern auch in dem Wissen, daß seine Karriere selbst seine kühnsten Erwartungen übertroffen hätte.

Kareem Abdul-Jabbar vermochte seine früheren Erfolge als Quell der Freude und des Stolzes einzusetzen, statt sie lediglich als Maßstab dessen zu betrachten, was ihm zukünftig fehlen werde. Allzuoft fördern unsere Erfolge, zumal in der habgierigen Atmosphäre der heutigen Zeit, neue grandiose Erwartungen, und dies hält uns davon ab, Befriedigung in persönlichen Erfolgen und privaten Beziehungen finden.

In der Vergangenheit zu leben, das ist ein potentielles Problem für jeden Menschen, der – so wie ein alternder Sporter – Selbstbewußtsein und Berühmtheit in erster Linie aufgrund vergänglicher Erfolge errungen hat. Für viele Frauen, vor allem in unserer Kultur, die Jugend mit Schönheit gleichsetzt, kann das Älterwerden die äußerst schmerzliche Trennung von glücklicheren Zeiten bedeuten.

Ava Gardner, die stets wegen ihres Gesichtes und ihres Körpers, weniger aufgrund ihrer schauspielerischen Begabung bewundert wurde, hat einmal gesagt, sie könne ihr Leben als ältere Frau kühl und ohne Sentimentalität einschätzen. »Schätzchen, es kommt eine Zeit, da ist man ein altes Weib... Ich hatte viel Spaß im Leben, und da sieht eben jedes Gesicht – nun ja, verlebt aus.« Und in spöttischem, trotzigem Tonfall fügte sie hinzu: »Denken Sie ja nicht, daß ich mich vor den Spiegel stelle und heule.«

Ava Gardner war die Zielscheibe leidenschaftlicher Avancen einiger sehr berühmter Männer, von Howard Hughes bis zu Frank Sinatra. »Nie hat ein Mann eine Frau so sehr geliebt wie Frank Ava Gardner«, schreibt ihre Biographin Kitty Kelley. Doch als Ava Gardner ihre Vergangenheit voller Glanz und Glitter hinter sich gelassen hatte, weigerte sie sich, ihre Londoner Wohnung mit Erinnerungen an diese Verbindung auszustatten. »Ich kann es nicht ausstehen, wenn diese Sachen überall herumstehen. Ich muß nicht unbedingt jede Minute an damals erinnert werden.«

Sophia Loren ist eine Frau mit gefestigteren Impulsen als Ava Gardner, und sie hat auch eine bedeutendere Karriere als ernsthafte Schauspielerin gemacht. Angesprochen darauf, ob sie das Älterwerden bedauere, antwortete sie: »Das Altern ist ein sehr relativer Prozeß. Ich versuche, mich so gut es geht in Form zu halten. Trotzdem ist es herrlich, alt zu werden. Man wird reifer und erlebt soviel: Freude, aber auch Leid. Trotzdem war es ein wunderschönes Leben.«

Zwar habe es einige Dinge gegeben, die sie anders gemacht hätte, wenn sich die Chance geboten hätte, frühere Wahlen zu korrigieren, aber trotzdem habe sie gegenwärtig »nichts zu bereuen«. Die Gründe dafür lägen auf der Hand: »Ich bin stolz darauf, was ich aus mir gemacht habe.«

In der Tat ist Sophia Loren ein Beispiel für jemanden, der mit Hilfe der schmerzlichen Lehren der Vergangenheit seine Ziele bestimmt und alles daransetzt, sie zu verwirklichen. Als uneheliches Kind wuchs sie in Armut und schmerzlicher Anonymität auf. »Ich hatte zwar immer das Gefühl, keinen Vater zu haben«, sagt sie in einem Porträt in der Zeitschrift *Parade*, »ich habe mich deswegen aber nie beklagt. Wenn man jung ist, gewöhnt man sich an die negativen Dinge im Leben und denkt: ›Vielleicht muß es ja so sein.‹«

Daß sie sich mit diesen unglücklichen Umständen ihrer Herkunft abfinden konnte, habe sie davon abgehalten, verbittert zu werden und im Sumpf der Vergangenheit steckenzubleiben. Zudem habe es ihr erlaubt, nach vorne zu schauen: »Ich wollte etwas im Leben erreichen und nicht anonym bleiben.« Um dieses Versprechen sich selbst gegenüber erfüllen zu können, habe sie die verschiedensten Hindernisse überwinden müssen – darunter auch bestimmte Aspekte ihrer Persönlichkeit. »Ich bin immer sehr schüchtern gewesen«, räumt sie ein. »Wenn ich einen anderen Menschen kennenlerne, fühle ich mich zunächst unbehaglich. Das ist für mich immer sehr schwierig. Journalisten fragen mich oft, wie ich es schaffe, vor der Kamera immer so selbstsicher und gelassen zu wirken. Die haben ja keine Ahnung, was für Qualen ich dabei leide.«

Nach einigem Nachdenken sagte sie weiter: Wenn sie ihre Mutter besucht (die großen Anteil an ihrem Erfolg hat), unterhalten sie sich stundenlang über das, »was geschieht und was geschehen wird«, und sonnen sich in der Erkenntnis, daß die vor langer Zeit gefaßten Träume wahr geworden sind. »Du lieber Gott«, versichern sie sich dann gegenseitig, »es funktioniert noch immer. Der Traum hört gar nicht wieder auf.«

Sicherlich wirke die Freude über ihre Erfolge den zahlreichen Empfindungen des Bedauerns entgegen, daß sie älter wird. Sie betrachte ihr Leben als Kontinuum. Doch sehe sie einer abwechslungsreichen Zukunft voller Möglichkeiten entgegen. »Wenn ich mich wirklich für etwas engagiere, dann wird es auch wahr.« Denn: »Ich habe nie geglaubt..., daß ich so großen Erfolg haben werde. Heute scheint alles ganz leicht gewesen zu sein – so, als hätte ich alles mit einem Zauberstab vollbracht. Aber ich mußte viel opfern und viel riskieren.«

Der Schauspieler Burt Lancaster stellt ähnliche Betrachtungen an: Als er bereits weit über siebzig war, stellte er einen Interviewer zur Rede: »Warum fragen Sie mich nicht danach, ob ich Risiken eingegangen bin? Genau da finden Sie nämlich den echten Burt Lancaster. Vor langer Zeit habe ich beschlossen – und man hielt mich deswegen für verrückt –, nicht weiter die Rollen zu spielen, die mich so populär gemacht hatten.«

Mit zunehmendem Alter gewann Lancaster an schauspielerischer Statur. Er deutet an, daß er auf »Nummer Sicher« hätte gehen können, indem er weiter die Rollen spielte, die die Öffentlichkeit bewunderte und mit denen sie ihn identifizierte, und weiter Filme drehte, die finanziellen Erfolg garantierten. Statt dessen tat er etwas anderes, wie der Filmkritiker der *New York Times* schrieb: »Für jeden Unterhaltungsfilm, den er drehte, gab es immer ein vergleichsweise wagemutiges ›künstlerisches‹ Vorhaben.«

Lancasters Entschlossenheit, »Schauspieler« und kein »Held« zu sein, wurde gestärkt durch das Bedauern, in eine Abänderung des Films *Apache* eingewilligt zu haben. Das Studio war der Ansicht, die Öffentlichkeit werde etwas dagegen haben, wenn der Held, der von Burt Lancaster gespielt wurde, am Schluß ermordet wird.

»Eine Zeitlang habe ich mich geweigert, die Szene neu zu drehen, doch schließlich habe ich nachgegeben. Das habe ich mir nie verziehen. Es war ein guter Film, und das ursprüngliche Ende hätte den Film zum Klassiker gemacht. Hinterher habe ich mir gesagt: ›Nie wieder.‹ Mein Leben besteht nicht nur aus meiner Karriere. Mein Leben ist mir wichtiger.«

Auch Carol Burnett ist der Ansicht, daß Risikobereitshaft das emotionale Wachstum eher fördert als behindert; überdies verringere sich dadurch die Reue, sich selber verraten zu haben. Das zeigt aber auch: Wenn wir ein im Grunde starkes Selbstgefühl besitzen und uns das im Leben Erreichte glücklich stimmt, gewinnen die kritischen Äußerungen anderer Menschen keine so große Macht über uns. »Etliche meiner Projekte sind im Sande verlaufen. Daraus habe ich allerdings eines gelernt: Wenn *ich* mit meiner Leistung zufrieden bin, macht mir das nicht annähernd so viele Probleme wie die Situation, daß mir mein Vorhaben selber nicht gefällt. In dem Fall würde ich mich am liebsten selbst ohrfeigen. Gefällt mir, was ich getan habe – auch wenn es sonst niemand mag –, dann kann ich einen Mißerfolg viel besser verkraften.«

Im Privatleben ging Carol Burnett das Wagnis ein, sich nach zwanzigjähriger Ehe scheiden zu lassen: »Ich verlor die Richtung in meinem Leben. Bisweilen hatte ich das Gefühl, ich laufe innerlich auf Sand.« Als man sie fragte, ob sie ihren Entschluß bereue, erwiderte sie: »Nein. Trotz der Einsamkeit, der Selbstzweifel, der Unsicherheit... diese Gefühle sind immer noch da... sehe ich mit großer Zuversicht in die Zukunft.«

So wie Sophia Loren ist auch Carol Burnett der Ansicht, daß sie bereit ist – egal, was die Zukunft bringen mag. Da sie zudem viele frühere schmerzliche Erfahrungen überwunden habe – von einer unglücklichen Kindheit in einer Familie, in der Alkoholmißbrauch herrschte, bis hin zu einer gescheiterten Ehe, wisse sie, »daß man das übersteht. Und das ist auch gut so.«

Sicherlich wird unser Ich stärker, und wir trauern vergangenen Erlebnissen auch nicht mehr so stark nach, wenn wir Kämpfe und Verluste überstanden haben. Wenn wir nie nach Erfolg streben, scheitern wir vielleicht nicht, doch werden wir uns auch nicht zu einer Persönlichkeit entwickeln, der wir Respekt zollen können.

Vor nicht allzu langer Zeit ging die Todesanzeige einer 79jährigen Frau namens Marie-Madeleine Fourcade durch die Presse. Sie zählte zu den führenden Köpfen der französischen *Résistance* im Zweiten Weltkrieg und war die einzige Frau, die eine wichtige Gruppe von Widerstandskämpfern gegen die Nazis in Frankreich geleitet hatte. Nachdem ihr die Flucht aus der Gefangenschaft gelungen war, wurde ihr Leben von vielerlei Gefahren und beständigen Todesdrohungen überschattet. Doch in einem Fernsehinterview kurz vor ihrem Tod meinte sie: »Tief im Innern frage ich mich, ob diese Jahre nicht die beste Zeit in meinem Leben waren. Gewiß, da gab es die Angst. Wenn man gejagt wird, hat man ununterbrochen Angst und ist äußerst angespannt, kann weder schlafen noch leben. Doch diese Existenz wurde Teil meines Wesens, und ich habe nichts dagegen einzuwenden.«

Kaum einer von uns wird wohl je vor der Art Wahl stehen, die Marie-Madeleine Fourcade traf, doch in unser aller Leben gibt es singuläre Augenblicke des Mutes, da wir beschließen, unsere persönliche Integrität zu wahren, die uns verlorengehen würde, gäben wir unseren Ängsten nach.

»Mein Vater war ein imposanter, eindrucksvoller Mann«, erinnert sich der Schauspieler Kirk Douglas. »Er trank viel, es war eine Art Flucht. Ich erinnere mich an den wohl mutigsten Moment in meinem Leben: Ich war ungefähr zehn, wir saßen alle am Tisch und tranken Tee. Ich tat etwas auf den Löffel und spritzte den Inhalt meinem Vater ins Gesicht. Er hat mich gepackt und mir den Hintern versohlt, aber ich war's zufrieden. Daß ich das getan hatte, war fast so etwas wie ein Akt der Lebensrettung.«

Als Lauren Bacall in ihren Memoiren auf ihr Leben zurückblickte, bereute sie zutiefst, diese Art trotziger Stärke nicht gezeigt zu haben, als man ihre Grundsätze mit Füßen trat. »Ich mag mich nicht, und ich bewundere mich erst recht nicht dafür, daß mir der Mut fehlte, Howard Hughes die Stirn zu bieten, wenn er mal wieder einen antijüdischen Witz riß.« Wobei sie, wie sie hinzufügte, sich erst nach vielen Jahren verzeihen konnte, Hughes wegen seiner bigotten Einstellung nicht unmißverständlich zur Rede gestellt zu haben.

Die meisten Menschen, die einem geliebten Menschen gegenüber etwas versäumt oder ihn schlecht behandelt haben, belastet die Reue sehr – auch wenn sie dafür den Beifall der Öffentlichkeit – lauter Fremder – ernten. So bereute Ernest Hemingway, daß es in seinem Leben »oftmals sehr unangenehme Szenen gab, weil ich Fehler gemacht und verschiedene Menschen verletzt hatte, die in meinem Leben, dieser traurigen Geschichte, eine große Rolle spielten.«

Häufig erzeugen auch Zeiten der politischen und sozialen Unruhe Schmerz und Reue bei denjenigen, die womöglich zum Leid unschuldiger Menschen beigetragen haben. Der bekannte Fernsehproduzent Mark Goodson erinnert sich an den »düsteren Schrecken« der Zeit im Jahre 1950, als man es angeblich kommunistischen Sympathisanten untersagte, als Drehbuchschreiber oder Regisseur weiterzuarbeiten. Im Rückblick kam Goodson zu der Erkenntnis, daß er zwar sein Bestes gegeben habe, diesem Berufsverbot für seine Kollegen entgegenzutreten, er sich jedoch nicht massiv genug gegen die damit einhergehende Hysterie zur

Wehr gesetzt habe. »Ein Gefühl drängt sich mir immer wieder auf«, schrieb er nachdenklich in einem Artikel für die *New York Times*, »wenn ich mehr Mut gezeigt und mich früher gewehrt hätte, und wenn mehr von uns bereit gewesen wären, sich dem Druck zu wiedersetzen, dann hätten wir diese schmachvolle Ära schneller beenden können.«

Auch den Dramatiker Arthur Miller bedrückten die Anhörungen vor dem »Komitee gegen unamerikanische Umtriebe« in den fünfziger Jahren und die Auswirkungen auf das Theater und den Film. Vom Kongreß bestallte Nachforscher versuchten ihn und andere Zeugen unter Druck zu setzen, sie sollten die »Sympathisanten mit dem Kommunismus im Bereich der Künste« namentlich benennen, um so die eigene Karriere zu retten. Miller erinnert sich: Als er nach einem Besuch in Salem nach New York zurückfuhr, hörte er im Autoradio, daß der befreundete Elia Kazan dem Druck der Vernehmungsbeamten nachgegeben und ihnen eine Liste mit den Namen seiner Kollegen ausgehändigt hatte.

»Ein Gefühl der Betäubung ließ mich nicht los«, erinnert sich Miller. Er habe diese Menschen, die seinen Namen preisgegeben hatten, außerordentlich geschätzt. Deshalb habe er das Stück *The Crucible* [Hexenjagd] geschrieben. Anhand der Geschichte der Salemer Hexenverfolgung von 1692 habe er zeigen wollen, daß »die Zerstörung der Inhalte... total zu sein [schien], denn der Zeuge mußte oft Freundschaften aufgeben und Menschen nennen, die er immer noch liebte«.

Nahezu unerträglich wird die Qual, sich für den Schmerz eines geliebten Menschen verantwortlich zu fühlen, wenn wir wissen, daß sich uns nie wieder die Gelegenheit bieten wird, diesen Schmerz zu heilen. So litt der Dichter Robert Frost große Trauer, weil es ihm nicht gelungen war, seinem Sohn im jungen Erwachsenenalter eine Botschaft zu übermitteln, die dessen Isolation und Verzweiflung hätte durchbrechen können, die schließlich zum Selbstmord des jungen Mannes führte. »Ich habe mich ihm falsch genähert«, klagt Frost. »Ich habe es auf verschiedene Arten probiert, aber jeder einzelne Weg war falsch. Etwas in mir sehnt sich immer noch nach der Chance, es noch einmal zu versuchen. Und darin liegt der größte Schmerz.«

Mitunter fügt auch nicht, was eine prominente Person gesagt oder nicht gesagt hat, einem anderen Menschen Leid zu, sondern einfach der Umstand, daß sie einen ganz bestimmten, als notwendig erachteten Weg einschlug. Der erste Roman *Die Fünfzehnjährigen* der irischen Schriftstellerin Edna O'Brien wurde zu ihrem eigenen Erstaunen ein großer Erfolg. Zu ihrer noch größeren Überraschung leitete dieser Erfolg allerdings auch das Ende ihrer Ehe ein.

»Männer haben meines Erachtens Angst vor bestimmten Berufen, vor allem dem des Schriftstellers«, sagt sie im Rückblick. »Ich würde auch sagen, daß ich im Leben einen Preis dafür zu zahlen hatte. Ich bin aber nicht eines Morgens aufgewacht und habe mir gesagt, ich entscheide mich für den Beruf und gegen ein glückliches, wunderschönes Leben voll Liebe als Hausfrau. In Wahrheit wollte ich beides, aber offenbar ging das nicht.«

Der Autor Neil Sheehan hatte mehr Glück, als er sich entschloß, sein unbezwingliches schöpferisches Ziel zu verwirklichen. An seinem Buch über den Vietnam-Krieg, *Die große Lüge*, schrieb er sechzehn Jahre. Dadurch machten er und seine Familie 300000 Dollar Schulden, ehe das Buch, ohne Aussicht auf sicheren finanziellen Erfolg, schließlich veröffentlicht wurde. Anders als Edna O'Brians Ehemann unterstützte Sheehans Ehefrau seinen Traum jedoch immer rückhaltlos und war glücklich, den Triumph mit ihm zu teilen.

Gewiß, da waren viele Dinge, auf die er wegen der Einschränkungen, die das Buchprojekt seinem Leben auferlegte, verzichten mußte, und heute, sechzehn Jahre später, weiß er, daß er einiges überhaupt nicht mehr wird tun können.

»An manchen Tagen wache ich auf und denke: ›Ich bin nicht mehr jung. Ein kaputtes Knie habe ich auch ... Aber dann denke ich: und wenn schon, das Alter erwischt uns sowieso, egal, was wir tun, und ich habe Glück gehabt.« Da er das Buch zu Hause schrieb, während die Kinder klein waren, habe er »mehr von meinen Töchtern erlebt als die meisten anderen Väter. Außerdem habe ich das Buch geschrieben, das ich immer schreiben wollte.« Seine Frau pflichtet ihm bei. »Man zahlt einen Preis für alles, was man tut.« Ihr Beitrag hatte jedoch sicherlich geholfen, daß beide das Bedauern über die enorm hohe Investition an Geld und Zeit bewältigten.

Begabt mit einer ähnlichen Fähigkeit, persönliche Werte über die Meinung anderer Menschen zu stellen, worin ein sinnvolles, erfülltes Leben bestehe, versicherte der Autor, Schauspieler und Entertainer Noel Coward seinen Bewunderern, daß »man sich nicht vorstellen darf, mich hätten keine Zweifel geplagt... Im tiefen Unbewußten meiner christlichen Seele blieb der nagende Zweifel, ich sei nichts als ein Clown, ein törichtes, scherzendes Leichtgewicht, das weder Tiefen noch wahres menschliches Verständnis hat. Und daß mein Name, unmittelbar nach meinem Tod, wenn nicht schon lange davor, aus der Erinnerung der Öffentlichkeit ausgelöscht werden würde. Während langer Jahre habe ich nach einem Thema gesucht, das ehrwürdig genug wäre, um es zur Grundlage für ein wirklich bedeutendes Theaterstück zu machen.«

Da sei ihm, wie er sich erinnere, eine Idee gekommen »wie ein Blitz: nämlich daß ich schon einige bedeutende Stücke geschrieben hatte – bedeutend deshalb, weil sie einer sehr großen Zahl von Menschen sehr viel Freude gemacht hatten.«

Vielleicht hätte Noel Coward größeres Ansehen als ernstzunehmender Kritiker sozialer Verhaltensweisen erlangt, hätte er sich dazu entschieden, auch in anderen, ernsthafteren literarischen Genres zu schreiben. Doch als er zuließ, den Schriftsteller zu schätzen, der er schließlich geworden war, verminderte dies die angstvolle Reue, andere Menschen könnten seine literarischen Arbeiten als unbedeutend abtun.

Auch Simone de Beauvoir, die von der Gesellschaft sehr ernst genommen wurde, plagten gelegentlich Zweifel, und sie gingen stets einher mit Gefühlen der Reue: Wie hätte ich ein anderes Leben führen können? Wäre mein Leben sinnvoller gewesen als das, das ich gewählt habe? »Ich weiß nicht, wohin mich die Wege geführt hätten, von denen ich im Rückblick glaube, daß ich sie hätte einschlagen können, die ich aber doch nicht gegangen bin«, sagt sie nachdenklich. Im Grunde habe sie sich mit dieser nicht zu beantwortenden Frage versöhnt, indem sie sich gesagt habe, daß die Entscheidungen, die sie getroffen hatte, ihr notwendig und gültig erschienen, weil sie sie dazu gebracht hätten, »mit meinem Schicksal zufrieden zu sein«.

Wenn man sich als Objekt sieht, das eigentlich nie eine Wahl trifft, sondern nur ziellos auf zufälligen Wegen wandelt, ohne zu erkennen, wie sie mit unserer Zukunft in Verbindung stehen, kann man durchaus reuevoll in der Zukunft ankommen und den verpaßten Chancen und dem mangelnden Sinn in seinem Leben nachtrauern. Auf die Frage, ob er etwas bereue, antwortete Tennessee Williams prompt und leidenschaftlich: »O Gott, ja, mein Lieber. Ich bereue sehr viel... ich habe nicht das Gefühl, daß es in meinem Leben eine Kontinuität gibt. Es ist, als bestünde es aus lauter Fragmenten, die sich nicht verbinden lassen.«

Zum Glück für die Zuschauer seiner Stücke war Tennessee Williams in der Lage, seinen Schmerz und seine Verwirrung als machtvolles schöpferisches Potential zu nutzen. Die Werke spiegeln Williams' lebenslange mutige Selbsteinschätzung und das Akzeptieren der tiefreichendsten Formen der Reue. Die Figuren in seinen Stücken offenbaren sich den anderen und sich selbst in einer Sprache, in der die Verzweiflung und Enttäuschung über ihre oftmals bitteren Fehler mitschwingt. Williams selber hat diese Sprache einmal als »Schreie des kampfbereiten Herzens« bezeichnet.

Graham Greene hat einmal gesagt: »Schreiben ist eine Form der Therapie. Manchmal wundere ich mich, wie diejenigen, die nicht schreiben, komponieren oder malen, es schaffen, dem Wahnsinn, der Melancholie, der panischen Angst zu entkommen, die der condition humaine innewohnt.«

Andere Menschen, deren Vergangenheit voller Fehler ist, die aber den Kampf fortsetzen, um ihrem Leben noch einmal eine Wendung zu verleihen, empfinden mitunter große Bitterkeit über ihre Erfolge. So wurde der Schauspieler Charles Dutton wegen seiner herausragenden schauspielerischen Leistung in dem mit dem Pulitzer-Preis bedachten Stück *The Piano Lesson* ausgezeichnet. Dutton besaß zwar einen Abschluß der Drama School der Yale-Universität und das Gebaren eines Mannes, dessen größte Herausforderung im Leben darin bestand, seine Karriere vorzubereiten. Doch ist seine Lebensgeschichte voller Gewalt und Gefangenschaft.

Dutton wuchs in einem Ghetto mit einer hohen Kriminalitätsrate auf, in dem der Gewalt gehuldigt wurde. Er erstach einen Mann, von dem er behauptete, dieser habe ihn angegriffen. So setzte Duttons Karriere als Strafgefangener im Alter von siebzehn Jahren ein, die erst zu Ende kam, als er sechsundzwanzig war. Im Gefängnis wurde Dutton von einem Mithäftling durch einen Messerstich schwer verletzt – ein Vorkommnis, das schließlich den Preis erhellte, den er, Dutton, für das Leben zu zahlen hatte, für das er sich freiwillig entschieden hatte. Denn anstatt weiterhin unter Beweis zu stellen, daß er ebenso hart im Nehmen und gefährlich wie die Mitgefangenen war, faßte er den Entschluß, sich von deren Erfahrungen und Werten zu trennen. »Ich habe mir gesagt: Diesen Männern bin ich bis in die Hölle gefolgt, und nun war ich gemeinsam mit ihnen in der Hölle angelangt.«

Was nun folgt, ist erstaunlich und zeugt von großer Entschlußkraft, Willensstärke und Begabung: Dutton besuchte das College und die Universität, nachdem er sich im Gefängnis auf das Studium vorbereitet und sogar als Schauspieler gewirkt hatte. Als nach der Premiere von *The Piano Lesson* die Kritik das Stück mit Lobeshymnen überschüttete, sagte er: »Immer wieder habe ich mich in Gedanken mit den Jahren im Gefängnis beschäftigt. Zehn Jahre meines Lebens habe ich vergeudet. Manchmal vergesse ich diese Zeit, aber dann kehren die Erinnerungen zurück. wie bei jener Premiere... als der Schlußapplaus auf mich niederprasselte. Da stand ich nun, verbeugte mich zusammen mit meinen Kollegen und Kolleginnen, während ich den brausenden Applaus hörte, und plötzlich dachte ich: ›Vor vierzehn Jahren hat mir eine Horde Strafgefangener applaudiert.‹«

Es war ein unvergeßlicher, bittersüßer Augenblick. Während er lächelte und sich vor der jubelnden Menge verneigte, sei ihm bewußt geworden, daß sich diese verlorenen Jahre nie wieder zurückholen ließen, daß er aber auch dankbaren Stolz empfand bei dem Gedanken: »Mein Gott... ich bin einen langen Weg gegangen.«

Wo wir im Leben ankommen und wie lange es dauert, bis wir dort eingetroffen sind – das alles bildet die Summe unserer Entscheidungen und Fehler. Weder Ruhm noch Reichtum scheinen diese grundlegende Wahrheit zu schmälern. Tennessee Williams kam schließlich zu dem Schluß, daß Reichtum und Ruhm nur selten zur Bejahung des Lebens führen, sondern vielmehr imstande sind, die Fähigkeit zum emotionalen Wachstum zu zerstören. Die Sicherheit des Erfolges führe oft zu Katastrophen. Sie könnten »zu einer Art Tod werden... nicht weniger schrecklich, als wenn man arm und unbekannt in einem schmuddeligen Zimmer stirbt«, auch wenn sie sich »in einem Sturm von Tantiemen-Schecks neben einem nierenförmigen Swimming-Pool in Beverly Hills« abgespielt hätten.

Williams gibt dem Leser eine letzte Mahnung auf den Weg: Was immer man erreicht oder nicht erreicht habe, man müsse immer weiter darum kämpfen, die Reue zu überwinden. »Es ist nie völlig zu spät«, sagt er und meint damit, daß wir in der Vergangenheit zwar vielleicht einige Chancen vertan haben, jetzt aber auf sie achten müssen, damit wir sie erkennen und beim Schopfe packen können, wenn uns dieses Gefühl von neuem heimsucht:

»Man frage nur irgendeinen Menschen, in dem noch Leben steckt. Leb! Die Zeit drängt, und sie kommt nicht wieder... Sie vergeht, während ich dies schreibe und während Sie diese Zeilen lesen, und die einsilbige Antwort der Uhr lautet: Verlust, Verlust, Verlust – es sei denn, man hängt sein Herz daran, sich diesem Gefühl mit aller Macht zu widersetzen.«

*To strive, to seek, to find, and not to yield.**

ALFRED LORD TENNYSON

10. Die Reue überwinden

Als Alexander der Große den griechischen Philosophen Diogenes traf, fragte er den berühmten Lehrer, ob er irgend etwas für ihn tun könne. Diogenes hatte eine schlichte Bitte: »Störe meine Kreise nicht.« In diesem letzten Kapitel möchten wir die Anregungen, die wir an anderer Stelle gegeben haben, ergänzen und Sie mit zusätzlichem Material versorgen, damit Sie mit dem Gefühl der Reue konstruktiv umgehen können. Wir hoffen, Sie mit Wissen zu versorgen, das Ihnen den Weg zu mehr Selbsterkenntnis weist, und Ihnen Hilfsmittel zu liefern, mit denen sich die unvermeidbaren Fehler und gescheiterten Träume Ihres Lebens erfolgreicher bewältigen lassen.

Selbst-Bewußtsein und die Fähigkeit, sich aus den Fesseln der Reue zu befreien, entwickeln sich nicht über Nacht. Daß dies in unserer Zeit, da wir für alle Probleme eine rasche Lösung verlangen, als ketzerisch gelten könnte, ist uns bewußt. Doch dürfte Ihnen klargeworden sein, daß der beständige Wunsch, sich *sofort* besser zu fühlen, das Leid oftmals vergrößert – das heißt, die Selbstvorwürfe setzen ein, wenn die Hoffnung auf Veränderung sich nicht sofort erfüllt.

Im Gegensatz zu den vorigen Kapiteln, in denen wir die wenig wirksamen psychischen Abwehrmechanismen, die unkonstruktive Reue fördern, behandelt haben, wollen wir nun die wirksamen Abwehrmethoden untersuchen, die sich als wertvolle Waffen gegen seelischen Schmerz erweisen werden. Wir wollen zudem einige andere psychologische Techniken vorstellen, die man ebenfalls einsetzen kann, so daß die Reue zu keinem dauerhaften seelischen Leiden führt.

Die effektiven Abwehrmechnismen schützen uns davor, daß

* [Zu streben, zu suchen, zu finden, aber nicht nachzugeben.]

wir uns mehr Streß aussetzen, als wir bewältigen können, und ermutigen uns zu Formen des Denkens, Fühlens und des Verhaltens, mit deren Hilfe wir uns erfolgreicher der belastenden Situation anpassen können. Sie gestatten uns einen höheren Grad an Flexibilität und eine reifere Reaktion auf die psychische Bedrohung. Am wichtigsten ist aber vielleicht: Diese positiven Schutzmechanismen werden im Bewußtsein wirksam, so daß wir sie bewußt verwenden können. Auf diese Weise können wir die Anspannung der gegenwärtigen Wahl wie auch der vergangenen Entscheidungen, die wir zutiefst bereuen, überwinden.

Der erste wirksame Abwehrmechanismus, der uns zur Verfügung steht, ist Altruismus, das heißt: sich aufrichtig wohl zu fühlen, weil wir für einen Mitmenschen etwas Positives getan haben. Im Gegensatz zu den von Selbstliebe geprägten Botschaften der gegenwärtigen Kultur fördern Mitgefühl und Hilfsbereitschaft unser Selbstgefühl und das Bewußtsein, daß das Leben einen Sinn hat. Eine Kultur, die Habgier und Selbstsucht prämiert, macht uns keinen Mut, Schutzmechanismen wie die Nächstenliebe zu entfalten. Doch bilden sie ein wichtiges und notwendiges Instrumentarium, wenn man mit den vielfältigen Verpflichtungen und Wahlen im Leben fertigwerden will.

Der Altruismus verhilft uns lebenslang dazu, mit seelischen Belastungen fertig zu werden, ja er trägt zu dem Gefühl bei, daß man – egal, in welchem Alter – immer noch aktiv am Leben teilhat. Eleanor Roosevelt sagte an ihrem fünfundsiebzigsten Geburtstag: »Wenn man aufhört, einen Beitrag zu leisten, beginnt man zu sterben. Darum erachte ich es für notwendig, etwas zu tun, von dem man glaubt, daß es einem hilft, mit Anstand und Achtsamkeit älter zu werden.«

Als Albert Schweitzer in hohem Alter über sein Leben nachdachte, bereute er, ein eher kümmerliches Privatleben geführt zu haben, vor allem aber, sich nicht intensiver um seine Frau und sein Kind gekümmert zu haben. Insgesamt sei er jedoch gelassen und heiter, denn »ich hatte auch Glück: Ich durfte im Dienst der Barmherzigkeit arbeiten«.

Heute rangieren die Bedürfnisse des Einzelnen und die mit allen Mitteln verteidigte Autonomie höher als das große Glück, das dem Einfühlungsvermögen und der Hilfsbereitschaft entspringt. Sogar Frauen, die sich traditionell um die Kinder und die Familie kümmerten und einen Lebenssinn in der Rolle der Versorgerin fanden, sind von der in unserer Kultur vorherrschenden Abwertung des Altruismus betroffen. Die renommierte Psychologin Jean Baker Miller erklärt hierzu: »Zwar haben Frauen im allgemeinen ein sehr viel größeres Gespür, wie wichtig das Verbundenheitsgefühl mit anderen Menschen ist; doch wird diesem Gefühl in der herrschenden Kultur der wahre Wert aberkannt. Statt dessen hat man es herabgesetzt, und das wiederum... hat dazu geführt, daß die Frauen, die ja von der Wichtigkeit dieses Gefühls überzeugt sind, sich selbst herabgesetzt haben.«

Dennoch finden die meisten Frauen, die im allgemeinen früher in die Phase der Generativität eintreten als Männer, auch heute noch, daß Fürsorge für andere das Leben bereichert – auch wenn sie zu Recht die Forderung nach einem selbstständigerem Leben stellen. Wie verschiedene Organisationen, etwa »Big Brothers« und die Hospiz-Bewegung, die Sterbehilfe leistet, zeigen, gewinnt die Fähigkeit, sich anderen zuzuwenden, auch im Leben des Mannes an Bedeutung.

Vince, Ladenbesitzer in den mittleren Jahren, lebt in einer Kleinstadt im Bundesstaat New England. Durch die Organisation »Hospice« hat er einen ungefähr gleichaltrigen Krebspatienten »adoptiert«. »Es gibt so viele Menschen auf der Welt, und ich finde, daß niemand allein sein oder allein sterben sollte«, sagt Vince, um zu erklären, warum er sich in dieser Weise engagiert. Einmal pro Woche sitzen die beiden Männer am Küchentisch des Sterbenden, trinken Tee und unterhalten sich über Themen, die von ganz normalen Dingen bis zur Angst des Patienten vor dem Tod reichen. Vince glaubt, daß er unschätzbaren Nutzen aus dieser Beziehung gezogen hat. Entschlossen sagt er: »Ich habe eine Menge bekommen.«

Ein ausgeprägter Altruismus hilft uns zu verstehen, daß wir soziale Wesen sind und nicht jede alte Wahl oder jede neue Entscheidung aus dem Blickwinkel der Selbst-Belohnung betrachten sollten. Zudem wird uns dann klar, daß wir jede getroffene Wahl durch eine Brille betrachten, die getönt ist von dem Engagement für andere. *Wenn wir unsere Reue über verpaßte Chancen dem Umstand gegenüberstellen, daß unsere Entscheidung einem anderen Menschen genützt hat, kann das unsere Selbstvorwürfe mildern und das Mitgefühl mit uns selbst stärken.*

Im Talmud findet sich die Frage: »Wenn nicht ich für mich da bin, wer dann? Und wenn ich allein für mich da bin, wer bin ich?« Vor kurzem hat Roberta ihren fünfundzwanzigsten Hochzeitstag gefeiert. Auf dem Fest brachte ihr Mann einen liebevollen Toast auf Roberta aus, der sie zu Tränen rührte. Im Laufe des Abends dachte sie darüber nach, daß sie zehn Jahre zuvor eine kurze, aber leidenschaftliche Liaison beendet hatte, als der damalige Freund sie dazu drängte, ein neues Leben mit ihm zu beginnen und ihren Mann zu verlassen.

»Ich habe meinen Mann geliebt, aber wir haben jung geheiratet und schon früh Kinder bekommen. Meines Erachtens haben wir uns zu früh in einem vorhersehbaren Leben eingerichtet. Ich liebe meine Familie, doch da war noch die Sehnsucht nach der Art Erregung, die ich nur sehr kurz erlebt hatte, als ich sehr viel jünger war. Jemandem wie Kevin war ich vorher noch nie begegnet. Wir lernten uns zufällig kennen. Es war eine überwältigende Erfahrung, doch erkannte ich – trotz aller Bedenken und Ängste – zu meiner eigenen Verwunderung, daß ich mich auf eine Affäre eingelassen hatte. Er war ein brillanter Mann, und wir hatten unglaublich viele gemeinsame Interessen. Ich fand ihn nicht nur äußerst attraktiv, sondern konnte mich auch stundenlang mit ihm unterhalten. Glauben Sie mir, nur etwas, das soviel Macht hatte wie diese Beziehung, war imstande, meine Schuldgefühle zu überwinden. Ich war einfach nicht fähig, Kevin aufzugeben.«

Doch als der Freund auf Scheidung drängte, verließ sie ihn. Noch lange litt sie unter der Vorstellung, wie schön das Leben hätte werden können, wenn sie sich anders entschieden hätte, und immer wieder stellte sie sich die quälende Frage, warum sie nicht den Mut aufgebracht hatte, aus den Bahnen der Konvention auszubrechen.

»Allmählich aber wurde mir klar«, sagte Roberta, »daß meine Wahl auf viel mehr als bloßer Konvention beruhte – nämlich auf meinen Verpflichtungen und meinem Gefühl, einem anderen Menschen verbunden zu sein. Nichts, ganz gleich, wie aufregend es auch sein mochte, hätte ausgleichen können, daß ich meinen Kindern oder meinem Mann, einem wirklich herzensguten und liebevollen Mann, ein Leid zugefügt hätte.«

Indem Roberta das Augenmerk auf die Liebe und die Dankbarkeit richtete, die sie für die Familie empfand, war sie in der Lage, trotz des Verlustes Trost zu finden. »Heute glaube ich: Das Unglück meines Mannes und der Kinder hätte nicht nur meine Lebenszufriedenheit verringert, weil ich große Schuldgefühle gehabt hätte, sondern ich fühle mich heute wirklich wohl, ohne mich als Märtyrerin zu fühlen. Mein Mann ist mit unserem Zusammenleben sehr zufrieden, und in vielerlei Hinsicht – etwa, daß ich mich tatsächlich gebunden fühle – bin ich es auch. Meine Kinder bauen inzwischen ihr eigenes Leben auf, und all das wäge ich ab gegen mein Bedauern darüber, was ich aufgegeben habe oder aufgegeben zu haben glaube. Dadurch fällt es mir viel leichter, mit diesem Gefühl zu leben.«

Außer der positiven Kraft selbstlosen Verhaltens kann *Altruismus auch ein Mittel sein, die schmerzliche Reue darüber zu lindern, in der Vergangenheit allzu ichbezogen gehandelt zu haben.* Als Ellen aus einer Kleinstadt im Staat New York nach Chicago umzog, bat die jüngere Schwester Annie sie darum, mitkommen zu dürfen und dort die High-School zu beenden. Ellen wußte, daß der alkoholkranke Vater das Leben zu Hause immer mehr ins Chaos stürzte und daß das Leben der Schwester ohne ihre Unterstützung erheblich größeren Belastungen ausgesetzt sein würde. »Doch ich wollte frei sein, um kommen und gehen zu können, wann ich wollte; das wäre aber nicht gegangen, wenn meine jugendliche Schwester bei mir gewohnt hätte. Also habe ich ihr – und mir selbst – eingeredet, es wäre besser, wenn sie zu Hause bliebe und dort den Schulabschluß machte. Wenn sie es danach immer noch wollte, könne sie ja immer noch nachkommen.

Ich wohnte seit einigen Monaten in Chicago, als mein Vater eines Abends betrunkener als sonst nach Hause kam und anfing, auf meine Mutter einzuprügeln. Vorher hatte er sie noch nie körperlich mißhandelt; als Annie meiner Mutter zur Hilfe eilte, begann er auch auf sie einzuschlagen. Sie hat noch am selben Abend das Haus verlassen und ist zu den Eltern ihres Freundes gezogen. Die arrangierten sich ein paar Tage lang mit dieser Situation, aber als sie Annie erklärten, sie könne nicht auf Dauer bei ihnen bleiben, hauten beide ab. Sie haben mich nicht angerufen, was entsetzlich weh tat, weil es beweist, wie tief entfremdet sich Annie von mir fühlte. Sie kam auch nicht zurück, um die Schule zu beenden; gegenwärtig scheint sie mit ihrem Freund an der Westküste umherzuziehen und Hilfsjobs anzunehmen. Sie haben zwar noch

Kontakt mit meiner Mutter und mit seinen Eltern, haben aber keine fest Adresse hinterlassen. Mir schreibt sie natürlich nie«, sagte Ellen zum Schluß und seufzt.

Zum letztenmal hat Ellen ihre Schwester vor drei Jahren gesehen, und voll Verzweiflung stellte sie sich vor, daß die Beziehung nie erneuert werden wird. Ellen macht sich große Sorgen um die Zukunft ihrer Schwester und wird von Reue geplagt, weil sie Annie zu einer Zeit im Stich gelassen hat, da – wie sie heute erkennt – das Bedürfnis der Schwester nach Schutz und Leitung deutlich größer war als ihr eigenes Bedürfnis nach Privatheit und Freiheit. »Unmöglich – ich darf mir da nichts vormachen – meine Wahl war schlicht und einfach egoistisch.«

Ellen kann zwar ihre Schuldgefühle wegen des Verhaltens gegenüber der Schwester nicht gänzlich tilgen, doch packte sie ihre Reue auf zweierlei Weise sehr konstruktiv an. Statt weiterhin den Groll zu empfinden, den sie stets der Mutter gegenüber hegte, weil diese so passiv war, hat sie sich aktiv dafür eingesetzt, daß ihre Mutter Veränderungen in ihrem Leben vornahm. Unterstützt durch Ellens Ermutigung ist die Mutter den Al-Anon beigetreten, einer Organisation, die den nicht alkoholkranken Angehörigen einer Familie Beistand bietet. Zwar hat sich Ellens Mutter nicht von ihrem Mann getrennt, doch hat sie mit Hilfe der Unterstützung der Gruppe neue Kraft und neuen Mut geschöpft. Ein weiterer, direkterer Versuch, wiedergutzumachen, daß sie Annie nicht geholfen hat, besteht darin, daß sie sich aktiv in der Arbeit mit in Not geratenen Mädchen im Rahmen der sozialen Organisation »Big Sisters« engagiert.

»Mir ist klar, daß ich wiedergutmachen will, was ich an meiner Schwester versäumt habe«, sagte Ellen. »Natürlich weiß ich auch, daß Annie damit nicht geholfen ist. Aber mir geht es doch viel besser – denn nun kann ich einem anderen helfen, ehe er in Annies schwierige Lage gerät. Ich habe gelernt, daß Jugendliche unbedingt das Gefühl brauchen, daß es jemanden gibt, auf den sie sich verlassen können und der sich um sie kümmert, und ich empfinde es als Belohnung, wenn ich dazu beitragen kann, daß die Mädchen mit Lebensumständen zurechtkommen, die sie ohne fremde Hilfe anscheinend nicht bewältigen können.«

Untersuchen Sie, was Sie bereuen. Und schätzen Sie ein, wie und ob Menschen, die Ihnen lieb sind, nicht eher von dem selbstlosen Weg profitieren würden, statt dem Weg, der dem eigenen Wohl dient.

Wenn Sie es bereuen, in der Vergangenheit jemandem durch Ihren Egoismus weh getan zu haben, dann sollten Sie Möglichkeiten erkunden, wie Sie in Ihrem gegenwärtigen Leben Altruismus zeigen können. Selbst wenn Ihnen dies ein wenig schwerfällt: Tun Sie etwas Selbstloses, das einem anderen hilft. Das kann bedeuten, einem Menschen, der ihr Verständnis braucht, genauer zuzuhören, oder sich für soziale Belange zu engagieren. Versuchen Sie, den altruistischen Aspekt Ihrer Persönlichkeit zu entwickeln. Je häufiger Sie sich selbstlos verhalten, desto spontaner und selbstverständlicher wird diese Verhaltensweise.

Ein zweiter positiver Abwehrmechanismus ist die *Unterdrükkung*. Dieser psychologische Vorgang darf nicht mit dem der Verdrängung verwechselt werden, bei der wir ganz automatisch ein schmerzliches Gefühl oder Problem aus dem Bewußtsein verbannen. Setzen wir die Unterdrückung ein, treffen wir die bewußte und zielgerichtete Entscheidung, die Konfrontation mit dem Problem, das uns unlösbar erscheint, vorübergehend aufzuschieben. Der Psychiater George Vaillant gibt zu bedenken, daß Unterdrückung bedeutet, ein Problem bewußt zu verschieben, nicht jedoch, ihm auszuweichen. Man sage ja auch: Darüber muß ich eine Nacht schlafen. Im Gegensatz zur Verdrängung bestehe die wichtigste Vorbedingung für die Unterdrückung darin, so Dr. Valliant, daß *»man sich selber am folgenden Tag daran erinnert, über die Sache nachzudenken«*.

Brad und Joan haben, wie viele Paare, immer wieder darum gerungen, die richtige Zeit und den richtigen Ort zu finden, um mit ihren Eheproblemen fertig zu werden. Das übliche Szenario ist, daß sie abends erschöpft ins Bett sinken und sich zunehmend voneinander distanzieren, weil sie die unterschwelligen Streitpunkte, die sie trennen, immer noch nicht angepackt haben. Joan kann nicht einschlafen, weil sie sich über Brads Unfähigkeit ärgert, ihre gemeinsamen Probleme zu lösen, und versucht daher, mit Brad darüber zu sprechen. Der wiederum seufzt ein wenig verärgert und erinnert Joan daran, daß er am nächsten Morgen eine wichtige Besprechung habe und nicht die halbe Nacht mit ihr diskutieren könne. Sein Widerstand steigert ihren Ärger, so daß sie offen feindselig reagiert, was er ihr in gleicher Münze heimzahlt. Die Folge: Beide sind derart erregt, daß es zu einer regelrechten Redeschlacht kommt und der eine aus dem Schlafzimmer flüchtet und sich auf der Wohnzimmercouch schlafen legt.

Zwar bestand Joan darauf, mit Brad zu sprechen, weil sich offenbar sonst nie die Gelegenheit dazu bot, doch der Zeitpunkt, den sie dafür wählte, war ihren Zielen kaum dienlich. Es wäre besser gewesen, Brad mitzuteilen, daß sie sehr verärgert sei und so spät am Abend keinen Streit anzetteln wolle, sie aber von ihm die Zusage brauche, er werde am nächsten Tag das Problem mit ihr besprechen. Diese Art, die Unterdrückung zu verwenden – etwas vorübergehend aufzuschieben, ohne sich um die Quelle der Verärgerung zu kümmern – kann allein schon ein Schritt hin zu einer besseren Lösung darstellen. Noch bevor das Gespräch stattfindet, würde Brads Zusage, zu einer bestimmten Zeit die Probleme mit ihr zu besprechen, die Spannung entschärfen, die Joan sonst in dieser Nacht wachhalten und immer wütender auf Brad werden lassen würde.

Ein vorübergehender Aufschub, sich mit emotionsgeladenen Fragen zu befassen, kann eine der Situation angemessene Verhaltensweise sein. Zudem vermeidet man so die Falle, einen unbedachten, von Panik erzeugten Wutausbruch zu bekommen oder – wie es oft geschieht –, sich zu einer Handlung hinreißen zu lassen, die das Problem fast immer noch vergrößert. Unterdrückung – das ist die bewußte Entscheidung, sich ein wenig Zeit zu lassen, um in Ruhe über alles nachzudenken oder aber auf einen geeigneten Augenblick zu warten, um dann nach einer Lösung zu suchen.

Unterdrückung kann auch hilfreich sein in Fällen, die sich unserem Einfluß entziehen. Meistens tun wir dies mit etwas, wovor wir Angst haben, zum Beispiel dem Besuch beim Arzt. Wir sagen uns dann, daß wir zwar Angst vor dem Termin haben, uns letzlich aber besser fühlen werden, wenn wir ihn doch wahrnehmen. Konzentrieren wir uns auf die positiven Aspekte der Situation, hält das unsere Angst und unser Unbehagen in Schach.

Auf ähnliche Weise kann man die obsessive Konzentration auf

frühere, nicht mehr korrigierbare Fehler unterdrücken und statt dessen ganz bewußt nach positiven Merkmalen unserer Handlungen und Entscheidungen Ausschau halten. Auf diese Weise kann man die Unterdrückung bewußt verwenden und so den möglichen Nutzen einer negativen Erfahrung ermitteln.

Strategie der Bewältigung

Wenn die Angst, ein Problem anzugehen, großen Streß in Ihnen hervorruft, und Sie tatsächlich außerstande sind, auf Anhieb damit umzugehen, so sollten Sie sich bald eine besondere Zeit reservieren, mit der Person bzw. den betroffenen Personen zu sprechen, um eine Lösung herbeizuführen. Wenn Sie allein sind und eine eigenständige Strategie planen, sollten Sie die Maßnahme schriftlich fixieren, die sie in naher Zukunft ergreifen wollen.

Wenn Sie über vergangene Reuegefühle nachdenken, versuchen Sie alle positiven Seiten des Erlebnisses auszugraben, einschließlich der Lehren, die Sie aus Ihrer unerfreulichen Handlung und/oder Entscheidung gezogen haben. Die Unterdrückung der negativen Seite hilft Ihnen, sich von der inneren Lähmung zu befreien.

*

Ein weiterer wirksamer Abwehrmechanismus ist der *Humor*. Indem wir eine Situation übertreiben oder untertreiben, hilft uns der Humor bei der Bewältigung eines Problems, weil er ein schwieriges Problem aus einem anderen, weniger ernsten Blickwinkel beleuchtet.

Manche besonders schmerzliche Erlebnisse im Leben lassen sich dadurch leichter ertragen, daß wir über uns selbst lachen. Paradoxerweise ist der Humor häufig ein Barometer dafür, wie schwer ein Mensch leidet. Nietzsche hat einmal gesagt, daß das Tier, das auf der Erde am heftigsten leidet, auch das Lachen erfunden hat. Zur Zeit einer Hungersnot reißen Menschen Witze über das Essen; in Gesellschaften, in denen Unterdrückung herrscht, kursieren Witze über die Redefreiheit. Es gibt Witze über Todescamps und Witze über Armut, und kein ethnischer Witz wird häufiger und mit größerem Humor erzählt als von der Person, die dieser ethnischen Gruppe angehört.

Woody Allen läßt in seine Filme immer wieder Witze über Liebe und Tod einfließen. Unzweifelhaft bedient er sich des Mediums Film, um die Ängste zu besänftigen, die ihn am stärksten plagen. »Was stört mich eigentlich am Tod so sehr?« fragt er. »Vermutlich, daß das Leben danach solange währt.« Viele Psychologen vertreten die Ansicht, daß Humor eine zentrale Rolle spielt, wenn es zu beurteilen gilt, ob der Zustand des Klienten sich gebessert hat. Die Fähigkeit, über sich zu lachen, zu erkennen, wie absurd die eigene Situation ist, kann auch scheinbar unerträgliches Leid lindern.

Eugene hat immer bedauert, daß er sich in Gesellschaft so ungeschickt benimmt. Nicht einmal harmlose Partygespräche kann er führen, und ein schlechter Tänzer ist er auch. Eugene ist Ende Dreißig und möchte unbedingt heiraten, doch seine Beziehungen zu Frauen sind meist rasch im Sande verlaufen. Vor kurzem hatte er ein höchst demütigendes Erlebnis, als er sich in einem Ferienhaus an der See ein Zimmer mietete, wozu er sich geradezu zwingen mußte. Den freundschaftlichen Umgang mit fremden Menschen empfand er zwar als bedrohlich, war aber dennoch entschlossen, dem »neuen Eugene« eine Chance zu geben.

Schon nach kurzer Zeit fiel sein Auge auf eine der weiblichen Mieterinnen, und zu seiner großen Freude schien auch sie an ihm interessiert: »Zu Hause habe ich allen erzählt, daß ich jemand Besonderes kennengelernt habe; am dritten Wochenende, das wir beide in dem Haus verbrachten, habe ich mir dann ein Herz gefaßt und mir neue Kleidung für den Strand gekauft. Ich habe Blumen und Sekt besorgt und einen Tisch im besten Restaurant auf der Insel reserviert – natürlich ohne die Frau zu fragen. Wie kann man sich bloß so idiotisch anstellen!

Als ich im Ferienhaus ankam und feststellte, daß außer ihr niemand im Haus war, wurde ich total aufgeregt. Ich holte tief Luft und gab ihr die Blumen. Dann stellte ich den Sekt auf den Tisch und zog ich sie an mich, ich war voll Sehnsucht, sie endlich zu küssen. Plötzlich sehe ich, daß hinter ihr die Tür zum Schlafzimmer aufgeht und ein Mann, ein Handtuch in der Hand, aus dem Zimmer tritt. Wir drei standen da wie angewurzelt und sahen uns bloß ungläubig an, und dann hat sie gesagt: ›Gene, es tut mir so leid... aber ich dachte, du wüßtest Bescheid. Das ist mein Verlobter.‹

Ich kann gar nicht beschreiben, wie mir zumute war. Am liebsten hätte ich losgeheult, und mir sind doch tatsächlich Tränen in die Augen gestiegen. Ich habe mich auf der Stelle umgedreht, bin aus dem Haus gestapft und zum Anleger gegangen und mit der nächsten Fähre aufs Festland gefahren. Die ganze Rückfahrt in die Stadt hatte ich rasendes Herzklopfen. Immer wieder ging ich mit mir ins Gericht, weil ich mich so trottelig angestellt hatte und so bedürftig gewesen war, mir diese Wunschvorstellung vorzugaukeln. Ich wollte niemals wieder einem Menschen unter die Augen treten – von ihr ganz zu schweigen.

Eines Tages – es war kurz nach dem Vorfall – hatte ich das Gefühl, ich müßte mit jemandem darüber reden, weil es mir so unheimlich schlechtging, und habe mich mit einem guten Freund getroffen. Ich schilderte ihm, was geschehen war, und er versuchte, verständnisvoll zu reagieren. Aber als ich zu der Stelle kam, wo ihr Verlobter Freund nackt aus dem Zimmer kam, fing mein Freund lauthals an zu lachen. Zuerst war ich stinksauer; er hat sich zwar sofort entschuldigt, aber er konnte einfach nicht wieder aufhören zu lachen, und plötzlich mußte auch ich lachen.

Dann spielten wir verschiedene Variationen des Drehbuchs durch... beispielsweise die Handlung schneller ablaufen zu lassen und das ›Drama‹ besonders zu akzentuieren, so wie in einem der alten Filme von Charlie Chaplin oder in französischen Farcen. Sie wissen schon: Wie ich mir vor lauter Entsetzen an die Stirn fasse... und der Liebhaber verzweifelt versucht, seine Blöße zu bedecken, ›unsere‹ Freundin sich ans Herz faßt und vor Schreck kaum noch Luft bekommt. Diese Übertreibungen haben mein Schamgefühl tatsächlich verringert. Zugegeben, mein Lachen klang etwas hysterisch, aber auf einmal schien das alles nicht mehr so wichtig. Ich habe mich wie ein Idiot aufgeführt... aber wer hat denn keine ähnliche ›Leiche im Keller‹?«

Es mag unwahrscheinlich erscheinen, daß man sich des Humors ganz bewußt bedienen kann. Denn sind manche Menschen einfach nicht komisch? In Wahrheit können die meisten von uns zumindest ein wenig Komik in einer potentiell lächerlichen, aber peinlichen Situation finden – auch wenn bestimmte Menschen einen stärker ausgeprägteren Witz und mehr Sinn für Komik haben.

Der Humor ist auch deshalb ein besonders nützlicher Ab-

wehrmechanismus gegen die Reue, weil einer ihrer Hauptgründe darin liegt, vor idealisierten Perfektionsmaßstäben versagt zu haben. Perfektionisten erlauben sich keinen Spielraum für Fehler oder Schwächen und empfinden einzig Zorn und Demütigung, wenn es ihnen nicht gelingt, die unerreichbar hoch gesteckten Ziele zu verwirklichen. Humor stellt diese harschen Urteile in Frage und trägt dazu bei, daß wir unser nicht ganz perfektes Selbst in einer nicht ganz perfekten Welt akzeptieren.

Strategie der Bewältigung

Wenn Sie es bedauern, sich blamiert zu haben, dann sollten Sie nicht zulassen, daß die Blamage den Blick auf die komische Seite der Situation verstellt. Stellen Sie sich vor, wie lustig die Situation wirken könnte, wenn Sie nicht der Hauptdarsteller wären.

Fragen Sie sich, ob Sie sich den Humor deshalb als Abwehrmechanismus versagen, weil es irgendeinen inneren Widerstand in Ihnen gibt – zum Beispiel die Vorstellung, es sei ein Zeichen mangelnder Reife, etwas mit einem Lachen abzutun.

Versuchen Sie zu verstehen, daß Humor ein wesentlicher Bestandteil der menschlichen Natur ist und daß er Ihr Leben bereichern kann.

Antizipation ist ein besonders nützliches Mittel, um zukünftige Reue zu verhindern. Dazu muß man sich im voraus eine schwierige Situation vorstellen und sich eine Strategie ausdenken, wie man zukünftig etwas bewältigen will. Zwar machen wir uns oft Sorgen wegen bestimmter Dinge, die nie Wirklichkeit werden. Die Antizipation ist aber hinsichtlich solcher Lebenssituationen nützlich, von denen wir vernünftigerweise annehmen können, daß sie tatsächlich stattfinden werden.

Crystals Tochter Mary geht in die Abschlußklasse der High-School. Zwar haben die beiden das normale Quantum an Mutter-Tochter-Konflikten, doch verbindet sie eine sehr starke Beziehung. Zumal in den letzten Jahren, als Crystal ihre Tochter allein erziehen mußte, war das Verhältnis sehr eng. In jüngster Zeit hat Crystal jedoch immer wieder Phasen der Melancholie durchgemacht, während Mary sich begeistert darauf vorbereitete, in einem mehrere hundert Kilometer entfernt gelegenen College das Studium aufzunehmen. Crystal ist glücklich, daß die Tochter das College besuchen wird, das sie sich selbst ausgesucht hat. Da sie aber schon jetzt spürt, daß ihr etwas fehlen wird, versucht sie ihre Betrübnis zu lindern, indem sie nicht ständig über Marys Auszug nachdenkt.

»Über die Brücke gehe ich, wenn es soweit ist«, sagt Crystal und weist brüsk alle Fragen nach ihren Ansichten über Marys bevorstehende Abreise zurück. Es wäre hilfreicher, wenn Crystal jetzt schon über »diese Brücke« gehen würde. Vorwegzunehmen, wie ihr Leben wohl aussehen wird, nachdem die Tochter aus dem Hause gegangen ist, könnte einen sehr lästigen Reuegedanken vermeiden, – nämlich daß sie mit diesem bedeutsamen Übergang in ihrer beider Leben nicht gut fertiggeworden ist.

Wenn Crystal vorausdächte und sich genau vorstellte, welche Veränderungen in *ihrem* Leben und im Verhältnis zur Tochter einkehren würden, könnte sie umsichtiger Vorsorge für diesen Fall treffen. So könnte sie sich einige neue Interessen zulegen, die für das bevorstehende »leere Nest« einen Ausgleich schaffen. Am wichtigsten aber ist vielleicht: Beide könnten überlegen, wie man die verbleibende gemeinsame Zeit am besten nutzt, so daß Crystal nach Marys Fortgehen nicht bereuen muß, diese wichtige Phase im Leben, in der das behütete Leben der Tochter zu Ende geht, vergeudet zu haben.

Zwar wird man sich durch die Antizipation des Verlustes eines alten oder ernstlich kranken Menschen nicht leichter mit seinem Tod abfinden. Doch wenn der Todesfall dann eintritt, können wir die damit unweigerlich entstehenden Probleme besser bewältigen. So könnten wir uns an eine Beratungsstelle wenden, bevor der Todesfall eintritt, oder anfangen, die finanziellen Dinge zu regeln, was uns in der Zeit des aktiven Trauerns oft überfordert. Vielleicht sollte man auch die Zeit nutzen, während man mit dem geliebten Menschen zusammen ist, und Besuche oder Liebesbezeugungen nicht weiter aufschieben oder auch alte Streitpunkte beilegen, so daß sie uns nicht weiter plagen, nachdem es zu spät ist, sich zu versöhnen.

Antizipatorische Reue unterscheidet sich zwar vom Schutzmechanismus der Antizipation. Wie im vorigen Kapitel gezeigt, ist sie aber eine wichtige Methode, unkonstruktive Reuegedanken zu vermeiden. Mit Hilfe der antizipatorischen Reue können wir, wenn wir vor einer Entscheidung stehen, die Qualität unserer Wahl erhöhen; denn sie beruht auf einem sorgfältigen Abwägen des Für und Wider, statt auf dem Versuch, unterschwellige Ängste und Zweifel hinter impulsiven Handlungen zu verbergen.

Der Vorgang der Entscheidungsfindung hängt eng mit unserer Fähigkeit zusammen, mit den Folgen der Wahl fertig zu werden. Hat man die verschiedenen Alternativen, ihre Risiken und ihr Reue-Potential ernsthaft erwogen, stärkt dies unsere Fähigkeit, die Entscheidung auch dann zu akzeptieren, wenn sie sich als falsch erweisen sollte.

Strategie der Bewältigung

Wenn Sie wissen, daß ein Ereignis oder eine wichtige Veränderung im Leben bevorsteht, sollten Sie im voraus überlegen, was zu tun ist – jetzt oder später. Sorgen Sie dafür, daß Sie das Instrumentarium in die Hand bekommen, mit dem Sie die neue Situation bewältigen können.

Wenn Sie erwägen, einen wichtigen Entschluß zu fassen, erinnern Sie sich daran, daß selbst eine vermeintlich richtige, unkomplizierte Entscheidung geheime Fallen oder Folgen bergen kann.

Sammeln Sie Informationen. Sprechen Sie mit Menschen, die vor vergleichbaren Entscheidungen standen, und stellen Sie sich vor, was Sie womöglich bereuen, sobald Sie die Wahl getroffen haben.

Suchen Sie Menschen auf, deren Standpunkt sich von Ihrem unterscheidet, um die Situation aus einem objektiveren Blickwinkel betrachten zu können.

Nach Abwägung aller Anhaltspunkte können Sie dann entscheiden, ob Sie willens und imstande sind, sich den möglichen Folgen Ihrer Wahl zu stellen.

Alle diese Schutzmechanismen tragen dazu bei, daß wir uns auf den letztlich entscheidenden gemeinsamen Nenner bei der Bewältigung der Reue zubewegen: das Mitgefühl mit unseren Grenzen und einer realistischen Einschätzung der Gründe für unsere Fehler.

Es stehen uns aber noch zusätzliche Bewältigungsstrategien zur Verfügung. Bei gesunden Abwehrmechanismen geht es in erster Linie darum, wie wir auf der *Gefühls*ebene mit Streß umgehen, während diese anderen Strategien darauf abzielen, die streßerzeugende Situation neu zu definieren.

Um das Gefühl der Reue zu bewältigen, können wir eine Situation *neu definieren*, so daß wir sie aus einem anderen, weniger engen und obsessiven Blickwinkel betrachten. Oft bestimmt die Art, wie wir eine Lage einschätzen, eher als die Erfahrung selbst, wie gut wir damit fertigwerden. Die persönliche Einstellung ist von entscheidender Bedeutung bei der Frage, wie wir uns zu Veränderungen im Leben verhalten. Wie gesagt: Unsere Entscheidungen können wir nicht ändern, wohl aber unsere Einstellung zu ihnen.

Alexis ist eine freundlich wirkende, hübsche Frau in den Mittdreißigern. Zwar hat sie sich selbst nie für attraktiv gehalten, sie hat aber einen guten Job und ist von ihren Fähigkeiten und ihrer Intelligenz überzeugt. Obwohl es nur wenige Männer in ihrem Leben gegeben hat, ist sie im Grunde zufrieden. In letzter Zeit ist sie jedoch in tiefe Depressionen gefallen, weil eine siebenmonatige Beziehung in die Brüche ging, von der sie glaubte, sie würde in eine Ehe münden. Ihre hartnäckigen Reuegedanken und Selbstvorwürfe wegen des Zerbrechens dieses Traums lähmten sie so sehr, daß sie kaum noch den Alltag bewältigen konnte.

Es ist gar nicht ungewöhnlich, auf das Ende einer Beziehung deprimiert zu reagieren. Was Alexis aber so handlungsunfähig machte und in tiefe, lähmende Verzweiflung stürzte, war etwas ganz anderes: Sie konnte nur einen Grund für das Zerbrechen der Beziehung erkennen – ihre eigene Unzulänglichkeit. Tatsächlich hätte sie das Ende der Beziehung auf eine ganze Reihe unterschiedlicher Faktoren zurückführen können: Sie hatte den Mann nicht sehr lange gekannt und deshalb zuwenig Zeit gehabt, seinen wahren Charakter und seine Wertvorstellungen und Ziele kennenzulernen. Möglicherweise hat er sie absichtlich getäuscht, vielleicht wollte sie auch – und das ist nur menschlich – so sehr an den guten Ausgang der Beziehung glauben, daß sie einige sichtbare Fehler des Partners übersah oder lieber herunterspielte.

Mit ein wenig Hilfe durch einen Psychotherapeuten überwand Alexis ihre Selbstvorwürfe, in dem sie einige dieser anderen Möglichkeiten untersuchte. Zum Schluß war sie in der Lage, die Situation aus einem anderen Blickwinkel zu betrachten und neu zu definieren, so daß sie die Beziehung in einem anderen Licht sah.

Statt »Er wollte mich nicht, weil ich nicht gut genug war« versuchte sie zu denken: »Was ich ihm geben wollte, hat er nicht gewürdigt.« Zudem war, als Alexis den Freund kennenlernte, ihre Mutter gerade gestorben, und ihr Vater hatte sich an die Tochter gewandt, die seinen Schmerz lindern sollte. Aufgrund ihrer vielen Belastungen gestattete sich Alexis, Mitgefühl mit sich selbst zu empfinden, und änderte einen weiteren Gedanken. Statt sich zu sagen: »Eigentlich hätte ich auf einen so oberflächlichen Mann gar nicht hereinfallen dürfen« sagte sie sich: »Vielleicht hätte ich mir einen besseren Partner ausgesucht, wenn ich mich nicht so sehr nach emotionalem Beistand gesehnt hätte, was aber schließlich ein ganz verständlicher Wunsch ist.«

Am wichtigsten war jedoch: Alexis war in der Lage, nicht mehr zu glauben: »Über diesen Verlust werde ich nie hinwegkommen«, als sie anfing zu denken: »Ich leide so sehr, weil ich für die Menschen, die ich liebe, tiefes Mitgefühl habe. Das macht das Ganze zwar sehr schwer, hat aber auch sein Gutes. Ich kann aus diesem schmerzlichen Erlebnis sogar lernen, mehr darauf zu achten, wen ich in mein Leben hineinlasse.«

Es mag den Anschein haben, als handelte es sich bei dieser Technik des *Reframing* [etwa: gedankliche Neudefinition] lediglich um ein neues Etikett für eine alte Erfahrung. Tatsächlich geschieht jedoch viel mehr, wenn wir unsere Sicht auf ein Erlebnis ändern. Der Philosoph José Ortega y Gasset erklärt hierzu: »Jedem Ding ist das latente Potential eigen, viele andere Dinge zu sein.« Das *Reframing* kann uns von der unerbittlichen Prüfung von etwas befreien, das wir besonders stark bereuen, indem es uns die »Fehler« aus einem anderen Blickwinkel zeigt. Auf diese Weise verhilft es uns dazu, weniger destruktive Selbstkritik zu üben. Wenn wir nämlich glauben, wir hätten Schuld an einem Problem, verlieren wir automatisch jede andere Deutungsmöglichkeit aus dem Blick und sind nur noch einem ausgesetzt: Selbstvorwürfen.

Eine weitere Strategie, bei der es darum geht, wie wir über etwas denken, ist die Technik des »*Gedankenstoppens*«. Diese kognitive

Technik ist dann besonders nützlich, wenn man es mit Zwangsgedanken zu tun hat hinsichtlich dessen, was wir hätten sagen oder tun »sollen«. Das so häufig mit Reue einhergehende schlechte Gewissen erzeugt dann übermäßige Schuldgefühle hinsichtlich oftmals gar nicht großer Fehler oder Kränkungen, die wir uns lediglich eingebildet haben.

Wenn wir feststellen, daß wir ein vergangenes Erlebnis fast zwanghaft immer wieder im Geist durchspielen, dann sollten wir im ersten Schritt erkennen, daß wir uns unnötig quälen und imstande sind, diesem Verhalten Einhalt zu gebieten.

Statt zu versuchen, sich gegen diese aufdringlichen Gedanken zu wehren, sollte man sich daran erinnern, daß sie »kommen und gehen«. Es wird uns helfen, bei ihrem ersten Auftreten gelassen zu denken: »Die Gedanken sind zwar da, aber sie sind meiner Aufmerksamkeit nicht würdig, und sie sind auch nicht so wichtig, daß ich meine ganze Kraft darauf verschwenden sollte.« Dann können wir unsere Aufmerksamkeit, absichtsvoll und mit Nachdruck, etwas anderem zuwenden und die beunruhigende Vorstellung durch einen neuen Gedanken ersetzen.

Mit Hilfe dieser einfachen Technik können wir unsere Kräfte von dem Widerstand abziehen und auf den wirksamen Umgang mit den aufdringlichen Gedanken übertragen. Sie ähnelt ein wenig dem Gastgeber, der den unerwarteten Gästen mitteilt, er könne sie leider nicht bewirten, und sich dann wieder seinen Aufgaben zuwendet, statt so zu tun, als ob er ihr Kommen nicht gehört hat, und ums Haus schleicht, damit man ihn nicht aufspürt. Manche Menschen laufen zwar aufgrund ihres Temperaments und ihrer Persönlichkeit Gefahr, zwanghaft über sich und ihre Fehler nachzugrübeln, doch können diese Strategien bewirken, daß die Vorstellungen, die uns ein schlechtes Gewissen machen, seltener auftauchen, und wir – falls dies doch einmal geschieht – nicht so lange bei ihnen verweilen.

Ein weiteres Hilfsmittel zur Bewältigung der Reue besteht darin, daß wir *das Bedürfnis, recht zu haben, aufgeben*. Allzu oft verwechseln wir, ohne bewußt wahrzunehmen, was wir da eigentlich tun, Nachgeben mit Schwäche. Theodore Isaac Rubin drückt dieses treffend aus: »Der Stolz auf das Nicht-Aufgeben von Vorstellungen und festen Positionen macht uns unnachgiebig und rigide und verhindert so, daß wir dazulernen und emotional reifen... Für die meisten von uns kann die Unfähigkeit, nachzugeben, im Alltag großen Schaden anrichten.«

Alfred schilderte uns den »Kalten Krieg« mit seiner Schwester, dessen Entscheidungsgeschichte er schon fast vergessen hat. »Wir haben beide Grund, wegen einer ganzen Reihe von Streitpunkten sauer zu sein, aber ich wollte nicht derjenige sein, der alle Schuld auf sich nimmt und sich entschuldigt, da meine Schwester genauso schwere Fehler begangen hat.«

Alfred geht jetzt auf die Fünfzig zu. Er möchte die unterkühlt-höfliche Beziehung mit dem einzigen Geschwister ändern. Zu Beginn unserer Gespräche sagt er: »Ich bereue zutiefst, viele wichtige Ereignisse in meinem Leben, ob glückliche oder traurige, nicht mit der Person geteilt zu haben, die – neben meiner Frau und meinen Kindern – zur Familie gehört. Dazu zählen vor allem die Schulabschlüsse unserer Kinder und die kürzliche Krankheit meiner Frau.«

Als wir Alfred gegenüber die Vermutung äußerten, daß ihn diese Form der Reue emotional lähme und davon abhalte, die Beziehung zu seiner Schwester zu verbessern, wandte er zunächst ein, daß sich dieser tiefe Riß durch nichts kitten lasse. »Dennoch ist mir bewußt«, fügte er nachdenklich hinzu, »daß jeder Grad der Freundschaft besser wäre als diese Entfremdung... zumal, da mir dauernd durch den Kopf geht, wie gut wir uns früher verstanden haben. Vermutlich haben Sie recht: Etwas von meinem Stolz aufzugeben und auf meine Schwester zuzugehen, wäre das Risiko wert.«

Kurz darauf rief Alfred die Schwester an, um ein Treffen zu arrangieren. Obwohl er sich wirklich versöhnen wollte, wies sie sein Ansinnen schroff zurück. Doch statt diese Zurückweisung als Demütigung zu empfinden, ist Alfred dankbar, daß er seinen Stolz geschluckt und versucht hat, die Beziehung zu retten. Zwar bedauert er immer noch das Scheitern der Beziehung zur einzigen Schwester, zumindest aber muß er sich nicht mehr so große Schuld dafür geben.

Eine wirksame psychologische Technik, mit deren Hilfe Alfred die schmerzliche Zurückweisung durch die Schwester verarbeiten konnte, bestand darin, einen Brief zu schreiben, in dem er seinem Zorn und seinem Schmerz offen Ausdruck verlieh. »Ich wußte, daß ich den Brief wahrscheinlich nie abschicken würde«, sagte er etwas verlegen lächelnd, »aber so konnte ich mir zumindest viele Dinge von der Seele schreiben.« In der Tat war es besser, den Brief zu schreiben und ihn dann beiseite zu legen (und ihn hin und wieder zu lesen, wenn es ihm schlechtging), als wenn er bei der Aussprache die Schwester verbal angegriffen hätte. Vermutlich hätte eine solche direkte Attacke noch mehr Schuldgefühle hervorgerufen und nur bewirkt, daß das ohnehin schmerzliche Ende noch häßlicher geworden wäre und er den daraus resultierenden Gefühlskonflikt noch schlechter hätte lösen können.

Bei einer weiteren Bewältigungsstrategie geht es um die Stärkung unserer Fähigkeit, den *richtigen Augenblick zu nutzen.* Millie ist eine warmherzige, außergewöhnlich offene Mittvierzigerin. Es lag ihr offensichtlich sehr viel daran, von sich zu erzählen. »Vor zwanzig Jahren lag ich im Krankenhaus wegen einer Sache, die die Ärzte für eine seltene ansteckende Erkrankung hielten. Bis die Diagnose feststand, durften nur meine Mutter und mein Mann zu Besuch kommen. Mein verrückter Bruder Allen, den ich immer bewundert habe, kam den weiten Weg aus Kanada mit dem Auto, um mich zu besuchen. Vorher hatte er sich einen Arztkittel besorgt. Es war spätnachmittags, und ich lag gerade im Bett, voller Ängste und Selbstmitleid, als er in einem weißen Arztkittel ins Zimmer trat, in der Hand einen Arztkoffer, der sich als eine Art Spielzeug erwies. Kurz glaubte ich, da wäre tatsächlich ein mir unbekannter Arzt hereingekommen, aber als ich merkte, daß es Allen war, fing ich an zu lachen. Ich war begeistert und schockiert zugleich.

Wir unterhielten uns, und er machte eine Menge witziger Bemerkungen. Dennoch konnte ich mich nicht entspannen, weil ich Angst hatte, es könnte jemand ins Zimmer kommen, was Allen in Schwierigkeiten gebracht hätte. Ich bin die ältere Schwester und habe mir wegen Allens verrückter Ader immer Sorgen gemacht, auch wenn sie ihn so liebenswert macht. Nach wenigen Minuten passierte, was ich befürchtet hatte: Eine Schwester kam ins Zimmer, und sie wurde wirklich böse, aber dann – unfaßbar! – hat er es doch tatsächlich geschafft, sie rumzukriegen – sie verzichtete nicht nur darauf, ihn der Stationsleitung zu melden, sondern ließ uns sogar einige Minuten Zeit, damit wir uns voneinander verabschieben konnten. Aber wissen Sie«, sagte Millie mit leiserer Stimme, »ich war die ganze Zeit so nervös, daß ich unser Zusammensein immer noch nicht genießen konnte; ich war sogar erleichtert, als Allen mir einen Abschiedskuß gab. Er zog noch einmal eine komische Grimasse, und dann schloß er die Tür hinter sich.

Ich weiß, es klingt unglaublich – aber auf der Rückfahrt nach Kanada kam er bei einem Autounfall ums Leben. Als ich davon hörte, ging mir immer wieder durch den Kopf: Ich habe diese letzten wundervollen Minuten mit Allen nicht genießen können. Von dem Augenblick an beschloß ich, nie wieder zuzulassen, daß mich die äußeren Verhältnisse so sehr niederdrücken, daß ich meine wahren Gefühle mißachte und einen wichtigen Moment im Leben verstreichen lasse. Manchmal vergesse ich, was ich mir vorgenommen habe, aber wenn das passiert, hole ich meine Brieftasche hervor. Allen hatte mir bei dem Besuch in dem albernen Arztkoffer ein Fläschchen mit Süßigkeitspillen mitgebracht. Noch heute bewahre ich dieses Fläschchen in meiner Brieftasche auf. Wenn ich meinen Vorsatz vergesse, muß ich nur das Fläschchen ansehen, dann erinnere ich mich sofort daran, daß ich aus dem Schaden klug werden will, nämlich das Beste aus einer Sache zu machen und jede Minute im Leben, die einem auf Erden beschieden ist, voll auszukosten.«

Millies Erkenntnis, daß es sehr wichtig ist, den richtigen Augenblick zu nutzen, hat ihre Lebenseinstellung und ihr Verhalten grundlegend geändert. Heute hat sie den Eindruck, daß sie offener und spontaner ist und eher gewillt, beim Streben nach persönlichem Glück Risiken einzugehen. Häufig erkennen jedoch auch diejenigen, die keinen so drastischen Grund haben wie Millie, ihre Wertvorstellungen und Verhaltensweisen zu ändern, daß *der Entschluß, stärker in der Gegenwart zu leben, eine Brücke zu einer befriedigenderen Zukunft schlagen kann und so den Schmerz wegen begangener Fehler lindert.*

Ohne unsere Reue zu verleugnen, sollten wir uns in Erinnerung rufen, daß der Augenblick, dem wir nachtrauern, zwar vorüber ist, wir jedoch die verbliebenen Möglichkeiten beim Schopf ergreifen und großen Nutzen daraus ziehen können. Diese Einstellung wird uns risikobereiter machen, denn unser Verhalten wird so weniger von der Angst vor Veränderung eingeschränkt, da wir ein erfüllteres Leben anstreben.

Nach mehreren befriedigenden Jahren, in denen Leslie an einem großen College in einer Großstadt unterrichtet hatte, wurde er zum Dekan der Philosophischen Fakultät gewählt. Zwar hatte er wenig Lust, die vielen administrativen Aufgaben zu erledigen, doch hatte er sich vorgenommen, diese prestigeträchtige Stellung zur Zufriedenheit aller Beteiligten auszufüllen. Leslie hatte diesen Posten mehrere Jahre inne, ihn jedoch eher als Pflichtaufgabe betrachtet, der ihm wenig Anregungen gab und keine Freude machte, als ein neuer College-Präsident gewählt wurde.

»Ich hätte zu dem Zeitpunkt zurücktreten sollen, so wie viele andere Dekane auch, damit der neue Präsident seine eigenen Leute mitbringen konnte. Aber ich blieb im Amt – aus einer ganzen Reihe von Gründen. Dabei war mir klar, daß wir nicht gut zusammenpaßten und auch unterschiedliche Vorstellungen hatten, was die Verwaltungsarbeit betraf. Unser Verhältnis wurde immer angespannter, und tief im Inneren war mir bewußt, ich müßte kündigen, ehe sich die Lage verschlechterte, und wieder Lehrveranstaltungen abhalten, was mir wirklich fehlte. Aber aus einer Mischung von Sturheit und Trägheit und auch Angst, was ich nach der Kündigung machen sollte, blieb ich. Ich glaube, ich wollte dann auch nicht mehr an dem College unterrichten, und einen Job auf dem Niveau bekam man anderswo auch nicht so leicht.

Wie auch immer – kurz nach Ablauf seines ersten Amtsjahres kündigte mir der Präsident auf öffentliche und äußerst demütigende Weise. Ich war am Boden zerstört, nicht nur wegen der höchst unangenehmen Umstände der Kündigung, sondern weil ich mich absurderweise geweigert hatte, die Schrift an der Wand zu sehen und den Schlamassel, in den ich geraten war.«

Leslie gab seinen Beruf auf und durchlitt eine Phase tiefer Depression. »Doch mit psychotherapeutischer Hilfe fing ich an, mein Leben so gut wie möglich zu gestalten, indem ich mir vorstellte, was ich *jetzt* tun konnte, um mein Leben zu bereichern. Ich nutze ganz bewußt Chancen, die ich früher links liegen gelassen hätte, und schuf mir neue. So bewarb ich mich zum Beispiel als Führer in einem bedeutenden Museum, und als man dort erfuhr, daß ich früher am College unterrichtet hatte, bot man mir an, gegen Bezahlung Vorlesungen vor Gaststudenten zu halten. Ich habe dann Führungen durch die Stadt und andere Kunstmuseen gemacht, und ich liebe alles an dieser Arbeit.

Außerdem fing ich an, viel mehr zu reisen. Ich habe einen

Anteil an einer Sommerkolonie für Künstler und Autoren erworben, so daß ich jetzt mehrere Monate im Jahr mit Leuten zusammen bin, die mir das Gemeinschaftsgefühl vermitteln, das ich vom College her kannte. Ich bereue zwar immer noch, die Stelle als Dekan nicht aufgegeben zu haben, während mir noch die Zeit blieb, meine universitäre Karriere neu zu organisieren. Aber durch meine konzentrierten Bemühungen, *jetzt* zu leben, läßt mein obsessives Grübeln über die gravierenden Fehler in der Vergangenheit langsam nach.«

Alle diese Abwehrmechanismen und Strategien sind wichtig und nützlich, aber *gleichgültig, wie groß unser Wille ist, den Kampf gegen die Reue aufzunehmen, es gibt Zeiten, da auch die Reue, von der wir glauben, wir hätten sie überwunden, wieder auftaucht – und manchmal sogar mit unerwarteter Heftigkeit.*

So kann der Geburtstag eines Menschen, der nicht mehr in unserem Leben ist, weil er gestorben ist oder wir von ihm geschieden sind, zu reuevollen Gedanken über nie gelöste Fragen und das Scheitern der Liebe führen. Der eigene Geburtstag kann zum Anlaß werden, eine bestimmte Wahl zu überdenken und über noch nicht verwirklichte Ziele nachzugrübeln. In der Folge unser nostalgischen Gefühle kann ein Schultreffen zu reuevollen Konkurrenzgedanken gegenüber Mitschülern bzw. Mitschülerinnen führen, die uns viel mehr Schwierigkeiten machen als der Vergleich hinsichtlich unserer körperlichen Fitneß. Wenn wir unsere persönlichen und beruflichen Erfolge mit denen der anderen vergleichen, haben wir mitunter den Eindruck, unser Leben sei ein Scherbenhaufen voller törichter Entscheidungen.

Auch die Weihnachtsferien haben mitunter einen bittersüßen Beigeschmack, wenn wir uns, gerührt von den gefühlsseligen Liedern und traditionellen Ritualen, an frühere Weihnachtsfeste erinnern. Bisweilen kommen wir uns mit dem Herannahen des neuen Jahres vor wie der römische Gott Janus mit den zwei Gesichtern, der gleichzeitig nach vorn und hinten zu blicken vermochte. Während die Neujahrsglocken das Ende des alten und den Beginn des neuen Jahres einläuten, bewerten wir die ungelösten Gefühle der Reue des alten Jahres und fragen uns, ob wir sie im folgenden Jahr wohl überwinden werden.

Uns allen ist dieser Kreislauf der Reue zumindest teilweise vertraut. Man kann an jedem beliebigen Tag aus einer Vielzahl von Gründen mehr oder weniger besorgt auf dieses peinigende Gefühl reagieren. Insgesamt glauben wir aber doch, daß die Reue, wenn wir produktiv mit ihr umgehen, wieder vergeht. So wie es ein Mann an einem schönen Tag in Cape Cod formulierte: »Wenn ich aufs Meer hinausschaue, dann bereue ich gar nicht viel – zumindest kann ich mit diesen Gefühlen umgehen. An einem schlechten Tag, wenn der Chef mich abgekanzelt hat, können sie sehr viel schlimmer sein, und ich gehe viel strenger mit mir ins Gericht wegen der Fehler, durch die sie erst entstanden sind.«

Reue ist in der Tat ein vorübergehender Zustand, doch häufig sind wir uns nicht bewußt, daß unser Denken und Handeln zum Teil zu dem Gefühl beigetragen und sogar zusätzliche Reueempfindungen heraufbeschworen hat. Wir müssen uns genau beobachten, damit wir diese Eigenschaften, die normalerweise in Extremsituationen auftauchen, wahrnehmen können. Sobald wir erkannt haben, daß wir diese Charakterzüge in uns tragen, können wir daran arbeiten, sie zu modifizieren, ehe sich die Reue, zu der sie beigetragen haben, allzu sehr in uns festsetzt. Zu diesen Eigenschaften zählen:

- Das gewohnheitsmäßige »Auf-die-lange-Bank-schieben«, das Vermeiden von wichtigen Entscheidungen oder unbedachte, impulsive Handlungen.
- Sich allzu sehr auf die Meinungen anderer Menschen verlassen oder das Übelnehmen der Ratschläge von Menschen, die wir respektieren.
- Sich über unwichtige Einzelheiten und unbekannte Risiken bei potentiellen Wahlen den Kopf zerbrechen, oder sich weigern, über die möglichen Folgen nachzudenken.
- Ständig Selbstzweifel haben und Selbstvorwürfe erheben, oder nie in Ruhe über eine Entscheidung nachdenken.
- In Wut über uns selbst geraten aufgrund von Rückschlägen oder unseren Zorn verleugnen, während wir unverkennbar Anzeichen der Feindseligkeit gegenüber anderen oder uns selber zeigen.

Geht man sensibel auf diese Verhaltensweisen ein, hilft uns das zweifellos, neue Reuegefühle zu vermeiden, die unser zukünftiges

Leben belasten könnten. Im manchen Lebensphasen kann die Überwindung der alten Reue unsere korrektiven Fähigkeiten übersteigen, so daß es hilfreich ist, einige Leitlinien zur Verfügung zu haben, anhand derer man entscheiden kann, ob man vielleicht professionellen Rat einholen sollte.

Wenn sogar geringfügige Verluste oder Rückschläge uns weiterhin großen Schmerz verursachen; wenn wir es nicht schaffen, uns zu versöhnen, solange es noch möglich ist; wenn wir keine Kompromisse schließen können oder keine passende Alternative zu einer belastenden Situation finden; wenn unsere Rollen als Eltern, Partner, Studenten und Schüler oder Berufstätige von unserer Reue in Mitleidenschaft gezogen werden; oder wenn das obsessive Zurückschauen zu Depressionen führt – dann wird professionelle Hilfe wahrscheinlich von Nutzen sein.

Und dennoch: Da Reue eine normale Gefühlsregung ist, können die meisten von uns in den meisten Fällen einen Weg finden, allein damit fertigzuwerden. Für manche Menschen kann dies einfach bedeuten, ungewöhnlich großzügig mit sich umzugehen: »Wenn ich merke, ich gerate wieder in diese Stimmung der ›Hätte-ich-doch‹-Fragen, dann gönne ich mir etwas«, sagt eine Frau, die in der Vergangenheit vieles falschgemacht hatte. »Ich gehe ins Kino, kaufe mir auf dem Markt einen besonderen Leckerbissen oder treibe Sport, damit ich mich wenigstens körperlich wohlfühle. Oder ich mache mir, obwohl ich eher sparsam bin, eine wirklich große Freude; dann rufe ich beispielsweise meine beste Freundin an, die sehr weit entfernt wohnt, und unterhalte mich ganz lange mit ihr – und wenn es mich noch soviel kostet!«

Wenn wir solche Taktiken einsetzen, in Form einer begrenzten Nachgiebigkeit gegen uns selbst, kann uns das zweifellos helfen, einen schlechten Tag voller Reueempfindungen durchzustehen. Aber die Reue in einen lebbaren Rahmen zu stellen, erfordert komplexere Lösungen, die sich mit einem gesunden Immunsystem und seinen Strategien vergleichen lassen. Zwar können wir eine unumkehrbare Entscheidung nicht ungeschehen machen, eine schlechte Wahl nicht in eine gute verwandeln oder den großen Schmerz über all das, was hätte sein können, gänzlich tilgen. Doch können wir mit korrektiven Handlungen beginnen – ob nun in Form größeren Mitgefühls mit uns selbst oder dadurch, daß wir anderen Menschen gegenüber etwas gutmachen, positive Lehren aus unseren Fehlern ziehen, Kompromisse akzeptieren oder einer zweifellos bedauerlichen Lage eine neue Perspektive abgewinnen.

Eines darf man jedoch nie vergessen: Ganz gleich, welchen Weg zur Selbstheilung wir einschlagen, und egal, wie alt man ist oder wohin uns falsche oder verpaßte Abzweigungen geführt haben – es bleibt immer noch Zeit, die Reue in eine konstruktive Kraft umzuwandeln. Denn zwar bleibt das Gestern die unumkehrbare Vergangenheit, aber es gilt auch Franz Kafkas Satz: »Der entscheidende Augenblick ist immerwährend.«

Anhang: Auswertung des Fragebogens und Arbeitsbogen zur Selbsterkennung

Reue: Ihre Lebensgeschichte

Indem Sie sich entschlossen haben, das vorliegende Buch zu lesen, haben Sie bereits einen wichtigen Schritt getan, um den erstaunlich großen Einfluß der Reue auf unser aller Leben besser zu verstehen. Vielleicht ist Ihnen aber noch immer nicht klar, welchen Raum dieses Gefühl in Ihrem Leben einnimmt. Wie viele Ihrer Erlebnisse werden von der Sehnsucht überschattet nach dem, was hätte sein können? Das vorliegende Buch stellt einen Versuch dar, Ihre Kenntnisse über und das Akzeptieren dieses wichtigen und ganz normalen Gefühls zu vermehren. Sich einer Sache bewußt zu werden, bildet immer den ersten Schritt, wenn wir einen wichtigen Wandel in unseren Verhaltensweisen oder Einstellungen anstreben.

Der Fragebogen, den Sie auf S. 13–16 ausgefüllt haben und der nun folgende Arbeitsbogen zur Selbsterkennung bilden zusammengenommen ein nützliches Instrumentarium, mit dem Sie den Grad Ihrer Selbsterkenntnis durch Selbsteinschätzung erhöhen können. Wir erkennen, wie gesagt, nicht immer, daß Reue im Spiel ist bzw. ihre Intensität, weil sie häufig von anderen Gefühlen verdeckt wird oder mit ihnen aufs engste verknüpft ist. Die folgenden Materialien sollen Ihnen neue Möglichkeiten zur Bewältigung der Reue eröffnen.

Denken Sie daran: Kein Leben ist völlig frei von Reue, doch Sie *sind in der Lage* zu verstehen, wo Ihr Leben auf dem Reue-Kontinuum angesiedelt ist. Wenn Sie die folgende Selbsteinschätzung vornehmen, werden Sie besser gerüstet sein für die Entscheidung, welche Maßnahmen sie ergreifen müssen, um die Reue in eine Kraft für konstruktive Veränderungen umzuwandeln.

Die Anregungen für Veränderungen, die wir in unserem Buch vorgestellt haben, werden Ihnen jedoch nur in dem Maße nützen, wie sie eine ehrliche Selbsteinschätzung vornehmen. Der Fragebogen und das Arbeitsblatt sollen *Sie* befähigen, Ihre Erfahrungen besser in den Griff zu bekommen. Wir glauben nämlich, daß Menschen durch hinreichende Selbsterkenntnis nicht nur in der Lage sind, ihre Reue zu verringern, sondern auch die Kraft finden, ihr Leben zu ändern.

Auswertung des Fragebogens

Bevor Sie die folgende Anleitung durchlesen, blättern Sie bitte zurück zu den Fragen auf Seite 13, und ermitteln Sie den Grad Ihrer Reue.

Auswertung

Ermitteln Sie zunächst Ihr Gesamtergebnis. Für jede Frage, die Sie unbeantwortet lassen, weil sie sich auf Ihr Leben nicht anwenden läßt (beispielsweise die Frage nach Elternschaft, wenn Sie keine Kinder haben), zählen Sie 1 Punkt zu der Gesamtpunktzahl hinzu. Die unterstehende Tafel zeigt dann den Grad Ihrer Reue.

Gesamtpunktzahl	
121–140	Ein hoher Reue-Grad; erfordert, daß man einige Bewältigungsstrategien verbessert.
81–120	Ein insgesamt mittlerer Reue-Grad; erfordert möglicherweise, daß man einige besonders hartnäckige Probleme angeht.
51–80	Ein niedriges Maß an Reue; entweder Sie werden gut damit fertig oder Sie haben eine geringe Neigung zur Verleugnung.
50 und darunter	Es ist wahrscheinlich, daß Verleugnung die Erkenntnis der Reuegefühle überdeckt.

Arbeitsbogen zur Selbsterkennung

Beantworten Sie die Fragen so genau wie möglich. Verwenden Sie dabei alle Ideen und Grundsätze sowie den Fragebogen, und schlagen sie so oft wie nötig die jeweiligen Seiten im Buch nach. Diese Übung ergibt keine Punktzahl, sondern führt zu Einsichten, die als Leitfaden dienen und einen bedeutenden Wandel in Ihrem Verhältnis zur Reue herbeiführen. Stellen Sie sich die Übung als Kombination von Tagebuch und Arbeitsvorlage vor.

1. Wenn Sie etwas ändern könnten (suchen Sie sich immer ein Thema zur Zeit), das Sie im Leben getan haben, von dem Sie aber wünschten, Sie hätten es nicht getan – was wäre das und warum?

   a) Haben Sie eine feste Meinung zu diesem Thema? Hat sich Ihre Reaktion im Laufe der Zeit abgeschwächt?

   b) Wie sehr geben Sie sich an dem, was passiert ist, die Schuld?

   Halten Sie das Ausmaß Ihrer Selbstvorwürfe für angemessen?

   Wenn »ja«, können Sie nun Ihre Verhaltensweise (Impulsivität, Ich-Bezogenheit usw.) modifizieren, die das damalige Problem entstehen ließ?

   c) Können Sie im Augenblick irgend etwas tun, das Ihre Reue hinsichtlich dieser Lage verringern könnte? Zum Beispiel einem anderen gegenüber etwas gutmachen, versuchen, sich etwas mehr zu akzeptieren und Mitgefühl mit sich selbst zu entwickeln, einen wichtigen Augenblick nutzen oder neue Interessen entwickeln?

2. Haben Sie etwas im Leben getan, von dem Sie sich heute wünschten, Sie hätten es nicht getan?

   a) Wie stark bereuen Sie heute diese Unterlassung?

b) Wieviel Schuld geben Sie sich selbst daran? Ist das Maß der Selbstvorwürfe angemessen?

c) Können Sie etwas tun, um die Unterlassung wiedergutzumachen (mehr Risisken eingehen, Korrekturen in anderen Lebensbereichen durchführen, in denen es noch möglich ist, sich stärker anderen Menschen zuzuwenden, ein Problem neu definieren)?

3. Wenn Sie etwas, was Ihnen widerfahren ist, ändern könnten, auf das Sie aber *keinen Einfluß hatten* – was wäre das?

   a) Geben Sie sich auch weiterhin die Schuld für etwas, das sich Ihrer Kontrolle entzog?

   b) Was können Sie jetzt dagegen tun?

4. Wie groß erachten Sie die Kluft in Ihrem Leben zwischen dem »was ist« und dem »was hätte sein können«?

5. Welche der *positiven Abwehrmechanismen* und der anderen von uns erörterten Bewältigungsstrategien könnten Ihnen helfen, damit Sie zu diesem Zeitpunkt in Ihrem Leben besser mit der Reue fertigwerden?

6. Welchen unwirksamen Abwehrmechanismus verwenden Sie möglicherweise, auf den Sie besser achtgeben müssen?

7. Wenn Sie sämtliches in diesem Buch vorgestellte Material sowie Ihre eigenen Vorstellungen betrachten, wie würde Ihr Programm zur Selbstveränderung jetzt aussehen?

Seien Sie genau! Suchen Sie beispielsweise wichtige Reuegedanken aus und fertigen Sie eine Liste darüber an, welch besonderer Abwehrmechanismus bzw. welche Bewältigungsstrategien am besten funktionieren und Ihre seelischen Belastungen verringern würden.

Zerlegen Sie Ihr Vorgehen in einzelne Schritte. Wann wollen Sie damit beginnen und was wollen Sie als erstes tun? Fangen Sie mit der Handlung an, die Ihnen am leichtesten erscheint, und gehen Sie dann zu den schwierigeren Maßnahmen über. Zum Beispiel: Wenn Sie Reue über ein Zerwürfnis in einer Beziehung empfinden, könnten Sie daran arbeiten, das Bedürfnis, recht zu haben, aufzugeben; versuchen Sie als nächstes, die Situation neu zu definieren, damit Sie sie aus einem anderen Blickwinkel betrachten können; gehen Sie anschließend weiter, Schritt für Schritt, bis Sie das Gefühl haben, daß sie willens und bereit sind, das Risiko einzugehen, auf den Menschen zuzugehen, dem sie sich wieder annähern möchten.

Gehen Sie langsam und stetig vor.

Rechnen Sie nicht damit, daß sich quasi über Nacht Erfolge einstellen.

Denken Sie daran: Jeder Wandel vollzieht sich zwar in kleinen Schritten, doch im Laufe der Zeit akkumulieren sich die Veränderungen, so daß Sie zu einem Menschen heranreifen, *der die Vergangenheit in einem positiveren Licht sieht und stärker in der Gegenwart lebt.*

Anmerkungen

Einleitung

Robert Sugden, »Recrimination and Rationality«. In: *Theory and Decision*, Vol. 19 (1985).

1. Kapitel

Galway Kinnell, »Prayer«, *The Past*, New York 1985.
Karen Horney, *Neue Wege in der Psychoanalyse*, Stuttgart 1951.
Daniel J. Boorstin, *Das Image oder Was wurde aus dem Amerikanischen Traum*, Reinbek b. Hamburg 1964.

2. Kapitel

Karen Horney, *Neurose und menschliches Wachstum*, München 1975.
Martha Nussbaum, *The Fragility of Goodness*, Boston 1986.
»Conversations with Martha Nussbaum«, Bill Moyers, Public Broadcasting Co., 1988.
Henry Geldzahler, *American Painting in the Twentieth Century*, New York 1965.
R. D. Laing, *Phänomenologie der Erfahrung*, Frankfurt a. Main 1969.

3. Kapitel

John Cheever, *The Journals of John Cheever*, New York 1991.
Jane Smiley, *New Woman*, Juli 1988.
Erich Fromm, *Die Anatomie der menschlichen Destruktivität*, Stuttgart 1974.
Erich Fromm, *Haben oder Sein*, Stuttgart 1974.
Abraham Maslow, *Psychologie des Seins*, München 1975.
Hans Selye, *Streß beherrscht unser Leben*, Düsseldorf 1957.
Lawrence Cherry, »On the Real Benefits of Eustress«. In: *Psychology Today*, März 1978.
May Sarton, »Now I Become Myself«. In: *Selected Poems of May Sarton*, New York 1978.

4. Kapitel

Rainer Maria Rilke, *Briefe an einen jungen Dichter*, Leipzig 1929.
Reuven Bar Levan, *Thinking in the Shadow of Feelings*, New York 1988.
Karen Horney, *Neurose und menschliches Wachstum*, München 1975.
Karen Horney, *Selbstanalyse*, München 1974.
Betty Friedan, *Der Weiblichkeitswahn*, Reinbek b. Hamburg 1966.
Richard Gotti, »Love and Neurotic Claims«. In: *The American Journal of Psychoanalysis*, Vol. 42, Nr. 1 (1952).
Leon Festinger, *Theorie der kognitiven Dissonanz*, Bern 1978.
William Walster u. Elaine Walster, »Choise between Negative Alternatives: Dissonance Reduction or Regret?« In: *Psychological Reports*, Vol. 26 (1970).
Jack Brehm u. Robert Wicklund, »Regret and Dissonance Reduction as a Function of Postdecision Salience of Dissonant Information.« In: *Journal of Personality and Social Psychology*, Vol. 14 (1970).
Irving Janis and Leon Mann, *Decision Making: A Psychological Analysis of Conflict, Choice, and Commitment*, New York 1977.
Robert Sugden, »Recrimination and Rationality«, *Theory and Decision*, Vol. 19 (1985).

5. Kapitel

Clark Moustakis, *Psychotherapy with Children*, New York 1959.
Alfred Adler, *Die Seele des schwererziehbaren Kindes*, München 1930.
Arthur Jersild, *Child Psychology*, Englewood Cliffs, N. J. 1968.
Anthony Storr, *Solitude*, New York 1988.
Alice Miller, *Das Drama des begabten Kindes*, Frankfurt a. Main 1979.
Andrew Merton, *The New York Times Magazine*, 2. September 1990.
John Updike, *Selbst-Bewußtsein*, Reinbek b. Hamburg 1990.

6. Kapitel

Joseph Campbell, *Die Kraft der Mythen*, Zürich 1959.
F. Scott Fitzgerald, »Early Success«. In: *The Crack-Up*, New York 1956.
»Women's Lives, A Scorecard of Change«, *The New York Times*, 20. und 21. August 1989.
»Proceeding with Caution«, *Time*, 16. Juli 1990.
Daniel Levinson, *Das Leben des Mannes*, Köln 1979.
»Women«, *Time*, 4. Dezember 1989.
Jean Baker Miller, »The Development of Women's Sense of Self«, Vortrag auf dem Kongreß der American Academy of Psychoanalysis on Women's Emerging Identity, 1. Oktober 1983.
Carol Gilligan, *In a Different Voice*, Cambridge, Mass. 1982.
Robert Henri, *The Art Spirit*, Philadelphia 1923.

Robert Nozick, *Vom richtigen, guten und glücklichen Leben*, München 1991.
Robert Kinnier und Arlene T. Mehtha, »*Regrets and Priorities at Three Stages of Life*«, Vortrag vor der American Psychological Association, Washington, D. C. 1986.

7. Kapitel

Mark Strand, »The Story of Our Lives«, *Selected Poems*, New York 1984.
Galway Kinnell, »Pont Neuf at Nightfall.« In: *Mortal Acts, Mortal Words*, Boston 1980.
Roger Gould, »Adult Life Stages, Growth Toward Self-Tolerance.« In: *Psychology Today*, Februar 1975.
Roger Gould, *Lebensstufen*, Frankfurt a. Main 1979.
David Karp, »For Many, Turmoil of Aging Erupts in the 50's«, *The New York Times*, 7. Februar 1989.
Bernice Newgarten und Nancy Datan, »The Subjective Experience of Middle Age.« In: *The Life Cycle*, New York 1981.
Daniel J. Levinson, »The Midlife Transition: A Period in Adult Psychological Development.« In: *The Life Cycle*, New York 1981.
Theodore Isaac Rubin, *Sich selbst annehmen: Der Weg vom Selbsthaß zum positiven Ich*, München 1987.
Erik Erikson, *Gandhis Wahrheit*, Frankfurt a. Main 1971.
Sophie Freud Lowenstein, »The Passion and Challenge of Teaching«, *Harvard Educational Review*, Vol. 50, Nr. 1 (Februar 1980).
»The Simple Life«, *Time*, 8. April 1991.

8. Kapitel

Erik Erikson, persönliche briefliche Mitteilung vom 28. Juli 1988.
Erik Erikson, Joan M. Erikson u. Helen Q. Kivnick, *Vital Involvement in Old Age*, New York 1986.
Erik Erikson (Hg.), *Adulthood*, New York 1978.
Harvey Lehman, *Age and Achievement*, Princeton, N. J. 1953.
Robert Butler, »The Life Review: An Interpretation of Reminiscence in the Aged«, *The Life Cycle*, New York 1981.
Saul Bellow, *Herzog*, Reinbek b. Hamburg 1969.
Robert McNamara, Interview, *Time*, 11. Februar 1991.
Lee Atwater, *Life*, Februar 1991.
Anna Quindlen, »Regrets Only«, *The New York Times*, 7. Februar 1991.
Michael Argyle, *The Psychology of Happiness*, London 1987.
Phillip L. Berman, *The Courage to Grow Old*, New York 1989.
Simone de Beauvoir, »Joie de Vivre«, *Harper's*, Januar 1972.
Viktor E. Frankl, *Der Mensch vor der Frage nach dem Sinn*, München 5. Aufl. 1990.
Robert Atchley, *Social Forces and Aging*, 6. Aufl., Belmont, C. A. 1991.

9. Kapitel

Katinka Matson, *Short Lives*, New York 1980.
Robert McElwaine, *Mario Cuomo*, New York 1988.
F. Scott Fitzgerald, *The Crack-Up*, New York 1956. [Die Titelgeschichte ist auf deutsch erschienen in: F. S. Fitzgerald/Gilles Deleuze, *Der Knacks*, Berlin 1984.]
Laurence Shames, *The Hunger for More*, New York 1989.
»Milken Pleads Guilty«, *The New York Times*, 25. April 1990.
John Daniell, *Ava Gardner*, New York 1982.
Sophia Loren, *Parade*, 18. Januar 1987.
Burt Lancaster, *Parade*, 6. November 1988.
Carole Burnett, *New Woman*, Februar 1989.
Albany Times, Marie-Madeleine Fourcade, Nachruf, 21. Juli 1989.
Kirk Douglas, *Weg zum Ruhm: Erinnerungen*, Berlin 1988.
Mark Goodson, »If I'd Stood Up Earlier«, *The New York Times Magazine*, 13. Januar 1991.
Arthur Miller, *Zeitkurven. Ein Leben*, Frankfurt a. Main 1987.
Neil Shehan, *The New York Times*, 15. April 1990.
Natalie Bober, *A Restless Spirit*, New York 1981.
Noel Coward, *Present Indicative*, New York 1980.
Harry Rasky, *Tennessee Williams: A Portrait in Laughter and Lamentation*, New York 1986.

10. Kapitel

George Vaillant, »Defense Mechanisms.« In: *The New Harvard Guide to Psychiatry*, Hrsg. Armand Nicholi, Jr., Boston 1988.
Rollo May, *Freiheit und Schicksal*, Stuttgart 1983.
Irving Janis und Leon Mann, *Decision making: A Psychological Analysis of Conflict, Choice, and Commitment*, New York 1977.

Register